Elisabeth Fontner
Eberhard Herrmann
Waltraud Maykis

Zeilen aus dem Jenseits

Inhaltsverzeichnis

VORWORT EBERHARD HERRMANN

Über 90 Prozent des bestehenden Lichtspektrums können unsere Augen nicht wahrnehmen. Trotzdem gibt es Infrarot- oder ultraviolettes Licht. Liebe, Gefühle, Hingezogenheit, Sehnsucht und Schmerz – sie existieren. Trotzdem sind sie nicht greif- und messbar.

Nur weil wir mit unseren Sinnen die ausgesendeten elektromagnetischen Wellen eines Radio- oder Fernsehsenders nicht riechen, schmecken, hören, tasten und sehen können, existieren sie trotzdem. Diese UK-Wellen werden dann sogar in wahrnehmbare Dimensionen übergeführt und alle mit Empfangsgerät können sie nutzen: Radio und Fernsehen sind jedem ein Begriff, obwohl die ausgesendeten „Wellen" nicht „angreifbar" sind. Trotzdem käme es niemandem in den Sinn, an der Existenz von Radio oder Fernsehen zu zweifeln.

Dass es sich bei manchen Menschen ähnlich verhält, liegt sehr nahe: Sie sind auch eine Art „Radioempfänger" und können „Frequenzen" wahrnehmen. Aber nicht jeder ist für manche Wellenlängen empfänglich und „Gedanken sind wie Flöhe: Sie hüpfen von einem zum anderen, aber sie kratzen nicht jeden" (äthiopisches Sprichwort).

Sissy ist ein solcher „Radio". Sie empfängt hochinteressante Programme, von denen ich mir höchstens im Traum ein Bild auszumalen vermochte. Und von einigen dieser „Sendeprogramme" können Sie in diesem Buch lesen.

Für mich war es anfangs nicht so leicht anzunehmen, dass es diese „Sendeprogramme" von DRÜBEN gibt und welche Inhalte da gesendet werden. Zumal die vier Tatsachen meiner Person – Mann, ehemaliger Soldat, Chefredakteur einer technischen Fachzeitschrift und nicht unbedingt sehr religiös „gläubig" – auch die begründete Vermutung nahelegen würden, dass ein solcher

Mensch realistischerweise überhaupt nichts mit dem Thema „Leben nach dem Tod" anfangen kann. Dass ein solcher Mensch durch seine persönliche Überzeugung zum Glauben gelangt und es für ihn zur realen Gewissheit wird, dass da mehr zwischen „Himmel und Erde" ist, als wir auch nur erahnen, ist schon für sich „ein kleines Wunder".

Aber ich hätte es auch nicht für möglich gehalten, dass mich einer dieser komischen Zufälle (wohl von „es <u>fällt</u> einem <u>zu</u>") mit Sissy und damit mit den „Sendeprogrammen von DRÜBEN" in Kontakt bringt.

Für Sissy ist das DRÜBEN genauso real, wie wenn ich über die jüngste Entwicklung im heiztechnischen Bereich eines Herstellers berichte. Nur mit dem Unterschied, dass ich mich mit der logischen Funktionsweise einer Heizung lange Zeit leichter tat als mit dem „Sissy'schen Sachverhalt", dass sich „drüben" auch sehr viel tut.

Als sie mir das erste Mal vom „Briefwechsel" zwischen dem verstorbenen Franz und der lebenden Gerlinde erzählte und mir Einblick in deren Korrespondenz gewährte, war ich mehr als verblüfft – es war ein sehr schönes Gefühl der Bestätigung von etwas, das schon immer Wahrheit war und nun für einen Menschen (mehr) zur Gewissheit wurde.

„Es ist aber der Glaube ein festerer Grund für das, was man hofft und eine gewisse Überzeugung von dem, was man nicht sieht." (Bibel, Brief an die Hebräer 11/1)Meine Rolle auch bei dem zweiten Buch ist rasch erklärt: Wie in meinem Beruf kam mir auch hier die Rolle eines „Übersetzers" und „Erdungsspießes" zu. Durch die Fragen und Anmerkungen eines „unwissenden Gläubigen", der sich viele Dinge naiverweise nicht vorstellen konnte und kann, wurde das Buch (wie wir hoffen) auch für „noch nicht Eingeweihte", „Skeptiker" und „Unentschlossene" eine interessante „irdische Quelle" überirdischer Berichte".

An dieser Stelle möchte ich allen an diesem Werk beteiligten Personen für ihre Schaffenskraft ganz herzlich danken!

Jenen, die für mich nicht sicht-, aber erahnbar sind, sei für die inspirativen Gedanken, die Geduld und die vielen neuen Erkenntnisse gedankt! Mögen eure Inspirationen das Leben vieler anderer „Erdenbürger" mit freudigen „Aha-" und wärmenden Gefühls-Erlebnissen bereichern.

VORWORT ELISABETH FONTNER

Mein erstes Buch „Liebe das Leben – auch danach" bezeichne ich bis heute als „schwierige Geburt". Es ist einige Jahre her, dass ich es veröffentlicht habe, und es war ein großer Erfolg für mich und mein Autorenteam. Damals war das Thema „Gespräche mit Verstorbenen" noch nicht so selbstverständlich wie heutzutage. Mittlerweile gibt es mehrere Bücher, die sich mit der Thematik des Weiterlebens nach dem körperlichen Tod in dieser Weise befassen. Auch dieses Buch, mein neues Werk, beinhaltet diesen Stoff. Es sind Gespräche, die noch lebende Angehörige in Briefform von ihren Verstorbenen – bedingt durch meine mentalen Fähigkeiten – erhalten. Briefe, die ich großteils nach Diktat an die Hinterbliebenen „herüberbringe". Das ist meine Bezeichnung für meine Arbeit.

Ich fühle mich dabei in den meisten Fällen wie eine gut ausgebildete Sekretärin und bringe genau die Worte, die Sätze, zu Papier, die an mich durchgegeben werden. Für mich ist dieses Tun ganz selbstverständlich. Eine Arbeit, die mir immer wieder Freude macht, auch wenn so manches Diktat grobe Worte und zum Teil sehr oft Lieblosigkeit enthält. Denn die Verstorbenen geben genau das an, was sie sagen wollen, tun ihre Meinung kund, und es liegt im Ermessen der Lebenden, wie sie zu dem Gesagten stehen. Ich selbst bin – wie schon erwähnt – nur die Sekretärin und verhalte mich vollkommen neutral.

Nun gibt es aber etwas, das ich noch betonen will. Ich tue diese Arbeit für die Lebenden, die Hinterbliebenen, denen es vielleicht ein Herzensbedürfnis ist, noch einmal Kontakt mit einem/einer Verstorbenen aufzunehmen. Es gibt dafür viele verschiedene Gründe, sei es aus dem Gefühl heraus, sich verabschieden zu wollen, sei es aus dem Wunsch heraus, noch helfen zu können. Der Grundtenor ist aber in beinahe allen Fällen: Wie geht es ihm/ihr da DRÜBEN?

Ich erreiche beinahe jede Seele und nehme dann Kontakt auf, das ist wichtig für die Lebenden. Wenn sich jedoch keine Kontaktmöglichkeit ergibt, wenn sich der/die Tote nicht melden will oder kann, wenn es auch keine andere Auskunftsmöglichkeit gibt, dann gilt: Die Totenruhe soll nicht gestört werden!

Für mich selbst ist es immer wichtig, dass die Menschen sich mit dem Wissen über das „Weiterleben nach dem Tod" auseinandersetzen. Wenn die Hinübergegangenen berichten wollen, was sie in ihrer „neuen Welt" tun, lernen oder erfahren, nehme ich gern die Mitteilungen an und schreibe sie großteils auf. Wie die geistig-mentale Entwicklung DRÜBEN jedoch für jede Einzelne/jeden Einzelnen in der Folge weiter geschieht, weiß wohl niemand unter den Menschen so ganz genau, denn auch die medialen Fähigkeiten haben Grenzen. Ich kenne meine Grenzen ganz genau und weiß, dass ich sie nicht überschreiten kann und nie den Versuch wagen werde, sie zu sprengen. Ich habe zu großen Respekt vor den Lebenden und den Toten, vor der „anderen Welt" mit ihren Helfern, Führern, Meisterinnen und Meistern und – vor GOTT.

So weit wünsche ich allen meinen Lesern/Leserinnen spannende Momente und interessante Erkenntnisse und hoffe, dass auch so manch fröhliches Lachen sie dabei begleitet.

Zu sagen ist noch: Jede einzelne meiner Geschichten beruht auf wahren Begebenheiten, denn alle Betreffenden haben mir die für sie betreffenden Mitteilungen für die Veröffentlichung zur Verfügung gestellt.

Das sind:
SUSANNA – ihre Erlebnisse mit Gerald, dem geliebten Sohn
LINDE – ihre Erlebnisse mit ihrem im Krieg gefallenen Vater
LINDA – ihre Erlebnisse mit ihrer lieblosen Mutter
ULLI – ihre Geschichte über eine verzweifelte Suche nach den seit langem verschollenen Familienangehörigen
ELFRIEDE – ihre Erlebnisse mit der befehlsgewohnten Mutter

PETRA – die Geschichte mit Pauli, dem großartigsten Kater der Welt
HÜNDIN CORA erklärt die Seelenverbindung von Mensch und Tier
MEINE Geschichte über die Wiedergeburt meiner Großmutter

… aber, bitte, lesen Sie selbst!

Und nun noch ein paar Worte zu denjenigen, die mir beim Schreiben dieses Buches mit Rat und Tat zur Seite gestanden haben.

Zu Hardy, den ich gerne als meinen „Buam" bezeichne, und seiner Mutter Waltraud, die mir eine liebe Freundin geworden ist.

Im Laufe der Jahre meiner Tätigkeit als „Sekretärin für Verstorbene" habe ich erfahren, dass „Tote" viel Wissen und große Kenntnisse über die Sinnhaftigkeit des Lebens als Mensch auf der Erde haben und dass sie dieses auch gerne mitteilen. Auch ich verfüge über einen großen Teil an Wissen und bin sehr froh darüber. Viele Menschen jedoch haben keine oder nur geringe Kenntnisse über dieses Thema und sehen mich oft ratlos an. Daher gebe ich auch stets Erklärungen ab, wenn die Briefe geschrieben sind. Auch in diesem Buch stehen Erklärungen. Und damit sie für (hoffentlich) jede/jeden verständlich sind, werden sie von Hardy kommentiert. Da fallen dann Sätze wie … „Hallo, in welcher Welt schwebst du schon wieder?" … „Du, das ist ein Riesendurcheinander, sag es deutlicher!" … „Nein, so kann man das aber nicht beschreiben!" … „Nein, so geht das nicht, du setzt schon wieder viel zu viel Wissen voraus …" Das alles geschah beim ersten Buch so und es passierte auch diesmal. Ja, Hardy ist absolut die beste „Nervensäge" in meiner Welt, und ich bin froh, ihn als meinen „Buam" an meiner Seite zu wissen. Danke, mein Großer!

Und wenn dann doch die Automatik des Schreibens über mich herfällt, förmlich hereinbricht, dann ist es Waltraud, die den

Sätzen Ordnung gibt, die Absätze in rechter Weise einhält, den einzelnen Geschichten klärende Namen beifügt und sich mit der Thematik intensiv auseinandersetzt. Es ist Waltraud, die Kapitel für Kapitel, Seite für Seite, Zeile für Zeile in den Computer tippt, denn ich – ich schreibe nur mit der Hand. Und wer meine Handschrift kennt, der weiß, dass sie so manches Mal äußerst schwer zu entziffern ist. Hätte ich Hardy nicht, hätte mir Waltraud nicht mit ihrer ohnehin spärlichen Freizeit zur Verfügung gestanden, dann … ja dann wäre dieses Buch wohl NIE geschrieben worden.

Aber, es ist entstanden und dafür danke ich euch aus ganzem Herzen!

DANKE

VORWORT WALTRAUD MAYKIS

Durch das Lesen vieler Bücher, endlose Gesprächen mit Befürwortern und auch Gegnern der Thematik „Gibt es ein Leben nach dem Leben?" bin ich der Meinung, dass es Dinge zwischen Himmel und Erde gibt, die durch keine Wissenschaft und Statistiken zu belegen sind, die wir Menschen erst „erfühlen" lernen müssen ...

> „Für diejenigen, die glauben, ist kein Beweis nötig.
> Für diejenigen, die nicht glauben, ist kein Beweis möglich."
> *Stewart Case*

Als ich mich dazu entschloss, die handgeschriebenen Geschichten dieses Buches in den Computer zu schreiben, ahnte ich noch nicht, was ich dabei empfinden würde ... Bei jeder einzelnen Geschichte war ich mitten drin im Geschehen. Ich habe mich so in die jeweilige Situation hineinversetzt, als ob ich der Betroffene wäre. Ich habe die überströmende Liebe gespürt, jedoch auch die Bitten um Verzeihung. Ich war so berührt, weil die Verstorbenen vorerst DRÜBEN genauso kalt und stur geblieben sind wie zu Lebzeiten – und dann doch ganz unbeholfen um Verzeihung baten ... (Haben sie DRÜBEN eine neue „Erkenntnis" gewonnen?)

Viele Tränen habe ich geweint, als ich nachempfunden habe, welche Schicksale sich hinter den Geschichten – die das reale Erdenleben schrieb – abgespielt haben.

Egal wie manche Menschen über dieses Thema denken. Fakt jedenfalls ist, dass *jeder* Mensch sterben muss. Und ist es nicht schön, wenn es dann so weit ist, zu wissen, dass es DRÜBEN weitergeht? Dass „geistige Helfer" da sind, wenn sie gewünscht und gebraucht werden?

Jeder Mensch hat seinen freien Willen und jeder kann für sich entscheiden, glauben oder hoffen, dass es ein Leben nach dem Leben gibt …Die Lebenden, die mit ihren Verstorbenen den Kontakt suchten, haben jetzt schon ihren Seelenfrieden gefunden – mit der Gewissheit, dass es ihren lieben Verstorbenen gut geht. Manchmal fanden sie neue Erkenntnisse für ihre eigenen „verstockten" Gedanken und durch Umdenken hat ihre „lebende Seele" Frieden gefunden. Andere wieder konnten sich erst durch Hilfe der „Übersetzerin Sissy" mit ihren Verstorbenen versöhnen und leben nicht mehr in der Ungewissheit, weil viele Dinge nicht ausgesprochen und geklärt wurden, als man noch die Möglichkeit dazu gehabt hätte.

Für mich persönlich ist es eine große Beruhigung zu wissen – wenn es mit mir so weit ist –, dass ich mit dem Bewusstsein in die geistige Welt „eintrete", dass ich nicht allein bin und fürsorgliche Begleiter an meiner Seite stehen, wenn ich es will. Und ich will! Denn ich will weiterlernen …

GERLINDE – VATERLIEBE AUS DEM JENSEITS

Gerlinde sitzt vor mir. Sie ist nervös, ich sehe es an ihren Augen. Die meisten meiner Klienten sind nervös, wenn sie zum ersten Mal bei mir sind. Ich nehme mir viel Zeit, um Gerlindes Ängste zu mildern. Wie so manches Mal führe ich ein kurzes Gespräch über das, was sie durch mich erwarten würde.

Gerlinde will den Kontakt mit ihrem Vater.

Sie erzählt, dass er 1944 in Italien gefallen und dort auf einem Friedhof begraben ist. Er hat kein eigenes Grab, sein Körper ruht in einem Sammelgrab für gefallene Soldaten. Ihr Problem ist, dass dieser Friedhof aufgelassen wird und alle Gebeine verlegt werden. Dieses Wissen bedeutet großen Kummer für sie. Sie weiß eben nicht, ob auch ihr Vater mit auf dem neuen Platz bestattet wird.

Meine Frage an sie, ob sie überhaupt weiß, was genau mit ihrem Vater geschehen ist, verneint sie. Sie war knapp 1½ Jahre alt, als er gefallen ist – sie hat praktisch keine Erinnerung an ihn.

Alles, was für sie übrig geblieben ist, ist die große Sehnsucht nach der Vaterliebe. Die Mutter hatte nie über ihn gesprochen, sie hat auch nie wieder geheiratet. Zum Todeszeitpunkt des Vaters war ihre Mutter schwanger mit ihrem Bruder. Gerlindes Mutter ist eine alte, verbitterte und vom Schicksal enttäuschte Frau. Lieblos und streng hat sie die Tochter aufgezogen.

„Ich musste zeitlebens für den Verlust des Familienerhalters büßen", lautet Gerlindes Kommentar über die vergangenen Jahre.

„Und wie ist es dir mit deinem Bruder ergangen?"

Auf diese Frage gibt Gerlinde keine Antwort, sie zuckt lediglich mit den Schultern. Augenscheinlich will sie mit mir nicht darüber sprechen.

Nun ist es also so weit!

Gerlindes Nervosität hat sich gelegt. Ich frage sie nach dem Foto ihres Vaters. Sie kramt in ihrer Handtasche und reicht mir zögernd eine alte Fotografie. Es ist die einzige Erinnerung, die sie an ihn hat – ein gut aussehender, junger Soldat in Uniform und mit freundlichen Augen. Ich bin froh, denn dieser Mann strahlt Wärme aus. Ich begreife, warum Gerlinde immer noch Sehnsucht nach ihrem Vater hat, denn ich spüre sofort eine Verbindung, die zwischen den beiden besteht.

„Fangen wir an, ihn zu finden", sage ich zu Gerlinde. „Mach die Augen zu und denke ganz fest an ihn", ist meine Bitte an sie.

„Aber ich kann mich doch nicht mehr erinnern", antwortet sie mir mit leicht verzweifelten Worten.

„Egal", sage ich, „denk ganz einfach an ihn." Ich nehme das Foto mit der Bildfläche nach unten in meine linke Hand. Damit es auch wirklich richtigen Kontakt mit meiner Handfläche hat, rolle ich es behutsam etwas zusammen. Dann schließe auch ich meine Augen. Der Schreibblock und der Kugelschreiber liegen bereit – im Raum ist es ganz still. Ich atme einige Male tief durch. Dann gehe ich auf die mentale Suche nach einem Vater, der 1944 in Bologna/Italien sein Leben im Krieg verlor.

Gerlinde sitzt ganz ruhig auf ihrem Platz. Es vergeht einige Zeit – ich weiß nicht, wie viel …

Das, was ich weiß, ist, dass Gerlindes Vater plötzlich neben ihr steht und sie voll Liebe ansieht. Da erkenne ich, dass die Seele dieses Mannes aller Wahrscheinlichkeit nach stets in der Nähe seiner Tochter war. Er ist so präsent, beinahe zum Greifen nah! Gerlindes Züge sind entspannt, ich weiß nicht, ob sie ihren Vater spürt – ob sie seine Nähe wahrnimmt. Ihre Nervosität ist wie weggeflogen. Irgendetwas hat sie verändert, ich weiß nicht was, jedoch fühle ich es ganz deutlich.

Nun beginne ich zu schreiben. Ich schreibe einen Brief an Gerlinde. Ihr Vater diktiert mir die Worte. Es sind nur ein paar kurze Sätze, jedoch eine wichtige Information für Gerlinde.

Gerlinde sitzt immer noch ganz ruhig auf ihrem Platz. Ich schaue sie an und frage sie, ob sie bereit ist, die Worte ihres Vaters zu hören. Ich will ihr den Brief vorlesen. Da ich selbst nie genau weiß, was ich schreibe, muss ich mich über den Inhalt des Schreibens selbst informieren, denn es ist wichtig, die geschriebenen Worte richtig zu betonen. Gerlinde muss sich nun selbst ein Bild ihres Vaters zurechtlegen.

Der Vater teilt seiner Tochter Folgendes mit:
Franz K. – gefallen 19.. in B./Italien – Tochter Gerlinde.

Hallo, mein Kind!

Danke, dass du dich mit mir in Verbindung setzt — es tut gut, dass man nicht vergessen ist. Mein Tod war sehr grausam und unnötig. Krieg ist immer eine verlorene Sache.
Es ist so traurig, dass ich nie für dich sorgen konnte, dass ich deine Mutter verlassen musste, und ich zweifle, dass es einen Gott gibt. Wenn es ihn gibt, warum lässt er das zu? Ich muss es endlich wissen, du musst mir helfen! Wo ist dieser Gott, wo finde ich ihn? Ich hatte dich sehr lieb von Anfang an und bin oft in eurer Nähe. Es gibt mir Halt, dass du an mich denkst und ich weiß, dass du mir helfen kannst.
Danke für alles!

Vati

Gerlinde versteht den Inhalt des Briefes mit Tränen in den Augen und sie ist beruhigt.

Auch wenn ihr Vater kein richtiges Grab hat, weiß sie ihn in ihrer Nähe. Sie wird mit ihm laut und deutlich sprechen.

Sie wird ihm ihre Lebensgeschichte erzählen, ihre Erinnerungen auffrischen. Und vor allem wird sie ihn an ihrem gegenwärtigen Leben teilhaben lassen.

Ihre Frage an mich, ob ihr Vater wohl mit der Wahl ihres Ehemannes einverstanden ist, kann ich nicht beantworten. Im Gegenteil, ich muss innerlich ein wenig lachen, denn genau diese Frage kommt immer wieder, wenn sich ein verstorbener Vater bei der noch lebenden Tochter meldet.

Meine Meinung dazu ist: „Frag ihn doch selbst, dann gibt es im nächsten Brief vielleicht eine Antwort." Gerlinde ist einverstanden, sie will ganz sicher wiederkommen.

Sie hat so lange auf Nachrichten ihres Vaters gewartet. Jetzt will sie auf keinen Fall mehr auch nur eine einzige versäumen. Muss sie befürchten, dass er sich nicht mehr meldet, dass diese Botschaft lediglich ein einmaliges Erlebnis bleibt? Nun, muss sie nicht, ganz sicher nicht! Ich spüre die Liebe dieses Vaters zu seinem Kind, und diese Liebe ist ein Band, das durch nichts und niemanden getrennt werden kann.

Aus meiner langjährigen Erfahrung weiß ich, dass der Vater ab sofort immer in Gerlindes Nähe bleiben wird. Er will Antworten auf seine Fragen, er braucht diese Antworten. Die beiden werden eine fest gefügte Gemeinschaft bilden. Es ist nie zu spät für eine solche, auch wenn sie aus zwei Welten besteht.

Gerlinde ist glücklich, ich sehe es an ihren Augen. Sie wird um einen neuen Termin bitten, das ist ihr fester Wille. Die beiden gehen nach Hause – Vater und Tochter.

Ob sie ihn auch spürt?

Gerlinde sitzt wieder vor mir auf ihrem Platz. Es ist jetzt ihr Platz, denn da spürt sie ihren Vater ganz intensiv. Sie ist glücklich und freut sich wie ein Kind auf eine neuerliche Botschaft. Ungeduldig wartet sie auf den Brief, der ihr so viele Fragen beantworten soll. Unzählige davon hat sie an ihren Vater, sie „sprudelt" auch alle gleich heraus.

Ich bitte sie jedoch, noch ein wenig damit zu warten. Aus meiner Erfahrung heraus weiß ich, dass die meisten Fragen schon in den Briefen beantwortet sind, noch ehe sie gestellt worden sind. Und sollte es doch noch offene Fragen geben, ist immer noch genügend Zeit vorhanden. Gerlinde ist einverstanden – wenn auch ungeduldig – und gibt mir das Foto ihres Vaters. Ich lache sie an und sage ihr, dass ich es nicht brauche, da ihr Vater ohnehin schon hinter ihr steht.

„Ist er mit mir mitgekommen?", fragt sie mit erstauntem Blick.

„Ja, ist er, denn er ist ja schon da. Er steht hinter dir. Versuch, ihn zu spüren. Leg deine Hand auf die rechte Schulter und denke fest an ihn. Vielleicht wird es etwas kälter, das kann leicht geschehen. Verstorbene fühlen sich oft kühl an! – Spürst du etwas?"

Ich warte in Ruhe ab. Gerlinde spürt jedoch nur angenehme Wärme.

„Das ist die Liebe zu dir, die du fühlst. Sag Hallo zu deinem Vater, er freut sich sichtlich über das Geschehen."

Gerlindes „Hallo" klingt fest und sicher, sie ist in Gedanken ganz bei ihrem Vater. Ich schließe wieder meine Augen, konzentriere mich auf die Situation und schreibe auf, was mir Gerlindes Vater zu sagen hat.

Hallo, mein Kind, meine Tochter Linde!

Danke, dass du dich für mich sorgst, ich spüre deine Einsamkeit, aber es ist nicht möglich, dir Hilfe zu geben. Ich habe euch alle im Stich gelassen, aber ich habe das nie gewollt. Der Krieg hat sich zwischen uns gestellt und ich bin eines seiner Opfer – das weißt du. Ich habe deine Mutter gerne gehabt, aber auch die Zeit war zu kurz. Es war nur eine kurze Episode, aber du warst der Grund, eine Familie zu gründen. Dich wollte ich für mich haben, ich wollte immer ein Kind. Das erste Kind konnte ich nicht wie ein Vater betreuen, es war eine „Jugenddummheit", aber ich habe es später sehr bereut. Diesen Sohn habe ich zwar irgendwann einmal sehen dürfen, aber das war schon alles. Die Zeit damals war nicht schön und auch nicht gut, du musst das verstehen. Und sie haben uns in den Kampf gezwungen, da gab es kein Entrinnen. Es war schlimm, sehr schlimm, weil mein Leben zerrissen wurde, deines auch. Ich hätte dich gerne ins Leben begleitet – ich durfte es nicht. Und ich weiß, ich habe dir das ganze Leben hindurch gefehlt. Es tut mir im Herzen weh, aber ich weiß, dass es ein Wiedersehen gibt. Dieses andere Kind, dieser Sohn, ich weiß noch seinen Namen: Karl. Er ist noch auf der Erde, das weiß ich auch, aber ich habe kein Recht, ihn zu sehen, auch von hier aus nicht. Da steht der Hass zwischen uns, und das ist wie eine unüberwindbare Mauer.

Danke, dass du noch an mich denkst.

Dein Vati

Es ist so, wie ich es vorausgesehen habe, Gerlindes Fragen an den Vater sind bereits beantwortet, bevor sie sie gestellt hat.

Sie hat ihren Vater um Hilfestellung gebeten und das wiederholt viele Male. Ihre Ehe ist nicht das, was sie sich unter einer Beziehung vorstellt. Es ist weder ein Miteinander noch ein Füreinander, es ist ein Nebeneinander, großteils sogar ein Gegeneinander geworden. Da ist die Schulter eines Vaters der ideale Platz für all die vielen Tränen des Verzagtseins. Diese Schulter jedoch hat es nie gegeben, da waren keine tröstenden Worte, kein Verständnis für die Hilflosigkeit in einer schal gewordenen Ehe.

Der verstorbene Vater gibt ihr klar und deutlich zu verstehen, dass er keine Hilfe geben kann. Es existiert für Gerlinde nur das Wissen, dass er *da* ist. Das ist ein kleiner Trost für sie, eine winzige Hoffnung auf seelische Unterstützung.

Ich sage ihr, sie soll sich in seine Liebe einhüllen. Fürsorgliche Liebe aus der anderen Welt ist etwas Wunderbares, wenn genau dieses Gefühl in der Realität eines gegenwärtigen Lebens verloren gegangen ist. Mehr Zuversicht kann ich ihr nicht mitgeben, denn ihr geliebter Vati weiß zwar um ihre Situation, kann aber nichts tun.

Er selbst leidet unter dem Umstand, dass durch seinen Tod die ganze Familie im Stich gelassen wurde. Er fühlt sich schuldig für etwas, das er nie gewollt hatte. Der Krieg hat sein Leben zerstört, seine Familie in diese Zerstörung mitgerissen. Vater, Mutter und zwei Kinder sind die Opfer geworden und sind es bis heute.

Nein, es sind drei Kinder, die den Vater verloren haben.

Gerlinde hat noch einen Bruder, von dem sie bis zum heutigen Tag nichts wusste. Jetzt jedoch ist es klar und deutlich: Es gibt noch ein Kind ihres Vaters!

Gerlindes sofortiger Wunsch, diesen Bruder noch kennen zu lernen, noch in diesem Leben umarmen zu dürfen, zerplatzt wie eine bunt schillernde Seifenblase. Dieser Bruder ist ein Unbekannter. Das Einzige was sie hat, ist der Name – Karl! Ihn zu finden … Gerlinde senkt den Kopf. Sie resigniert mit Trauer im Herzen. Ich sehe ihr die Verzweiflung an. Da war ein Hoffnungsschimmer, der verschwand, bevor er überhaupt greifbar würde.

Ich selbst schweige und lasse ihr genug Zeit, die eben entstandene Situation wenigstens irgendwie zu verarbeiten. Eine eigenartige Schwingung hat sich rund um uns ausgebreitet. Aber – Kopf hoch, kleine Linde – das Leben geht auch ohne diesen Karl weiter. Auch wenn eine kleine Bitterkeit zurückbleibt.

Manchmal frage ich mich, ob es immer eine gute Lösung ist, sich für Fragen oder Probleme mit den „Toten" in Verbindung zu setzen. Es ist ja nicht immer so, dass die Lebenden durch derartige Unternehmungen nur Positives erleben.

Doch dann denke ich an meine verstorbene Mutter, mit der ich – nach ihrem Tod – eine wunderbare Beziehung aufbauen konnte. Das, was sie mir im Leben nicht gegeben hat, durfte ich nach ihrem Heimgang erfahren. Sie hat mir meine Fähigkeiten aufgetan, sie war meine Lehrerin, sie hat mir die Welt von DRÜBEN aufgezeigt. Gemeinsam mit ihr habe ich diese Welt erforscht und durch sie gelernt, wie man mit diesem Wissen umzugehen hat. Sie war als Mensch schon meine beste Freundin, nach ihrem Tod wurde sie meine wundervolle Kameradin. Durch ihre mentale Gegenwart ist ihr schmerzhafter Verlust für mich erträglich geworden. Ja, ich behaupte heute, ihr körperlicher Tod war für mich und mein folgendes Erdenleben das Beste, das mir widerfahren ist.

Ich verdanke ihr, dass sie ein ganzes irdisches Leben hindurch meine mentalen Fähigkeiten nicht nur respektiert, sondern auch gefördert hat. Sie war diejenige, die mich immer ernst genommen hat. Speziell dann, wenn Sätze wie „die ist ja nicht normal" oder „was die nicht schon wieder weiß" im Raum gestanden sind, waren ihre Worte: „Ich weiß, du bist etwas Besonders."

Dann hat sie mir von ihren Wahrträumen erzählt und mir Mut gemacht, trotz allem mit beiden Beinen im Leben zu stehen. „Steck den Kopf in die Wolken, aber die Füße bleiben am Boden. So geht's und du wirst es schaffen!" Und sie hatte Recht, das ist mir heute bewusst.

Aus diesem Grund ist es für die lebenden Hinterbliebenen eine gute Möglichkeit, mit ihren Verstorbenen Kontakt aufzunehmen. Sei es, um Abschied zu nehmen, sei es, um zu erfahren, ob ohnehin alles „so gelaufen ist", wie es sein sollte. Und – vor allem –, ob es ihnen da DRÜBEN gut geht.

Also ermahne ich mich: Diese Arbeit ist gut so, wie sie ist. Ich werde auch weiterhin die Vermittlerin von der einen Welt in die andere sein. Solange mich diese beiden Welten brauchen.

Ich sehe Gerlinde an, sie ist noch ein wenig verwirrt. Die Mitteilung, noch einen Bruder zu haben, kann sie nicht so leicht verwinden. Jedoch ist sie eine vernünftige Frau und wird diese Information so nehmen, wie sie ist. Ein kleiner Ausschnitt aus dem Leben ihres Vaters, den sie nicht richtig kennen lernen konnte. Sie spürt das Vertrauen, das ihr Vater in sie setzt. Er hat ihr sein Geheimnis anvertraut. Ein Geheimnis, das er über viele, viele Jahre mit sich tragen musste. Seine Tochter wird es in der Weise hüten, wie er es in seinen Worten durchblicken ließ. Die Liebe eines Kindes zu seinem Vater macht auch das möglich.

Gerlinde hat sich entschlossen, in regelmäßigen Abständen zu mir zu kommen, um den Kontakt zu ihrem Vater aufrechtzuerhalten. Sie hat so viele Fragen an ihn, sie will alles über die Zeit wissen, in der er noch am Leben war. Sie bezeichnet diesen Lebensabschnitt als ihr „Zeitloch", denn ihre Mutter hat nie mit ihr über den Vater gesprochen. Und – was sie noch trauriger macht – sie selbst hat nie Fragen über ihn gestellt. Auf meine Frage „Warum denn nicht?" zuckt sie nur ratlos mit den Schultern. Aus meinen eigenen Erfahrungen weiß ich, dass unsere Generation, und auch die unserer Eltern, keine Fragen gestellt hat, oder vielmehr – wir haben keine Antworten bekommen.

Natürlich gibt es Ausnahmen, wahrscheinlich sogar mehr, als es uns bewusst ist. Aber Gerlindes Vergangenheit deckt sich ziemlich genau mit der meinen. Auch ich habe keine Antworten auf Fragen, die ich möglicherweise nie gestellt habe.

In der folgenden Botschaft ihres Vaters erfährt Gerlinde endlich das, was sie schon immer wissen wollte: Was passierte im Krieg mit ihm? Was ist wirklich geschehen? Wie hat er den Tod erlebt? Und die wichtige Antwort auf die Frage nach dem ihr unbekannten Bruder. Letztendlich gibt es da noch etwas. Es gibt eine Auszeichnung für Tapferkeit, eine Medaille, die ihr Vater für ehrenvolles Verhalten im Krieg bekommen hat. Die Mutter weiß um diese Medaille, aber sie kann sich nicht mehr an den Grund erinnern. Sie hat vergessen, warum ihr Gatte als Kriegsheld ausgezeichnet worden ist. Oder sie will auch über dieses Thema nicht sprechen. Gerlinde bekommt nun in der Tat all die Antworten, nach denen sie jahrelang gesucht hat. Sie stehen in dem nächsten Brief.

Hallo, kleine Linde!

Danke, dass du dir so viele Gedanken um mich machst. Ich hätte dich gerne als mein Kind aufwachsen sehen wollen, aber der Hass der Menschen gegen alle anderen hat diesen Wunsch unmöglich gemacht.

Es war grausam, was mit mir geschehen ist, aber ich habe es nicht bewusst erlebt. Wenn alles rundherum zusammenbricht, dann ist die Kugel, die einen selbst trifft, die Erlösung aus der Hölle auf der Erde.

Es ist wahr, du hattest einen Bruder, er trug auch meinen Namen, aber ich habe ihn genauso schnell aus den Augen verloren wie dich.

Ich habe diese Frau geliebt, anders als deine Mutter, er ist wirklich mein Sohn. Mehr weiß ich nicht, auch wenn du es dir so sehr wünschst. Hier ist die Zeit zeitlos, aber es ist so lange her. Das habe ich noch in Erinnerung. Wir waren vier von uns und wir waren umgeben vom Feind. Ich habe den anderen Deckung gegeben, bin zurückgeblieben und habe die Stellung gehalten, bis unsere eingetroffen sind. Es war ein sinnloses Massaker, eine sinnlose Ehrung, denn letztendlich waren alle tot — ein verlorener Krieg. Viele hatten diese Ehre eigentlich nur, um den Kampfgeist anzuspornen. Genauso verlogen wie der ganze Krieg. Ich war nicht einmal stolz darauf, MUSSTE es aber annehmen.

Wenn es wichtig ist, dann ist es gut, dass du um die Wahrheit weißt. Besser noch, man vergisst es.

Danke nochmals, dass du so viele Gedanken an mich hast. Du bist meine liebe Kleine und ich hatte dich sehr lieb.

Vati

Langsam, Schritt für Schritt, lernt Gerlinde den Menschen kennen, den sie liebevoll „Vati" nennt. Sie beginnt die Sehnsucht zu verstehen, die sie ein Leben lang unerkannt begleitet hat. Es ist und war die Schwingung der Seele ihres Vaters, der in Liebe und Fürsorge an ihrer Seite verweilt hat, der immer noch für sie da ist, der ihr Aufmerksamkeit schenkt und ab jetzt kein Unbekannter mehr ist. Gerlinde fühlt sich endlich geborgen und in guten Händen. Sie beginnt ihr eigenes gegenwärtiges Schicksal zu verstehen und lernt, mit den Situationen ihres Lebens besser umzugehen.

Fragen über Fragen ... Gerlinde will alles wissen, alles erfahren, was ihren Vater betrifft, und das soll nach Möglichkeit alles auf einmal geschehen. Sie will auch Erklärungen, warum sie so ist, wie sie ist, warum ihr Leben nicht anders verlaufen ist und ob es so sein muss, wie es ist. Gerlinde ist nicht zufrieden mit ihrer Lebenssituation, sie ist weder glücklich noch hat sie große Freude am Alltag. Banalitäten machen ihr zu schaffen, ihre Nerven liegen blank. Sie weiß sich in vielen Belangen nicht zu helfen.

Da ist die bereits sehr alte, schwach gewordene, ewig nörgelnde Mutter, die sich mit aller Kraft an die Existenz ihrer Tochter klammert und dieser mit ihren ewigen Vorwürfen das Leben zur Hölle werden lässt.

Und da ist der nicht unbedingt pflegeleichte Ehegatte, der sie ebenfalls zur Gänze beansprucht, der um vieles älter ist und der ...

Gerlinde ist mit allem überfordert, sie weiß nicht mehr ein noch aus. Aber da gibt es ja jetzt den Vati, den heiß geliebten, endlich wiedergefundenen Vater. Er wird ihr helfen, er wird sie unterstützen, er wird auf alles einen Rat wissen. Gerlinde hofft und bittet ihn um Hilfe. Sie bedenkt jedoch nicht, dass er bereits tot ist, dass er in der anderen Welt zu Hause ist, dass in dieser Welt andere „Gesetze" wichtig sind.

Hallo, meine kleine Linde!

Ich weiß, dass du viele Fragen hast, aber du musst wissen, dass ich nicht immer Antworten habe. Das Leben als Mensch hat nichts mit dem zu tun, was danach kommt. Mit dem Tod hat man das Leben abgeschlossen, Fragen kann ich dir nur beantworten, die mein Leben als Mensch betroffen haben.
Und auch da habe ich sehr, sehr viel vergessen. Die Zeit lässt das Leben im Dunkel verschwinden. Wenn es dich nicht gäbe, hätte ich keinen Kontakt mehr zur Erde. Aber ich wollte dich auf deinem Erdenweg begleiten und das habe ich getan.
Ich durfte ein wenig auf dich Acht geben und ein klein wenig mit dir reden – im Schlaf –, mehr war es nicht und jetzt kann ich dich doch begleiten, so lange du es willst.

Ich habe dich sehr, sehr lieb und hätte gerne mehr Zeit mit dir verbracht. Mein Schicksal war dagegen, aber so, wie es jetzt ist, ist es besser als nichts. Ich weiß, dass du nicht glücklich bist, das ist sehr traurig für mich. Ich würde dir gern helfen, kann aber nicht. Jeder Mensch hat seinen Lebensweg, du hast ihn dir so ausgesucht, jetzt ist er da.
Gut ist nur, dass man am Anfang des Lebens nicht weiß, was auf einen zukommt. Ich glaube, die Erde wäre dann fast menschenleer. Denk einfach an mich und „beiß die Zähne zusammen" – so, wie du es jetzt tust, ist es am besten. Nicht alles ist Gold, was glänzt. Ich bin immer in deiner Nähe, egal, wo du bist.
Ich denke immer an dich!

Vati

Manches Mal bin ich sehr nachdenklich nach Sitzungen, die mit der Kontaktaufnahme mit Verstorbenen zu tun haben. Ich erlebe sehr viel mit den Menschen in diesen Situationen und nicht immer sind die Wesen aus der anderen Welt so lieb, so fürsorglich und freundlich, wie es Gerlindes Vater ist. Die Bezeichnung „Wesen aus der anderen Welt" ist meine Ansicht aus meiner Erfahrung. Sie sind nun einmal keine Menschen mehr, sie sind Geist und Seele, und viele von ihnen legen sehr bald ihre irdischen Charaktereigenschaften ab. Ihr Interesse an den Hinterbliebenen, an ihren irdischen Familienangehörigen ist mäßig oder gar gering.

Ich sehe es so, dass mit dem Tod eines Familienmitgliedes die familiären Bindungen oft ganz aufhören. Das ist gut und in Ordnung, denn im anderen Fall würden die Streitigkeiten und Zwiste bis in alle Ewigkeit bestehen. Ich glaube nicht, dass derartige Situationen im Sinne der Schöpfung sind. Sicherlich, es gibt Ebenen im mentalen Bereich, wo Streitereien, Hasstiraden, Neidexzesse und dergleichen fortgesetzt werden.

Meine Bitte an das Universum war dahingehend, dass ich von solchen Begegnungen verschont bleibe. Diese Bitte war so eine Art „Bedingung", unter der ich bereit war, meine Fähigkeiten als „Hilfe zur Selbsthilfe" einzusetzen. Diese Bedingung wurde erfüllt (übrigens *danke* ich immer wieder meinen geistigen Helfern).

Die Klienten, die meine Hilfe bereits in Anspruch genommen haben, wissen um meine Art und die Praxis, wie ich diese Arbeit tue. Allerdings – es gibt eine Situation, in der die Verstorbenen auf jeden Fall mit ihren geliebten Menschen nach deren Tod wieder zusammentreffen. Es ist das Band der Liebe, das die nie vergehende Bindung aufrechthält. Auch wenn kein bewusster Kontakt bestanden hat, wenn der noch Lebende Abschied vom Verstorbenen genommen hat, ihn „losgelassen" hat, der geliebte

Tote ist da, wenn der Heimgang näherrückt, wenn die Todesstunde angesagt ist.

All die vielen Erzählungen aus den vergangenen Zeiten, all die vielen Vermutungen, die immer wieder aus dem Urwissen der Menschheit als Möglichkeiten aufgetaucht sind, all sie enthalten einen großen Teil an Wissen und Wahrheit. Nur eines ist ganz bestimmt nicht wahr: Kein „Toter" kann einen „Lebenden holen", ganz gleich, aus welchem Bereich bzw. aus welcher Ebene sie stammen. Der Tod ist ein Fixpunkt im Leben eines Menschen, ebenso die Todesstunde. Viel Wissen aus der geistigen Welt steckt in dieser Tatsache. Es ist jedoch auch Tatsache, dass kein Mensch weiß oder wissen kann, wann oder wem die Todesstunde schlägt! Manche Menschen erahnen, spüren, riechen oder können den Zeitpunkt sehen – das gibt es in der Tat. Bei diesem Wissen handelt es sich um Möglichkeiten, nicht um bestehende Gegebenheiten. Dies ist meine Wahrheit und ich vertrete sie mit bestem Wissen und Gewissen.

Die große Ausnahme in meiner Wahrheit bildet die sogenannte schwarze Magie. Aber genau mit dieser habe ich keinen Kontakt! Ich meide sie! Ich habe sie immer gemieden und werde dies auch in Zukunft tun.

Hallo, meine Linde!

Ich weiß mittlerweile, dass du große Sehnsucht nach mir in deinem Herzen hast. Du kennst immer noch meine Liebe zu dir, weil ich dich immer gewollt habe. Mein größter Wunsch war eine eigene Familie, er ist auch wahr geworden, nur nicht für mich. Mit dem Begriff „Enkelkinder" kann ich nichts anfangen, weil es nicht mein Leben ist. Auch mit deinem Bruder kann ich nichts anfangen, sein Leben hatte mit meinem nichts mehr zu tun. Ich war nur der „Erzeuger", im Lebensplan bin ich für ihn nicht vorhanden. Es wäre nicht gut, wenn er nach mir Sehnsucht hat, denn ich weiß, dass wir uns nie mehr begegnen. Mein Wunsch nach Familie hat sich erfüllt – für euch, nicht für mich. Deine Mutter wird bald hier sein, es gibt viel zu klären zwischen uns, das ist Ehrensache, das muss getan werden. Ob wir dann auch hier noch zusammen sein werden, ist zwar möglich, jedoch noch absolut unsicher. Ich hole sie ab, das ist ein Versprechen an dich und an sie.

Dass sie so verwirrt ist, geschieht deshalb, weil sie in Gedanken schon sehr, sehr oft hier ist. Warum sie nicht loslässt, verstehe ich nicht, vor dem Tod braucht sich keiner zu fürchten. Jedoch – sie hat so viel Tod gesehen und erlebt – das muss man verstehen, auch wenn man die Grausamkeit nicht selbst kennt. Ich glaube, die, die lebend geblieben sind, haben viel mehr durchgemacht als die, die getötet wurden oder einfach nur sterben mussten. Die Erinnerungen sind viel schrecklicher für die Menschen als für die Toten. Sei gut zu deiner Mutter, sie weiß nicht mehr, was sie tut, sagt oder denkt. Sie war immer schon ein wenig schwierig, das wird jetzt immer stärker wirksam. Denke einfach nur an mich, ich bin neben dir und lass sie reden! Du liebst sie doch, also beiß die Zähne zusammen. Liebe ist kompliziert, aber sie ist da und deshalb hör nicht hin, denk an mich.

Danke, dass du dich so um mich bemühst, darüber freue ich mich, weil es für mich wunderbar ist.

In Liebe

Vati

Die Tatsache, einen älteren Bruder zu haben, lässt Gerlindes Gedanken nicht los. Sie will unbedingt mehr wissen. Sie will ihn kennen lernen. Dass es eventuell eine Möglichkeit dazu gibt, bringt eine starke Hoffnung in ihr Leben. Aber ihr Vater erklärt ihr noch einmal, dass er nicht mehr weiß, als er ihr bereits mitgeteilt hat. Das ist eine traurige Tatsache für Gerlinde, sie muss sich wohl oder übel damit abfinden. Auch mit den Fragen nach den Enkelkindern kann der Vater nichts anfangen. Ich habe das Gefühl, er kennt seinen Sohn ebenfalls nicht. Gerlindes Bruder wurde erst nach seinem Tod geboren, die Enkel sind die Kinder des Bruders. Auch mit dieser Tatsache muss sie sich abfinden.

Mein Wissen bestätigt sich: Gerlindes Vater hat mit seiner ehemaligen irdischen Familie keine Verbindung. Außer der Liebe zur Tochter ist nichts mehr vorhanden. Aber – halt! – da gibt es doch noch etwas. Der tote Vater hat etwas mit der noch lebenden Mutter zu klären. Er wartet auf sie, ist bereits in ihrer Nähe. Das bedeutet, der Heimgang der Mutter ist bereits eine beschlossene Situation aus der geistigen Welt. Jedoch will sie noch nicht, sie klammert sich an das Leben.

Von Gerlinde weiß ich, dass es ihrer Mutter bereits nicht mehr gut geht, ihre Lebensqualität verschlechtert sich zusehends. Mit ihrem Starrsinn und ihrer ewig nörgelnden Art macht sie der Tochter das Leben zunehmend schwerer. Gerlinde ist oft verzweifelt und verunsichert, weil sie der Mutter nichts mehr recht machen kann. Heimhilfe, Krankenhilfe lehnt sie vehement ab, die Tochter wird mit ungerechtfertigten Vorwürfen überschüttet. Ich kenne ähnliche Situationen aus den Berichten meiner Klienten und ich weiß, dass hier auch der beste „Rat" nichts hilft. Das sind Lebensumstände, die die gesunden Familienangehörigen unter schwersten Druck setzen. Nun gehört Gerlinde auch zu diesen „Opfern" und sie sucht Rat bei ihrem Vater.

Dieser bittet sie um Verständnis für die Mutter, um das Verstehen ihrer Situation – mehr kann er nicht tun. Seine Worte sind bereits ein großer Trost für die Tochter. Sie wird die Zähne zusammenbeißen und den Kopf hochhalten – komme, was da wolle.

Zurzeit geht es Gerlinde gut. Die Angelegenheit mit der hinfälligen Mutter hat sie gut geregelt und im Augenblick ist

Ruhe eingekehrt. Sie freut sie über einen neuerlichen Brief ihres Vaters. Sie lacht und erzählt mir ein wenig aus ihrer eigenen Vergangenheit. Aus ihren Worten spüre ich immer wieder die große Sehnsucht nach einem liebevollen Zuhause. Diese Sehnsucht zieht sich wie ein roter Faden durch ihr Leben. Sie ist jetzt glücklich, weil sie sich und ihr bereits gelebtes Leben besser versteht. Sie hofft, dass ihre Zukunft nun schön vor ihr liegt, denn ihr größter Wunsch ist endlich in Erfüllung gegangen. Sie hat eine neue Art „Lieblingsbeschäftigung" entdeckt. Sie liest immer und immer wieder die Briefe ihres Vaters und stellt sich vor, wie es wohl gewesen wäre, wenn sie beide zusammengelebt hätten. Gerlinde träumt von einer Vergangenheit mit dem geliebten Vater:

Ein wunderbares Erlebnis ohne bitteres Erwachen, ein Traum erfüllt mit Freude, Frieden, Liebe und Lachen. Gerlinde kann herzhaft lachen, wenn sie mir Teile ihres Traumes erzählt. Ja, sie kichert wie ein kleines Mädchen, das an der Hand des Vaters die Welt entdeckt.

Ich freue mich mit ihr und bin unendlich dankbar, dass sie durch mich und mein Tun diesen Traum hat lebendig werden lassen können. Es ist doch ein gutes Gefühl, wenn man Schritte in der anderen Welt unternehmen kann. Oh ja, das ist es in der Tat!

Doch jetzt geht es wieder an die Arbeit. Der „Vati" will ebenso seiner Freude Ausdruck verleihen. Auch wenn er zuvor noch seine Erfahrungen mitteilen muss. Schön sind sie nicht, seine Erfahrungen als Soldat, jedoch die Tatsache, dass er endlich mit seiner geliebten Tochter Verbindung hat, lässt die Bitterkeit in Hoffnung wandeln.

Hallo, meine liebe Kleine!

Keine Sorge, ich bin immer in deiner Nähe und ich weiß, dass du genau das fühlst. Jetzt kann ich endlich meine Vaterrolle übernehmen, auch wenn ich viel lieber ein lebender Vater wäre. Aber du weißt, dass man das Schicksal nicht ändern kann. Kriege sind eine sehr grausame Angelegenheit, ich habe vieles gesehen und Entsetzliches erlebt. Verdienste, nur weil man irgendwas Positives getan hat, sind nicht wichtig, denn du musst den Rundumblick erkennen. Erst Menschen töten und dann – mit Glück – einen Einzigen zu retten – alles Heuchelei und grausamer Betrug.

Ich habe zu viel gesehen, zu viel getan, zu viel miterlebt – ich war dabei. Und vielleicht ist es die bessere Lösung gewesen, irgendwo tot umzufallen. Denn vielleicht hätte ich diese Vergangenheit nicht verkraftet – was wäre ich dann für ein Vater geworden. Jetzt habe ich die Chance, bei meinem Kind zu sein, und du liebst mich wirklich, auch wenn das Kind bereits eine ältere Frau ist. Aber ich weiß, dass du immer mein Kind bleiben wirst. Zumindest so lange, bis du mir hier gegenüberstehen wirst. Das wird noch dauern, aber du weißt, dass ein Mensch auch einmal sterben wird – jeder Mensch, auch du. Natürlich bin ich an deiner Seite. Denk fest an mich und hab keine Angst. Egal, wie die Sache ausgeht – wir sind füreinander da. Ich habe dich immer geliebt, meine „Große, Kleine".

Vati

In Gerlinde häufen sich unendlich viele Fragen an. Sie will unbedingt erfahren, wie das Leben ihres Vaters vor seinem plötzlichen Tod verlaufen ist. Was war er für ein Mensch? Was waren seine Interessen? Wie war das Verhältnis zu ihrer Mutter, seiner Gattin? Was hat er gefühlt, als er wusste, dass sein sehnlichster Wunsch in Erfüllung gehen würde – seine Frau erwartete ein Kind: Gerlinde!
Er war im Feld, Soldat in Italien – wie erging es ihm dort? Hat er seinen Tod mitbekommen – was ist in ihm in diesem Augenblick vorgegangen? Musste er lange leiden?

Bange Fragen aus dem Herzen einer Tochter, die den „Heldentod" ihres Vaters weder verstanden noch verkraftet hat. Die einzige Möglichkeit, Antworten auf all diese Fragen zu bekommen, ist die Rückerinnerung ihres Vaters an die Zeit vor seinem Tod. Ich bin mir nicht sicher, ob er nach so vielen Jahren in der anderen Welt noch weiß, was damals war. Die Unsicherheit ist stets mein unsichtbarer Begleiter, wenn eine derartige Situation auf mich zukommt. Selbstverständlich wünsche ich mir, dass der verstorbene Vater all die vielen Fragen seiner Tochter beantworten wird – sicher bin ich mir jedoch nicht. Ich muss objektiv bleiben, darf keinerlei Emotionen in meiner Arbeit aufscheinen lassen, muss unbelastet und frei von allen Gedanken und vollkommen neutral die Worte niederschreiben, die mir der Vater diktiert, ohne jedoch deren Sinnhaftigkeit zu erkennen.

Was wirklich in solchen Briefen steht, weiß ich selbst erst dann, wenn ich sie meinen Klienten vorlese. Wie gesagt, ich habe großteils keine Ahnung, was ich geschrieben oder gesagt habe. Meistens kommen die Botschaften aus der anderen Welt in Briefform, manches Mal jedoch spreche ich sie. Gesprochene Botschaften sind für mich etwas schwieriger zu erkennen und zu hören. Warum das so ist, weiß ich nicht. Aber es funktioniert ebenso wie ein Brief. Ich bin der Meinung, dass ein Brief wesentlich überzeugender wirkt als eine gesprochene Mitteilung. Der Brief enthält meine Schrift, lediglich ein paar Worte, manchmal auch ein Satz, es ist nicht mein Schriftzug. Eines jedoch passt in den meisten Fällen ganz genau: die Unterschrift des Mitteilenden.

Es freut mich immer wieder, wenn meine Klientin ausruft: „Das ist ja genau so unterschrieben wie vom …"

Und irgendwo mitten im Schriftstück steht eine Botschaft, eine Mitteilung, die nur der Betreffende wissen kann. Auch das funktioniert immer wieder zu meiner großen Erleichterung.

Das, was ich durch meine Fähigkeiten erreiche, ist eine große Verantwortung den Menschen gegenüber. Es ist weder „Spaß an der Freude", es ist auch nicht „lustig, was da geschieht". Es geschieht auch nicht aus Neugierde oder Wissensdurst. Es geschieht als „Hilfe zur Selbsthilfe". Das ist die Bedingung, die ich mir gestellt habe! Ich bin zu ernst und zu verantwortungsvoll in meinem Können und in meinem Wissen, um all das auf die leichte Schulter zu nehmen. Menschen verdienen Respekt und Achtung, wenn sie vor mir sitzen.

Den Toten biete ich selbstverständliche Offenheit in Objektivität und Neutralität. Ich bin lediglich die „Sekretärin" einer übergeordneten „Firma" und schreibe das, was mir mitgeteilt wird. Mehr ist es nicht!

Hallo, meine kleine Linde!

Ich weiß, dass du unendlich viele Fragen an mich auf dem Herzen hast, aber ich weiß auch, dass ich viele deiner Fragen nicht beantworten kann. Der Krieg ist ein grauenvolles Erlebnis und ich habe und hatte viel Mühe, ihn zu vergessen.

Das Hurra-Geschrei der jungen und alten Männer habe ich nicht mitgemacht, im Gegenteil, ich hatte große Angst vor dem Sterben und genau das ist passiert. Ich war ein Opfer dieses Wahnsinns und mit einem Schlag war mein Leben vernichtet. Aber es ist sinnlos, darüber nachzudenken, denn das Geschehene kann keiner mehr verändern. Deine Mutter ist alt, sehr alt geworden, mein Versprechen, an ihrer Seite zu stehen, konnte ich nicht halten, das Schicksal hat es verhindert. Ihre Verbitterung ist zu verstehen, das Leben hat auch bei ihr zugeschlagen. Menschen, die aus der Zeit eines derartig entsetzlichen Krieges kommen, muss man anders behandeln. Sie sind die Opfer, die überleben mussten. Da ist es für mich um vieles leichter, ich habe mir viel erspart. Jetzt geht es mir sehr gut und ich muss nicht wieder auf die Erde. Zu viele Kriege, zu viel Leid und Not. Du bist ein tapferes Kind, weil du dich so um deine Mama sorgst, aber du kannst sicher sein, alles wird gut – auch für dich. Es sind mit mir schon viele da, die auf sie warten. Das ist hier so Sitte, weil die Seele sonst einen Riesenschock hat, wenn sie weiß, dass ihr Mensch tot ist. Du weißt ja, als Lebender hat man Angst vor dem Tod und darum sind viele da. Dann ist auch die Angst weg.

Hier gibt es viele Möglichkeiten. Mann kann arbeiten, aber nicht so wie bei euch. Man kann helfen, wenn Hilfe gebraucht wird – so wie bei euch. Man kann sich weiterbilden, lernen, Unterricht geben, Kinder und Tiere betreuen. Alles ist möglich, wenn man will. Man kann in ein neues Leben einsteigen. Viele tun das auch, weil es ihnen hier zu langweilig ist. Die wollen „Leben pur" und viele Aktionen. Aber das tun nur die, die gute Erlebnisse in Erinnerung haben. Nicht solche wie ich. Aber wenn man bei seiner Familie sein will, bei den Menschen, dann tut man nichts. Man ist einfach da und begleitet sie. Ich bin jetzt bei deiner Mutter und warte, bis sie bereit ist. Sie denkt viel nach, aber sie hat doch noch Angst. Sei nicht ungeduldig, lass sie reden und rede nicht dagegen. Das ist das Beste, was du tun kannst. Ich umarme dich in Liebe.

Vati

Verzweifelt sitzt Gerlinde bei mir. Wieder einmal ist die Ursache für ihre seelische Situation der immer schlechter werdende körperliche Zustand ihrer gebrechlichen Mutter. Sie erzählt mir all das, was ich schon einige Male von ihr erfahren habe. Aber jedes Mal kommt mindestens noch ein neuerliches Problem dazu. Geduldig höre ich ihr zu.

Ich weiß, dass es keinen Sinn ergibt, wenn ich ihr gegenwärtig „Ratschläge" erteile, dass es für derartige Situationen keiner Ratschläge von außen bedarf. Gerlindes Mutter ist zwar körperlich hinfällig und auf Fremdhilfe angewiesen, jedoch geistig ist sie noch ziemlich aktiv. Das bedeutet, sie lehnt jegliche Unterstützung durch Fremde vehement und barsch ab. Wenn sie Hilfe annehmen wird, dann nur und ausschließlich von der Tochter. Diese jedoch hat auch noch eigene familiäre Verpflichtungen. Sie ist für die Mutter da, aber eben nicht rund um die Uhr. Der Starrsinn der Mutter prallt auf die Meinung der Tochter – eine grausame Situation, in der die Mutter die Tochter in eine neuerliche Art von „Opferrolle" zwingen will. Wie gesagt, ich weiß, dass ich nichts dazu tun kann. Weder im Sinne der Mutter noch als Hilfe für die Tochter.

Gerlinde hört auf zu reden. Mit freudlosem Blick bittet sie mich, ihren Vater um Stellungnahme zu bitten. Sie klammert sich jetzt an eine Botschaft, die ihr „die Lösung des Problems" bringen soll. Natürlich werde ich versuchen, aus den Worten des Vaters Antworten zu hören, große Hoffnung habe ich allerdings nicht. Aus meinen Erfahrungen weiß ich, dass sich Verstorbene nicht in das Leben der Hinterbliebenen einmischen dürfen. „Auch Väter nicht", denke ich mir im Stillen und beginne zu schreiben:

Hallo, meine kleine Linde!

Ich würde dich gerne in meine Arme nehmen und dich damit trösten und dir zur Seite stehen – aber du weißt, ich kann das von hier aus nicht tun. Meine Welt hat nur sehr eingeschränkten Kontakt mit der Welt der Lebenden und das ist auch gut so. Es sind sowieso viel zu viele Horrorgeschichten erfunden worden. Und keiner von uns darf die Lebenden „erschrecken". Auf meiner Ebene ist es selbstverständlich, dass Gefühle übermittelt werden, mehr darf es eben nicht sein.
Ich verstehe ja, wie verzweifelt du bist, aber es ist die Entscheidung deiner Mutter, ob sie kommt oder nicht. Tatsache ist, dass sie dich nicht loslassen will, weil sie sich als Mutter im Recht fühlt, dich zu umklammern. Es ist die letzte Macht, die sie über dich ausüben

kann. Und das tut sie jetzt mit ihrer allerletzten Kraft. Aber es hilft nichts, wenn du es ihr sagst, denn es geht um die Seele, die dich beherrschen will, nicht der Mensch ist es. Die Seele, ihre Seele hat aber die Macht über ihren Körper und da muss man warten, bis es auch der Seele zu „dumm" wird. Solange du als Mensch, als ihre Tochter, ihr das erlaubst, wird sich nichts ändern. Du musst dieses Band durchtrennen, indem du deine Hilflosigkeit ihr gegenüber aufgibst. Wenn ihre Seele begreift, dass du nicht länger die „Opferrolle" spielst, wird sie anders denken. Das Schlimme ist nur, dass dein „schlechtes Gewissen" nicht mitmacht. Ein Machtwort zu sprechen, ist die scheußlichste Art einer Mutter gegenüber. Sie aber loszulassen und sich freizumachen, ist eine große Liebesgabe. Vielleicht wartet der Mensch „Mutter" auf die Freigabe, weil sie wirklich gehen will, jedoch das Gefühl hat, dich nicht allein lassen zu wollen. Denk einmal nach, wie sie immer zu dir war. Hat sie versucht, dich mit allen Mitteln an sich zu binden, wollte sie nur „dein Bestes", oder war sie als Mutter bedacht, dass ihr Kind ein schönes Leben haben sollte.

Wenn du dir diese Fragen ehrlich beantwortest, ist das „Loslassen" ein „Freigeben" und die Situation wird sich klären.

Ich denke an dich, bin bei dir und bitte dich aus ganzer Seele: Denk richtig nach.

Ich grüße dich in Liebe!

Vati

Sehr erstaunt lese ich Gerlinde vor, was ich kurze Zeit zuvor zu Papier gebracht habe. Und ich bin sehr, sehr froh, denn trotz all meiner Erfahrungen habe ich nicht recht gehabt, ja, ich habe mich geirrt. Väter dürfen Hilfe geben! Gerlindes Vater hat der Tochter nicht nur ihre gegenwärtige Situation mit der Mutter erklärt, er gibt ihr auch eine Art „Lösungsvorschlag".

Was auch immer geschehen wird – Gerlinde hat etwas zum „Anhalten" bekommen: Die Liebe ihres Vaters bewirkt, dass sie erleichtert aufatmet und ich erkenne, dass sie das Geschriebene richtig verstanden hat. Wie sie in naher Zukunft mit ihrer Situation umgehen wird, wird sich zeigen. Auf welche Art und Weise sie in Folge ihrer Mutter gegenübertreten wird, ist ihre Entscheidung. Wir sind beide sehr erleichtert und ich hoffe, ihr Vater auch!

Gerlinde spricht viel mit ihrem verstorbenen Vater. Bei jeder Gelegenheit spricht sie laut mit ihm. Am meisten dann, wenn sie in ihrer Küche zu tun hat. Sehr oft, wenn sie ihre wunderbaren Strickarbeiten macht. Sie ist eine Künstlerin in Sachen „Pullover". Für dieses Hobby nimmt sie sich jede Menge Zeit. Der Vater ist mit dabei, sie spürt ihn, sie weiß, dass er *da* ist. Ihr Ehemann akzeptiert diese Geschehnisse, er lässt sie das tun, was für sie gegenwärtig wichtig ist. Auch er leidet unter der angespannten Situation mit Gerlindes Mutter. Die Tatsache, dass Gerlinde den Zustand ihrer Mutter zu verstehen versucht, ist aber nicht die Lösung des Problems. Die Mutter ist weiterhin starrsinnig und kämpft verbissen um ihre „vermeintlichen Rechte". „Es ist aussichtslos", sagt Gerlinde, ich sage gar nichts. Zu oft höre ich dergleichen und bin dankbar dafür, es selbst nicht erleben zu müssen.

Wieder sucht Gerlinde Hilfe bei ihrem Vater. Wieder erklärt dieser, aus welcher Ursache die Situation überhaupt entstanden ist. Tröstende, liebevolle Worte fließen aus meiner Feder. Es sind Worte der Überzeugung. Was Gerlinde will und braucht, ist jedoch eine praktische Unterstützung. Die kann ihr der Vater nicht geben, sie weiß das, hofft jedoch immer stärker auf eine Art „Wunder aus dem Himmel". Eines beginnt sie jedoch zu begreifen: Diese Situation wird einmal ein Ende haben, sie wird somit nicht ewig dauern.

Das Wörtchen „ewig" ist auf irgendeine Art in ihrem Verstand eingeprägt. Ihre große Verzweiflung beruht auf der Tatsache, dass sie die Situation mit ihrer Mutter ohne Ende sieht. „Soll das bis ans Lebensende so weitergehen?" Ich kann sie beruhigen. Jeder Mensch muss einmal seinem eigenen Tod in die Augen sehen, niemand lebt „ewig". Gerlinde muss umdenken, dann wird aus der Hoffnungslosigkeit ihrer Lage Zuversicht. Es wird und muss ein Ende haben. „Ich kann das alles nicht mehr ertragen", sagt sie zu mir. Und dann bricht die Geschichte ihres Lebens aus ihr heraus. Ich höre zu, mehr kann ich nicht für sie tun.

Bevor ich jedoch ihre Worte zu Papier bringe, will ich noch etwas dazu sagen. Es gibt viele Arten von Müttern auf dieser Welt: Das sind die liebevollen, verständnisvollen, zufriedenen. Es gibt die, die für ihre Kinder zu heldenhaften Kämpferinnen werden, jedoch auch solche, die mit Jammern und Klagen nichts dazu tun.

Gerlindes Mutter gehört zu einer anderen Art von Müttern. Sie hat Gerlinde beinahe ein ganzes Leben mit Druck und Drohungen gezwungen, alles das zu tun, was sie als „Ältere" besser zu wissen glaubte. Unglaubliche Erpressungsversuche sind ihr gelungen, und es war ihr augenscheinlich völlig gleichgültig, wie sehr sie ihr Kind damit verletzt hat. Gerlinde war zu naiv, zu gutgläubig und unerfahren, um dieses „Spiel" zu durchschauen. Sie folgte ihrer Mutter aufs Wort und verzichtete sogar auf Freundschaften. Sie ist immer noch den Wertvorstellungen der Mutter wie ausgeliefert.

„Meine Mutter ist sogar auf den Schatten einer Kerze eifersüchtig", unterbricht sie ihre Erinnerungen. Dann fährt sie erregt fort: „Sogar meine erste ernsthafte Beziehung zu einem Mann hat sie hintertrieben. Sie hat mir solche Szenen gemacht, dass ich ihn freiwillig verlassen habe." Um in der Folge von der Mutter die Vorwürfe zu hören, sie hätte den besten Partner der Welt einfach im Stich gelassen. Gerlindes erste Liebe ist zerbrochen, aber die Mutter ist gegenwärtig noch immer mit ihm in Verbindung. („Was für eine kuriose Geschichte", sind meine Gedanken dazu).

Zu einem relativ späten Zeitpunkt hat Gerlinde dann dennoch den Mann fürs Leben gefunden, den auch die Mutter – wenn auch zähneknirschend – akzeptiert hat.

Glücklich ist die Tochter jedoch nicht geworden. Es ist ihr aber immerhin gelungen, dem Bannkreis der Mutter einigermaßen zu entkommen.

Gerlinde macht eine Pause und scheint in gedanklichen Erinnerungen zu versinken. Es ist still im Raum, nur die Uhr tickt leise. Ich schweige. Auf Grund ihrer Erzählungen bin ich nicht in der Lage, etwas zu sagen. Solche Geschichten höre ich öfters. Gerlindes Mutter ist eine von vielen, deren Töchter Rat und Hilfe brauchen. Trotz allem fühlt sich Gerlinde ihrer Mutter verpflichtet. Ja, sie hat sogar ein schlechtes Gewissen, weil sie der alten Frau nicht alle Forderungen erfüllen kann. Sie ist wie innerlich zerrissen und steht der Situation immer noch genauso hilflos gegenüber wie beim letzten Mal. Außer ihrem verstorbenen Vater kann ihr niemand einen Rat geben – ich schon gar nicht. Auf ihre Frage, wie ich wohl mit einer derartigen Situation umgehen würde, zucke auch ich mit den Schultern. „Keine Ahnung", mehr weiß ich nicht zu sagen.

Aber lassen wir den Vater zu Wort kommen.

Hallo, kleine Linde!

Ich spüre immer noch deine große Sehnsucht nach mir und weiß, wie gerne du mich als Vater in deinem Leben gehabt hättest. Deine Mutter ist eine sehr strenge und bestimmende Frau, und sie hat dir sehr, sehr oft das Leben schwerer gemacht, als es nötig gewesen ist. Sie hat sich an dich geklammert und auf dich verlassen. Eine zu große Last für ein Kind, aber das, was geschehen ist, kann man nicht mehr ändern. Niemand kann das, ich schon gar nicht, auch wenn du diesen Wunsch als Herzenswunsch fühlst. Du denkst, ich bin derjenige, der dir dein Leben als Kind, als junges Mädchen leichter gemacht hätte. Vielleicht hast du recht, erfahren wirst du es niemals, und ich kann dir auch keine Antwort geben. Die Tatsache, dass du mich immer gesucht hast, ist auch der Grund, warum du einen „väterlichen" Freund gesucht hast – ich beziehe mich auf dein gegenwärtiges Leben mit deinem Ehemann. Sicherlich, es ist nicht leicht, zwei alternde Menschen zu betreuen, vielleicht hilft es dir, wenn du manches Mal an die schönen Zeiten zurückdenkst. Irgendetwas Gutes muss ja da gewesen sein, sonst hättest du doch nicht geheiratet. Für deine Mutter gilt anderes, aber es ist müßig, sich damit zu beschäftigen. Ich nehme sie dir ab, soweit es mir möglich ist. Du bemerkst es, weil sie so viel von mir redet. Mehr kann ich nicht tun. Kopf hoch und beiß trotzdem die Zähne zusammen – alles hat einmal ein Ende, du musst nur in Geduld darauf warten. Viel Liebe und Tapferkeit für dich!

Vati

Der Zustand von Gerlindes Mutter wird von Tag zu Tag kritischer. Sie kann nicht mehr aus dem Bett aufstehen und benötigt nun intensivste Pflege. Aber genau das lehnt sie immer noch vehement und zornig ab. Sie behauptet, es gehe ihr immer noch gut. Sie redet wirres Zeug, fragt nach dem im Krieg gefallenen Ehemann, den sie ab und zu an ihrem Bett zu sehen vermag. In lichten Momenten ihres Zustandes erkundigt sie sich angstvoll bei der Tochter, ob der Vati sie auch wirklich holen wird. Das ist ihr sehnlichster Wunsch, vor dem sie jedoch große Angst hat. Gerlindes Antwort ist immer dieselbe:

„Nein, holen wird er sich bestimmt nicht, er wird dich begleiten, er wird da sein, wenn du gehen willst. Aber den Zeitpunkt musst du selbst bestimmen."

Diese Worte beruhigen die Mutter für einige Zeit. Darauf jedoch folgen wieder bange Fragen und Bemerkungen, dass ihre Mutter

(Gerlindes Großmutter) auch schon *da* sei. Gerlinde wird wieder unsicher, weil sie nicht mehr weiß, was genau die Mutter hören und wissen will. Was auch immer sie als Antworten parat hat – es passt nichts mehr. Dieser Zustand irritiert beide, sowohl Mutter als auch Tochter.

Wiederum ist es ihr Vater, der helfend unterstützt. Er erklärt in deutlichen Worten, warum es der Mutter nicht mehr möglich ist, vernünftige Gedanken in Sätzen zu bilden.

Wie schon so oft in der Vergangenheit ist er der tröstende, verständnisvolle Helfer aus der anderen Welt.

Hier ist seine Stellungnahme:

Hallo kleine Linde!

Es ist sehr schmerzhaft, wenn man zusehen muss, wie der Mensch, den man einst geliebt hat, langsam „zerfällt". Glaube mir, deiner Mutter geht es nicht mehr gut, es geht ihr sogar entsetzlich schlecht. Nur, sie weiß es nicht mehr so genau, weil sich ihr Denkvermögen langsam auflöst.

Sie fühlt sich nicht mehr wohl, sie weiß, dass es so ist, aber sie kann es nicht mehr zuordnen. Ihre Gedanken springen von Thema zu Thema, schnell und unkontrolliert. Sie weiß, wer du bist und weiß, dass sie mit dir „reden" kann. Aber was soll sie reden, wenn die Gedanken nur mehr um ihren Zustand kreisen, was sie auch nicht mehr zuordnen kann. Sie schwebt von einem Zustand in den anderen — sie ist manchmal gegenwärtig da, dann jedoch in der anderen Welt. Das vermischt sie, doch das geht nur gedanklich. In Wirklichkeit liegt sie in ihrem Bett und hat entsetzliche Angst vor dem Sterben. Dass wir hier schon alle tot sind und sie keine Angst haben muss, begreift sie nicht mehr. Und das ist das Grausame „vor sich hin verelenden", ihr Zustand.

Es wird noch schlimmer werden, wenn sie nicht endlich nachgibt. Das ist so, weil es in solchen Fällen immer so ist. Du kannst das nicht

verstehen, weil dein Denkvermögen noch funktioniert. Du hast dich mit dem Zustand des „Sterbens" noch nicht vertraut gemacht. Wenn man auch keine Angst vor dem Tod hat, mit dem Sterbevorgang läuft es anders. Der Tod ist das, was absolut ist, das Sterben ist die Loslösung aus dem materiellen Dasein in die geistige Form und das macht den meisten Menschen Angst — auch deiner Mutter ...Also, sei tapfer und halte durch. Sag deiner Mutter, dass sie „gehen" kann, dass sie keine Rücksicht auf dich zu nehmen braucht — auch wenn sie „Gift und Galle" spuckt. Du kennst sie, du musst sie nicht mehr so ernst nehmen.
Also, beiß die Zähne zusammen und halte durch. Wir sind bereit, irgendwann wird es ja doch irgendwie funktionieren.
Alles, alles Liebe und viel Kraft!

Vati

Der Inhalt der eben vorgelesenen Erklärung des Vaters berührt Gerlinde zutiefst. Die Erkenntnis zu erlangen, wie es sein kann, wenn ein Mensch dem Tod entgegengeht, ist auch für mich ganz neu. Ich habe nie daran gedacht, dass Menschen so große Angst vor dem Sterben haben können.

Für mich und all die Menschen, die mit mir mein Wissen teilen, gehört der Tod ebenso zum Leben wie die eigene Geburt. Beides ist ein nicht unbedingt angenehmer Faktor im Leben. Die Geburt ist für viele Menschen ein ebenso schwieriges Unterfangen wie das Sterben.

Nur – über unsere Geburt wissen wir bereits mehr oder weniger, der Sterbevorgang ist uns noch neu und auch großteils fremd. Wenn man jedoch jemals die friedlichen, sanften Gesichtszüge der Toten gesehen hat, weiß man, dass man keine Angst zu haben braucht.

Der Tod ist ein Übergang in eine andere Existenz, das Sterben ist der Weg dorthin.

Gut, ich gebe es zu: Ein wenig, ein ganz klein wenig Ungewissheit ist da, das ist erlaubt. Jedoch ist es nicht so, dass das ganze Leben aus ungewissen Situationen besteht.

Gerlinde sieht mich an, ich lese den Brief nochmals vor – langsam, Wort für Wort betonend. Es ist wichtig für uns beide, die Worte, die Sätze des Vaters genau zu verstehen. Es steckt so viel Weisheit und Wissen in ihnen und so viel Erfahrung. In knappen, kurzen Sätzen bringt er eine Erklärung zu Papier, für die die sogenannten „Bücherschreiber" seitenlange Kommentare abgeben würden. Kurze, knappe, verständnisvolle Sätze und Gerlindes Situation mit der Mutter wird klar und deutlich erkennbar. Der Ausdruck in ihren Augen zeigt mir, dass sie ab jetzt mit dem Zustand ihrer Mutter wird umgehen können. „Leicht wird es nicht sein", meint sie tief beeindruckt, „aber ich will und werde es schaffen!"

Hallo kleine Linde!

Ich bin sehr stolz auf dich, weil du dein Leben so gut gemeistert hast. Sicherlich, es waren sehr viele schwierige Situationen, doch so ist es eben im Leben. Jeder trägt seinen Tornister, gleich, wer er ist und woher er kommt. In diesem Tornister steckt das Schicksal, so musst du dir das vorstellen, und zu jeder Gelegenheit zeigt er sein Gewicht. Manchmal wird er im Laufe der Jahre leichter, manchmal geht er verloren, weil er nicht mehr gebraucht wird, manches Mal kann er aber noch schwerer werden. Das geschieht dann, wenn der Träger des Tornisters sein Schicksal nicht annehmen will oder mit ihm hadert.
Veränderungen im Leben sollte jeder annehmen, denn steif und starr auf seiner Meinung zu beharren, lässt den Tornister ins Unermessliche wachsen. Dein Tornister hat viel von seiner Schwere verloren, das Schicksal hat es im Großen und Ganzen bis jetzt mit dir gut gemeint, auch wenn du des Öfteren ahnungslos wie ein Kind dem Leben gegenübergestanden bist – ahnungslos naiv

und dennoch mit einer gewissen Portion Schadenfreude (Frechheit?) ausgestattet. Das hat dir das Leben erleichtert, auch wenn so manches hätte einfacher sein können. Aber so ist das im Leben eben – wenn man älter ist, erkennt man seine „Dummheiten", es ist aber meist keine Gelegenheit mehr, sie zu korrigieren. Und jetzt hast du es nochmals mit deinem Tornister zu tun – die starre, steife Mutter, der alte, eigensinnige Mann – du musst das nicht mitmachen. Du hast gute Gründe, es doch mitzumachen. Also, beiß deine Zähne zusammen. Es gibt Situationen, die man einfach nicht rückgängig machen kann ...

Der Brief hat für die Leser kein Ende, denn er wird sehr, sehr persönlich.

Alles will Gerlinde nicht preisgeben. Ein großer Teil ihres „Tornisters" bleibt ihr als Eigentum ...Ein wunderschönes „altes Wienerlied" beginnt mit den Worten: „Jeder trägt sein Binkerl ..." So manches Mal wächst sich dieses „Binkerl" zu einem riesengroßen, prall und schwer gefüllten Rucksack aus, ein ins Unermessliche wachsender Tornister.

So beschreibt Gerlindes Vater das Schicksal, das jeder Mensch zu „er-tragen" hat. Zu diesen Worten braucht es keine langen Erklärungen. Gerlinde weiß sofort, worum es in Wahrheit geht.

Im Schreiben vom 28.10. steht ihr Schicksal – ihre Vergangenheit liegt klar vor ihren Augen. Sie versteht den Sinn in all den Briefen ihres Vaters von Mal zu Mal besser. Sie fühlt sich von Mal zu Mal wohler in „ihrer Haut", weil sie sich sicher und geborgen weiß. Ich freue mich mit ihr, denn Gerlindes Schicksal ist mir nicht gleichgültig.

Ich bin Gerlinde unendlich dankbar, dass sie den Mut hat, ihr Leben so vor Fremden auszubreiten.

Wir alle lernen daraus, wie man sein Schicksal handhaben kann. Auch wenn es erst im gesetzten Alter geschieht. Es ist nie zu spät, einen Neuanfang zu wagen! Es ist auch eine wunderbare Möglichkeit, andere daran teilhaben zu lassen.

Liebe kleine Linde!

Nein, es gibt nichts Neues. Leider ist deine Mutter nicht bereit, diesen letzten Rest ihres mühselig gewordenen Lebens aufzugeben und ihren Körper zu verlassen. Sie wehrt sich sozusagen mit „Händen und Füßen" und klammert sich verbissen an ihr Dasein.

Tief in ihrem Innersten aber hat sie bereits Frieden mit sich geschlossen und ist bereit, auch den letzten Schritt zu tun. Nur — sie hat entsetzliche Angst vor der Tatsache, dass sie dann Rechenschaft ablegen muss. Das weißt du, das wissen alle, was sie aber nicht weiß, ist, dass diese „Rechenschaft" anders zu sehen ist. Sie war ein sehr strenger, eigensinniger Mensch mit großem Ego, wichtig war sie sich, das war ihre Lebensaufgabe. Sie wollte stets ihren Kopf durchsetzen und genauso steht sie jetzt der Tatsache „des Todes" gegenüber. Sie will nicht! Sie ist gewöhnt, dass es nach ihrem Willen geschieht. Sie ist es eben und niemand kann das ändern.

Ich weiß, dass auch du Angst vor ihren Reaktionen hast. Du hattest immer Angst vor deiner Mutter. Aber das ist jetzt vorbei, wenn auch erst sehr spät. Ich konnte dich nie vor ihr schützen, aber ich habe immer versucht, dir die Liebe zu geben, die du an ihrer Seite so schmerzlich vermisst hast. Deine Lebensgemeinschaft ist wie ein „Alibi", du hast mich in deinem Gatten gesucht, aber nicht gefunden. Trag es mit Geduld zu Ende — es hätte schlimmer kommen können.

Es tut mir leid für dich, aber das Schicksal ist bestimmt. Es läuft, wie es geplant ist, das ist so. Am besten ist es für die Menschen, wenn sie das Beste daraus machen. Das Leben an sich ist ein einziges „Experiment". Manchmal fliegt die Bombe hoch (wie bei mir), manchmal ist es eine Kette von Enttäuschungen — aber immer gibt es eine Lösung. Selbst wenn du im goldenen Schloss wohnst und wie eine Königin residierst, selbst dann hat das

Schicksal Ansprüche und Gold ist mit einem Mal nicht alles.
Hoffentlich verstehst du nun, was ich meine.

Beiß einfach nur die Zähne zusammen, das Los der Töchter ist
für die Söhne die beste Lösung. Sei stark, hab keine Angst. Denke
daran: Alles hat einmal ein Ende! Jeder negative Gedanke kostet
positive Energie und das ist es nicht wert.
In Liebe

Vati

Der Zustand von Gerlindes Mutter hat sich ein wenig beruhigt.
Sie hat sich damit abgefunden, akzeptiert jetzt die Hilfe, die sie
dringend benötigt. Gerlindes Nerven haben sich ein wenig erholt,
es geht ihr um vieles besser. Sie ärgert sich lediglich darüber, dass
ihr der Bruder keinerlei Unterstützung bietet.

Sein Kommentar zur Lage ist: „Du machst das schon, tu es,
wie du es für richtig hältst. Ich rede dir keinesfalls dazwischen."

So ist es und auch das ist eine Tatsache. Gerlinde ist auf sich
gestellt, sie muss alle Entscheidungen allein treffen. Es ist ein
Glück für sie, dass die Mutter endlich nachgibt und erlaubt, dass
„für sie gesorgt wird". Gerlindes Mann ist auch zufrieden.

Er ist ebenfalls ein „älteres Semester" und bereits teilweise auf die
Unterstützung seiner Frau angewiesen. Nein, hinfällig ist er noch
nicht. Es tut ihm einfach nur gut, eine „gute Fee" um sich zu wissen.

Ich bin froh, dass in dieser Familie endlich etwas Ruhe eingekehrt ist.
GOTT SEI DANK!

Gerlinde hat jetzt wieder mehr Zeit für sich. Sie lacht und freut
sich über alltägliche Kleinigkeiten. Da auch eine gewisse „Schadenfreude" in ihrem Denken Platz hat, erzählt sie mir lustige

Begebenheiten aus ihrer Vergangenheit. Manchmal schüttle ich den Kopf und komme mir im Vergleich zu ihr uralt vor. Sie hat das Lachen in all den Jahren nicht verlernt und macht sich über viele Situationen aus ihrem Leben lustig.

„Beneidenswert", denke ich mir, wenn ich ihr gegenübersitze. Leid und Freud so direkt nebeneinander und trotz allem ein kindlich-übermütiges Gemüt.

Wenn ich sie damit konfrontiere, dann meint sie mit diesem bestimmten Blitzen in den Augen: „Irgendwie muss man ja überleben – oder?" Ja, man muss – ich weiß es ebenso gut wie Gerlinde.

Gerlinde stellt nun immer öfter die Frage, wie es wohl mit den beiden – mit Mutter und Tochter – geworden wäre, wenn ... Ja, wenn es nicht den Vater gegeben hätte, wenn diese beiden in dieser gegenwärtigen Situation allein auf sich angewiesen gewesen wären.

„Unsinn", berichtige ich sie. Es gibt kein „wie wäre es wohl gewesen", denn es ist anders gewesen. Es gibt diesen Vater, es gibt seine Hilfestellung aus der anderen Welt, es gibt mich, die es ermöglicht, und es gibt Gerlinde, die zu mir gekommen ist.

Also – es gibt nur eines nicht: die Möglichkeitsform, den sogenannten Konjunktiv, dieses „was wäre, wenn ...". Es ist so, wie es gekommen ist.

Jetzt ärgere ich mich über mich selbst, denn ausgerechnet ich bin diejenige, die die Menschen mit strengen Worten über den Missbrauch der Möglichkeitsform (Konjunktiv) immer wieder aufmerksam macht. Viele Menschen erschweren sich das Leben mit diesem Gedankengut und versäumen oft wichtige Entscheidungen.

„Wenn ich dich nicht in die Welt gesetzt hätte, dann wäre mein Leben leichter und besser geworden ..." Das ist wohl eine der schlimmsten Wortfolgen, die man als Mutter einem Kind mit ins Leben geben kann. Grausame Vorgaben für das Kind, irrationales Gedankengut für die Mutter.

Denn: Das Kind ist da und somit ist alles andere eine rationale Folge. Warum dieses Beispiel für mich so unendlich wichtig ist? Ich will, dass die Menschen endlich verstehen und begreifen, dass die Vergangenheit im Leben aus Fakten, aus bestehenden Tatsachen, resultiert. Jegliches Denken über „was wäre geschehen, wenn das Geschehene anders abgelaufen wäre …" ist somit überflüssig, nicht notwendig und bedeutet außerdem sinnlos vergeudete Energie.

Für das Denken in die Zukunft ist die Möglichkeitsform lebensnotwendig, denn sie beinhaltet die Vorstellungskraft für darauffolgende Entscheidungen. Ich habe im Laufe der Jahre diese Einstellung meiner Gedankenmuster ge- und erlernt. Warum nur machen es sich die Menschen so unnötig schwer mit all diesem unnötigen Ballast?

Viele Situationen im Leben können viel einfacher gehandhabt werden, wenn die Menschheit lernt, klar und einfach zu denken und demzufolge klare und einfache Taten zu setzen. Ein altes Gedankenmuster von mir – was ist schon einfach im Leben …Gerlindes Gedanken kreisen um den Vater. Er ist ihr zum Lebensinhalt – zu einem Halt – geworden. Sie hat ihn für sich zum Leben erweckt, er ist ihr ständiger Begleiter. Real und wirklich ist er geworden, ihr „Vati". Die Liebe zu ihm ist ihre Selbstverständlichkeit, ihr Schutz, ihre Motivation, ihre Handlungsfähigkeit. Er ist jung geblieben in all den vergangenen Jahren ihrer Sehnsucht nach ihm. Sie sieht ihn so vor sich, wie er sich auf dem alten, für sie so kostbaren Foto darstellt.

„So hätte er mich durchs Leben geleitet, so hätte er mich behütet und beschützt, so hätte ich seine Liebe erleben können …"

Wieder diese Wunschform, wieder diese Gedankenwelt aus Träumen und Vorstellungen. Ich will Gerlinde nicht enttäuschen, weil ich weiß, wie sehr sie auch auf meine Worte hört.

Lieber lasse ich den Vater zu Wort, nein, zu Papier kommen. Obwohl ich diesmal ziemlich sicher weiß, dass er der Tochter jetzt das mitteilen wird, was eigentlich ich ihr antworten sollte. Aber „Vatis" Bericht ist um vieles genauer und deutlicher im Ausdruck, als ich es jemals werde beherrschen können.

Meine liebe, kleine Linde!

Ich weiß, dass du immer und immer wieder an mich denkst und dir vorstellst, wie schön es wäre, wenn es mich noch gäbe und ich dir in deinem Leben als Vater zur Seite stehen könnte – weiß ich, spüre ich und könnte es mir ebenso gut vorstellen. Aber du vergisst das Wichtigste: Ich wäre aller Wahrscheinlichkeit nicht mehr am Leben.

Bedenke, wie alt ich zum heutigen Zeitpunkt wäre – ein uralter Greis ohne jegliche Selbstverantwortung, oder ein ekelhafter alter Mann, verbissen, verbittert und verbohrt. Vielleicht sogar ein Abbild deiner Mutter.

Du weißt ja, die meisten alten Menschen sind durch ihre Vergangenheiten ihren durchlebten Jahren gegenüber traurig, enttäuscht und verbittert. Du – in deiner Generation war schon vieles anders. Es war sicher nicht um vieles leichter, aber es war ohne diesen schmerzlichen Verlust durch die vielen Kriegsjahre.

Also, wenn es mich noch gäbe, wäre ich kein Sonnenschein in deinem Leben, eher eine „Mondfinsternis". Ich kann dir nur von hier aus Mut machen, die Situation mit deiner Mutter in Ruhe zu ertragen. Du wirst sehen, es wird sich alles lösen, so oder so. Sie ist nicht mehr ansprechbar, deshalb darfst du die Worte von ihr nicht so ernst nehmen. Sie war immer sehr dominant, das macht sich jetzt ganz unangenehm bemerkbar. Aber sie war es auch als junger Mensch dir gegenüber; die Situation hat sich lediglich verhärtet. Du führst zurzeit einen 2-Fronten-Krieg. Halt die Ohren steif und beiß die Zähne zusammen und – lass dir nichts gefallen, nicht von ihr und nicht von der 2. Front.

Ich denke an dich, ich hab dich lieb, mein Mädel!

Vati

Meine Gedanken waren richtig. Der Vater hat all das gesagt, was die Tochter gegenwärtig bedenken muss. Das und noch einiges mehr. Der Satz des „2-Fronten-Krieges" deutet darauf hin, dass weder die Situation mit der Mutter noch ihre private Lage geklärt ist. Ob Gerlinde alles verstanden hat, ob sie hinter die Worte „gehört" hat, kann ich nicht beurteilen. Aber ich rede nicht über mein Wissen. Sie soll die Zeit der „Waffenruhe" genießen und sich die Lebensfreude nicht nehmen lassen.

2 Fronten bedeuten, dass eine Kriegshandlung aussteht. Und wie ich persönlich die Situation ihrer Mutter einschätze, bricht ein neuerlicher Krieg aus dieser Front aus. Es ist so, weil es immer so ist … Waren das nicht die Worte ihres Vaters aus einem der vergangenen Briefe?

Ich habe kein gutes Gefühl, wenn ich an Gerlinde denke. Ich denke nämlich öfter an sie und an die Situation mit ihrer Mutter. Da läuft die übliche Geschichte eines großen Machtkampfes um die Willensstärke einer Mutter und die der Tochter. Es geht um die gebrechliche, von Krankheit bereits gezeichnete alte Frau, die sich verzweifelt an den letzten Rest ihres Lebens „klammert". Die gnadenlose Angst vor dem Sterben hat und denkt, dass das alles nicht passieren würde, ja, wenn …, was denn nun. Ja, wenn sie ihr altes Leben weiterführen würde. Würde sie gern, kann sie aber nicht.

Die Pflege rund um die Uhr ist aus finanziellen Gründen nicht möglich. Die Teilzeitpflege beginnt die Mutter wieder zu boy-kottieren. Soziale Pflegedienste lehnt sie von vornherein ab und die Hilfeleistungen durch private Personen werden immer spärlicher. Gerlindes Mutter versteht es, alle hilfreichen Dienste durch ihre starre Sturheit und ihr großteils „ekelhaftes" Verhalten abzustellen. Die Menschen in ihrem Umfeld kommen mit ihrer unfreundlichen, ja manchmal sogar boshaften Art nicht mehr zurecht. Gerlindes Mutter leidet bereits an einer Altersdemenz die derartige Formen annimmt. Es hilft Gerlinde nur wenig, dass der Hausarzt die Situation immer wieder erläutert. Was sie wirklich braucht, ist Hilfe für die Mutter.

Sie selbst tut, was sie kann, mehr geht einfach nicht. Doch all das ist für die pflegebedürftige Mutter zu wenig. Als die Situation zu eskalieren droht, wird ein Bett im Pflegeheim frei und Gerlinde ist glücklich. Ihre Mutter hat ja bereits die Einwilligung gegeben, einer Umsiedlung steht nichts mehr im Wege.

Gerlinde teilt mir diesen glücklichen Umstand natürlich sofort mit. Sie weiß, wie sehr mich ihre gegenwärtige Lebenssituation interessiert. Ich freue mich mit ihr und atme ebenso erleichtert auf. Aber so ganz einfach ist die Situation doch nicht für Gerlinde zu handhaben. Sie hat auf einmal Gewissensbisse, weil die Mutter ins Pflegeheim *muss*. Mit einem Mal steht für sie fest, dass sie „versagt" hat, weil sie die Mutter „nicht pflegen kann". Es ist ja ihre Mutter, die da „abgeschoben" wird. Dass es da auch noch einen Bruder, einen Sohn der Mutter gibt, hat sie ganz beiseitegeschoben. Er hat ihr „großzügig" die Regelung der Situation „überlassen" – Gerlinde ist im Prinzip ganz auf sich allein gestellt.

Wieder einmal sitzt sie vor mir, erzählt, erzählt und erzählt – spricht sich alles vom Herzen. Vorsichtig erwähne ich den Bruder, zeige ihr auf, dass ja auch er „etwas hätte tun können". Gerlinde wird ruhiger. Ihr Blick verrät mir, dass sie einen großen Zorn auf ihren Bruder hegt. Doch er ist ja der „Kleine", das muss man verstehen – auch das sind die Vorgaben der Mutter. Diese Vorgaben sind immer noch in Gerlindes Gedankenwelt verankert. Gerlinde steht voll im Bann der Willensstärke ihrer Mutter. Als letzte Hilfe bittet sie ihren Vater um einen Rat. Sie klammert sich förmlich daran. Was auch immer ihr Vater zu sagen hat, sie wird es Wort für Wort befolgen und in die Tat umsetzen. Das tut sie bereits von Beginn an und sie wird es auch diesmal tun.

Hallo, meine liebe Linde!

Mach dir nicht so viele Gedanken über das Schicksal eines anderen Menschen, auch wenn dieser deine Mutter ist. Du hast viel für sie getan, dir vieles zugemutet, aber jetzt ist die Zeit da, in der du nichts mehr tun kannst. Sie hat ein ganzes Leben lang negatives Gedankengut ausgesendet – nun kommt diese Energie zu ihr zurück –, das ist ihr Schicksal.

In ein Schicksal kannst du nicht eingreifen, auch wenn du spürst, dass es anders laufen könnte – es läuft aber so, wie es für sie bestimmt ist. Das ist hart für dich, aber es geht nicht anders, weil dir die Liebe für den Menschen fehlt. Liebe kann nur dort entstehen, wo sie auch gegeben wird. Da, wo nie Liebe war, wird sie auch nicht zum Wirken kommen. Und – sei ehrlich zu dir selber – du liebst deine Mutter nicht, du fühlst dich nur immer noch für sie verpflichtet –, das bist du nicht. Solange du dich jedoch mit ihr „gekettet" glaubst, kann sie den entscheidenden Schritt nicht tun, weil sie sich an dich klammert. Du bist ihre Garantie für das Weiterlebenkönnen – du weißt ja, sie hat grausame Angst vor dem Sterben.

Selbstverständlich ist es deine Entscheidung, wie du mit der Situation jetzt umgehst. Aber bedenke – auch deine negativen Gedanken und Gefühle bleiben in deiner Seele haften. Also, sei ein vernünftiges Mädel und gib dem Schicksal deiner Mutter eine Chance.

Ich bin bei dir und du lass den Kopf nicht hängen.

Vati

All die Freude über den gesicherten Pflegeplatz für die Mutter, all die „Gewissensbisse", all der Frust, alles war umsonst und unnötig verschwendete Energie – so lauten Gerlindes Worte, als sie wieder vor mir sitzt. Bitterkeit liegt in ihrem Gesicht, der aufgestaute Ärger ist aus ihrer Stimme zu hören. „Was ist denn geschehen?" Ich stelle ihr die Frage und weiß bereits die Antwort. Gerlindes Mutter hat die Einverständniserklärung zurückgezogen. Sie will nicht ins Pflegeheim, sie will unbedingt nach Hause.

Zurzeit liegt sie im Krankenhaus, da der selbständige Aufenthalt in ihrer Wohnung aus gesundheitlichen Gründen unmöglich geworden ist.

„Fort ist die Gelegenheit, Mutter in Sicherheit zu wissen. Was um Gottes willen soll ich denn noch tun?"

Ich beruhige sie und versichere ihr, dass niemand ihre Mutter nach Hause schicken würde, da sie zurzeit ja im Spital liegt. Dort ist sie in Sicherheit und von dort aus wird jetzt entschieden, wie es weitergehen würde. Jetzt bekommt Gerlinde die Hilfe und Unterstützung, um die sie so sehr gebeten hat. Die Mutter bleibt im Spital, wo sie die beste Betreuung bekommt und wider Erwarten sich auch wohl fühlt. Dass Gerlinde die Welt jetzt nicht mehr versteht, verstehe ich sehr gut. So viel Anstrengungen, so viel „Theater" um die Pflegesituation und dann die Tatsache, dass der Mutter der mehrwöchige Spitalaufenthalt gefällt, ja, dass sie ihn beinahe „genießt" – wer kann das denn noch verstehen oder gar verkraften. Und nun – mit einem Mal – willigt die Mutter nochmals ein, einen Platz einer Pflegeinstitution anzunehmen. Ein „Wunder" bewirkt aus der geistigen Welt?

Oder vielleicht doch nur eine ganz normale Situation aus dem Leben eines alt gewordenen Menschen? Ganz gleich, mit welcher Betrachtungsweise diese Tatsache angesehen wird – für Gerlinde und mich ist es ein „Wunder aus der geistigen Welt!"

Gerlinde fühlt sich hin- und hergerissen, denn mit einem Mal hat sich auch ihr Bruder in die ohnehin schon angespannte Situation eingemischt. Er fühlt sich auf einmal „verpflichtet", etwas für seine Mutter zu tun. Das Problem – sein Problem – ist, dass er außerhalb der Stadt wohnt und ihm ein Pflegeplatz für die Mutter in seiner Nähe als beste Lösung erscheint.

Die Handhabung, damit diese Lösung auch eintritt, überlässt er allerdings seiner Schwester. Er will augenscheinlich nichts tun, findet sich aber im Recht. Dass Gerlinde beim Gelingen seiner Forderung eine beschwerliche und weite Anreise zur Besuchszeit hätte, ist ihm gleichgültig. Er ist immer so gewesen, das ist seine Art. Gerlinde ist richtiggehend wütend auf die Forderungen des Bruders.

Meine liebe kleine Linde!

Es tut mir so leid, dass du jetzt so unglücklich und verzweifelt bist. Die Situation mit deiner Mutter ist im Augenblick unangenehm, aber es gibt sicher eine Lösung. Du musst nur unbeirrt das tun, was du tun willst. Du warst für sie immer eine gute Tochter, auch wenn es dir oft sehr, sehr schwergefallen ist. Ich weiß, wie deine Mutter als Mensch gewesen ist, und sie hat sich in den vielen vergangenen Jahren nicht geändert. Du weißt, dass alte Menschen noch starrsinniger werden, wenn sie ein ganzes Leben lang unbeirrt ihre eigene Meinung als die einzig richtige vertreten haben. Nun ist es jedoch so, dass sie nicht mehr allein leben kann — auch dann nicht, wenn du sie betreuen könntest — kannst du aber nicht.

Aber setze jetzt endlich deinen Willen durch und lass dir von niemandem dreinreden. Du bist allein auf dich angewiesen, es war noch nie jemand da, der für dich eingetreten ist. Dein Problem ist, dass du viel zu wenig Selbstvertrauen hast und dich nicht so genau kennst. Ich bin stets mit dir gegangen und habe gesehen, wie stark du sein kannst. Nicht nur stark, sondern auch eigenwillig. Ein kleines Erbe deiner Mutter, das dir jetzt helfen

*wird. Sei nicht verzweifelt, die Lösung deiner Probleme steht
vor der Tür, du musst sie nur noch zulassen.*

*Du musst sie nur zulassen und deine Entscheidungen treffen
und tun. Niemand hat das Recht, dich zu verunsichern. Diese
Zeiten sind vorbei, endgültig vorbei.*

*Ich stehe dir zur Seite in Liebe, aber tun musst du es selbst. Du
bist der einzige Mensch, auf den du dich verlassen kannst – also
verlass dich auf dich und auf mich!*

Vati

Ich lese Gerlinde den Brief ihres Vaters vor. Schnell und zügig,
damit auch ich den Inhalt verstehe. Das ist meine Art, mit den
geschriebenen Mitteilungen umzugehen. Der genaue Inhalt ist
auch mir nicht im Detail bekannt. Ich höre beim Schreiben
genau auf die Worte, manches Mal auf vollständige Sätze. Den
Zusammenhang des Inhaltes erfahre ich jedoch auch erst beim
Durchlesen. Ich fühle, spüre die Wichtigkeit der Botschaft, die
Energie, die dahintersteckt, die Schwingungsfrequenz des „Toten"
oder des geistigen Helfers. Das, was diese Wesen mitteilen wollen,
erkenne ich gemeinsam mit dem Menschen, der eine Botschaft
durch mich erwartet. Es ist sehr wichtig für mich, dass die Betreffenden auch den Inhalt der Briefe richtig verstehen.

Manche Sätze sind verschlüsselt, sie verbergen das Wissen, das den
Beweis ihrer Existenz beinhaltet. Meine diesbezüglichen Fragen
klären dann auf. Eigenartigerweise spüre ich genau, wo dieses
geheimnisvolle Wissen „verschlüsselt und versteckt" ist.
    Einige meiner Klienten kommen öfters, manche sogar – wie
Gerlinde – immer wieder. Mit jedem Mal werden die Botschaften
vertrauter. Nicht jeder Verstorbene gibt bei der ersten Kontaktaufnahme alles preis. Viele halten sich vorerst „bedeckt", da sie

selbst überrascht und des Öfteren sogar verunsichert sind. Ja, es ist schon vorgekommen, dass der/die Tote nicht mit mir reden wollte. Männliche Verstorbene sind ungleich vorsichtiger mit dem, was sie erzählen wollen. Das ist ihr gutes Recht, denn auf Bestätigung ihrer Hinterbliebenen waren sie das auch während ihrer Lebenszeit. Manche jedoch reden sich schnell und eifrig alles von der Seele, all das, was sie während eines ganzen Lebens nie gesagt haben.

Mir ist alles recht, gleich, ob sie zögern oder zaudern, gleich, ob sie vor Freude ihre Worte fließen lassen. Für mich ist lediglich eines wichtig: Der Verstorbene nimmt Kontakt mit dem lebenden Hinterbliebenen auf. Fragen werden geklärt, Abschiedsworte finden statt und die große Beruhigung tritt auf beiden Seiten ein. Sollte es der Seele eines/einer Verstorbenen DRÜBEN nicht gut gehen, gibt es verschiedene Möglichkeiten, auch da zu helfen. Das jedoch ist ein anderes Thema, das mit Gerlindes Situation nichts zu tun hat.

Gerlindes Vater geht es gut, seine Seele hat bereits ein großes Wissen, er kann seiner lebenden Tochter beistehen und endlich nach so vielen endlos langen Erdenjahren auch Hilfestellung leisten. Er erteilt ihr keinerlei Ratschläge, er erklärt ihr lediglich die Situation und macht sie auf Schwächen aufmerksam. Wenn Gerlinde auf ihren Vater hört, ist sie „gezwungen", an sich zu arbeiten und sich durch eine Veränderung ihrer Sichtweise in die Situation neu zu stellen. Sie lernt durch die Unterstützung ihres verstorbenen Vaters, ihre Lebenssituation von einem anderen Blickwinkel zu sehen. Das ist die positive „Hilfe" aus dem „Jenseits". Keine Ratschläge, sondern die Möglichkeit, selbst umzudenken und dadurch eine Neu-Orientierung im eigenen Leben in Gang zu setzen.

Mit einem Mal erwacht Gerlinde aus ihrer verzweifelten, hilflosen Denkweise, sie setzt sich ruckartig auf, in ihren Augen blitzt

Kampfgeist auf. Jetzt wird sie die Situation mit ihrer Mutter selbst entscheiden. Sie will und wird nicht länger auf die Unterstützung ihres Bruders hoffen, nein, sie wird auch nicht mehr länger warten. Ich weiß, dass Gerlinde endlich „aufgewacht" ist, dass sie erkannt hat, was zu tun ist. Mein Gefühl ist deutlich:
Jetzt geht es weiter, jetzt geschieht das, was ich spüre. Wenn man etwas ganz fest im Willen hat, dazu selbst auch noch etwas tut, dann tritt das ein, wofür man all seine Kraft und Energie einsetzt. Gerlinde bittet die geistige Welt um Hilfe – „sie will" einen Pflegeplatz für ihre Mutter, ganz gleich, wo.
Wichtig ist lediglich, dass ihre Mutter die Betreuung bekommt, die so dringend notwendig ist. Und die Mutter soll sich auch wohl fühlen, soweit dies möglich ist.

Gerlinde und ich schicken diesen Wunsch in das „Universum". Vorsichtig und punktgenau setzen wir die richtigen Worte. Wir tun es gemeinsam. Und dann bitte ich Gerlinde, dieses Thema „loszulassen", nicht mehr zu hinterfragen, es einfach „laufen zu lassen". „Denk nicht mehr nach, lass es einfach sein, vertrau auf die Hilfe von oben", sind meine Worte zu Gerlinde. Sie ist einverstanden. Ich weiß, dass sie sich die größte Mühe geben wird. Mehr soll es auch nicht sein.

Einige Tage später ruft Gerlinde mich an, sie jubelt:
„Meine Mutter hat einen Pflegeplatz bekommen!"

Meine liebe kleine Linde!

Danke, dass du dich wirklich in Geduld gewappnet hast und auf die beste Lösung im Problem mit deiner Mutter gehofft und gewartet hast. Es ist im Leben immer so, dass die Lösung eines Problems immer nur dann eintreten kann, wenn der Mensch sich von dem Problem löst und es nicht mehr als fixen Bestandteil im Verstand verankert.

Leicht war es nicht für dich, dies alles zu tun, im Gegenteil. Du hast dich da mit großem Bedenken, mit Zweifeln und Wenn und Aber durchgewurschtelt, aber es hat funktioniert. Und du hast immer gehofft, dass jemand dir aus deiner Familie zur Seite stehen würde. Auch das war nicht der Fall, die Ausreden waren geradezu peinlich. Wenn ich noch im Leben als dein irdischer Vater stünde, ich würde mich für meinen Sohn, deinen Bruder, nur schämen. So, wie er sich verhalten hat und noch immer verhält, sollte er sich einmal besinnen, dass deine Mutter auch seine Mutter ist und dass diese Frau ihm im Leben immer zur Seite gestanden ist.

Mit mehr Hilfestellung, als sie dir im Leben mitgegeben hat. Ich habe meinen Sohn nie persönlich kennen gelernt, das hat der Krieg verhindert. Und als „toter Vater" hatte ich keine Möglichkeit, auf sein Leben positiv einzuwirken. Da gibt es klare Richtlinien, die ich absolut befolgt habe. Ich wollte auf keinen Fall die Beziehung zu dir riskieren.

Bitte sei nicht enttäuscht und verzichte auf positive Erwartungen. Du weißt ja: Wo keine Liebe ist, kann keine Liebe erwartet werden. Bedenke immer, dass du deine Entscheidungen selbst treffen musst, dass ich aber auch weiterhin für dich da bin, denn uns beide verbindet die Liebe eines Kindes zu seinem Vater. Es ist für mich ein wunderbares Wissen, dass es dich immer noch für mich gibt. Kopf hoch, kleine Linde, ab jetzt wird in deinem Leben eine große Erleichterung stattfinden.

Ich hab dich sehr lieb, mein Töchterchen!

Vati

Es ist wie im Märchen! Ende gut, alles gut!

Gerlinde strahlt wie ein Kind am Weihnachtstag, in ihren Augen steckt eine unendliche Erleichterung, ihr Gesicht ist entspannt. Vor mir sitzt eine glückliche, von sich selbst überzeugte Frau. Auch ich atme endlich auf. Ende gut, alles gut. Diese Worte stehen im Raum. Gerlinde hat es endlich geschafft. Sie hat sich von allen Erwartungen losgesagt und die anfallenden Entscheidungen aus sich heraus getroffen. Nein nicht so ganz, denn der „Vati" war immer mit dabei. Sie hat ihn ganz tief in ihrem Inneren gespürt. Oder war er doch eher neben ihr …, diese Frage kann ich ihr nicht beantworten.

Für mich ist es von gleicher Gültigkeit, auf welche Art und Weise Gerlinde ihren Vater empfunden hat. Wichtig ist nur, dass die Kommunikation mit ihm stattgefunden hat.

Wie? Nun, sich mit „Toten" in Verbindung zu setzen, bedeutet für jeden betreffenden Menschen etwas anderes.

Spüren, Fühlen, Sehen, Hören, Wissen … gleich wie, die Kommunikation erfolgt, Hauptsache ist, dass sie zustande kommt. Meine Aufgabe ist lediglich, den Kontakt herzustellen.

Das weitere Geschehen hängt vom Willen des Hinterbliebenen ab. Und – wie schon gesagt – Liebe ist das stärkste Band zwischen den beiden Welten. Liebe besiegt Grenzen und lässt „Wunder" geschehen!

Gerlinde erzählt mir ein paar Tage später, dass auch ihr Bruder die Mutter bereits besucht hat. Sein anfängliches „Murren" über die weite Entfernung hat sich gelegt. Ich frage mich, ob der Vater da ein wenig interveniert hat … Obwohl er ja mitgeteilt hat, dass ihm Hilfestellung für den ihm als Mensch unbekannt gebliebenen Sohn nicht gegeben war? Was soll's! Geschehen ist geschehen und nun ist es wirklich wahr geworden: Ende gut, alles gut!

Das ist nun auch das Ende von Gerlindes Geschichte und ihrem Vater. Sie wird auch weiterhin mit ihm in Verbindung bleiben. Ich weiß, dass sie „seine Hand" nicht loslassen will, dass sie ihn auch in Folge um Hilfe bitten wird. Ihr Leben ist jetzt leichter geworden, sie fühlt sich sicher und geborgen.

Die jetzt noch kommenden Briefe sollen jedoch nur für sie bestimmt sein. Es ist ihr Wunsch, den ich selbstverständlich zu respektieren habe.

Danke Gerlinde, dass du all den Lesern und Leserinnen dein Herz geöffnet hast und sie an der Kommunikation mit deinem Vater teilhaben ließest. Mit dieser Möglichkeit hast auch du sicherlich vielen Menschen geholfen und viele werden es auch noch sein.

Denen jedoch, die diese Geschichte nicht glauben können und sie für unwahrscheinlich halten, will ich sagen: Es ist eine Erzählung der besonderen Art, nehmen Sie sie so an, wie es für Sie persönlich möglich ist. Vielleicht ist es für Sie ein modernes Märchen und erinnert Sie an die Zeit in Ihrem Leben, als Märchen und Erzählungen ein wichtiger Bestandteil darin waren. Hat nicht jedes Märchen, jede Erzählung einen realen Ursprung?

ALOYS UND TERESA – ALLES WIRD GUT
(Ulli und ihre verschollenen Urgroßeltern)

Ich fühle mich gar nicht wohl in meiner Haut! Vor mir auf meinem Tisch liegen zwei kleine schmale Zettel mit Namen: Gisela und Paula. Es sind Taufbescheinigungen, ausgestellt in den Jahren 1913 und 1914 von einer Gemeinde im damaligen Königreich Ungarn. Es ist jeweils ein unauffälliges Stück Papier; das Markante daran sind jedoch die Unterschriften der betreffenden Eltern:

Der Vater Aloys Horvath bestätigt mit xxx seinen Namen,
die Mutter Teresa Horvath bestätigt mit +++ ihren Namen.

In mir steigt sofort das Wissen hoch: Diese Eltern konnten zum damaligen Zeitpunkt weder lesen noch schreiben. Aber sie wussten damals sicherlich, welche Dokumente sie unterzeichnet haben.

Ich schaue fragend zu Ulli, die mir zunickt. Ja, es sind die Taufscheine zweier Töchter ihrer Urgroßeltern.

„Sie waren Roma, musst du wissen, und es ist ganz sicher, dass sie nie eine Schulbildung erhalten haben, zumindest nicht meine Urgroßeltern", sagt Ulli und schaut mir dabei sehr ernst in die Augen. Auf meine Frage, was ich nun tun soll, erhalte ich eine klare und sehr deutliche Antwort: „Ich weiß, dass du sie finden kannst, wo immer sie sich auch jetzt befinden, auch wenn ich weder Fotos noch sonstige Unterlagen in den Händen halte. Niemand konnte mir bis jetzt Auskunft über meine Familie diesbezüglich geben. Ich habe alle mir bekannten Möglichkeiten ausgenützt, es gab weder ein Zeichen von meinen Urgroßeltern noch kann sich einer ihrer Zeitgenossen an sie erinnern – wie auch, es gibt ja kaum noch Überlebende. Du bist also meine letzte Hoffnung!"

Ich bin mit Leib und Seele Wienerin – daher kommt ein selbstverständliches „na servas" über meine Lippen.

Ulli hat augenscheinlich keine Ahnung, was sie da von mir verlangt. Ihre beiden Urgroßeltern sind 1943 als „Zigeuner" verschollen. Heute weiß jeder von uns, wie die Nationalsozialisten vor und während des Zweiten Weltkrieges mit Menschen dieser Volksgruppe umgegangen sind. Bezeichnungen wie Konzentrationslager, Gaskammer, Massenerschießung und dergleichen mehr schießen durch meine Gedanken, ebenso wie „eine schöne Bescherung" und „wie soll ich diese Geschichte bloß angehen". Auch Ulli ist die Vorgangsweise aus dieser Zeit voll bewusst. Sie hat ja alle Versuche unternommen, Auskunft über diesen Teil ihrer Familiengeschichte zu bekommen – vergebens und ergebnislos. Aloys und Teresa sind verschollen, ebenso ihre acht Kinder. Es existieren nur die zwei vorhandenen Taufbescheinigungen, die jetzt so eine Art „Wunder" bewirken sollen.

Wie schon gesagt, ich fühle mich nicht wohl in meiner Haut, Ulli jedoch auch nicht. Die Erwartungshaltung ihrerseits ist groß, meine Verzagtheit ebenso. Was soll da schon Großartiges geschehen nach gut 60 Jahren und ohne jeglichen Anhaltspunkt. Im Prinzip weiß ich ganz genau, wie ich meine Fähigkeiten einsetzen kann. Aber so ganz ohne Foto der beiden Verschollenen und ohne Schriftzug, ohne Unterschrift! Selbst die Bescheinigungen sind lediglich Kopien eines Originals – ich fühle mich geradezu hoffnungslos und schicke sofort ein mentales Stoßgebet zu meinen geistigen Freunden nach „oben": „Bitte, helft mir, ich brauche ganz dringend eine Art Wunder." Irgendjemand hat einmal gesagt: „Wunder geschehen sofort – wenn man nur an sie glaubt!" Diese Worte gehen durch meine Gedanken, während ich meinen Kugelschreiber in die Hand nehme, meinen Schreibblock zurechtrücke und genau dieses Wunder erwarte. Ich bin also bereit, eine Botschaft anzunehmen und aufzuschreiben – umsonst, da kommt nichts: kein Wort, kein Satz, keine auch noch so kurze Mitteilung.

Meine Augen starren auf die leeren Linien meines Schreibblockes – nichts! Wo bleibt bloß das Wunder? An mir liegt es nicht, ich weiß, dass Wunder geschehen und vertraue fest darauf. Ich versuche, mit all meinen Möglichkeiten Kontakt mit DRÜBEN zu bekommen. Nichts! Auch da keine Nachricht für mich. Warum lassen mich all meine geistigen Helfer auf einmal derart im Stich? Mache ich irgendetwas falsch? Darf oder soll ich gerade in diesem Fall nicht intervenieren? Soll Ulli durch das Nichtwissen um das Schicksal ihrer Großeltern vor einem grausamen Schock bewahrt werden? Unzählige Fragen rasen durch meinen Kopf – nichts, es tut sich einfach nichts.

Meine Finger bewegen den Kugelschreiber heftig hin und her. Jetzt werde ich sogar etwas nervös, mein Herz beginnt rascher zu klopfen. Ich spüre es bis in meine Ohren und höre das Geräusch viel zu laut. Was ist bloß los? Warum bekomme ich nicht einmal eine Auskunft über das Schicksal von Aloys und Teresa – Ullis Urgroßeltern?

Im Raum ist es beinahe unheimlich still. Ich höre meinen eigenen Atem und mit einem Mal eine kurze, klare Meldung aus der anderen Welt in meinen Gedanken. Ich verstehe und höre die Worte ganz deutlich: „Die beiden Gesuchten können doch weder lesen noch schreiben – sie verstehen einfach nicht, was du von ihnen willst!"

Wie befreit lege ich den Kugelschreiber weg, schiebe erleichtert den Schreibblock zur Seite und stehe auf. „Du, Ulli, ich hab schon Kontakt und versuche über ein Gespräch, sie zu erreichen. Ich weiß jetzt, wo ich sie finden kann. Halt mir bitte, so fest wie nur möglich, die Daumen!"
Ulli ist einverstanden, denn es ist ihr völlig gleichgültig, wie ich es mache, wichtig ist nur, dass sie endlich Auskunft und Gewissheit über diesen Teil ihrer Familie erhält. Sie hat absolutes

Vertrauen in meine Fähigkeiten, sie ist sich meiner Sache völlig sicher. Ich nicht unbedingt, denn das Geschehen fühlt sich doch etwas eigenartig für mich an. Langsam wechsle ich meinen Schreibtischplatz mit dem wesentlich bequemeren Lehnsessel. Meine anfängliche Nervosität ist einer gewissen Ruhe gewichen. Die Sicherheit über meine Tätigkeit ist wieder fest in mir verankert. Irgendwie spüre ich, fühle ich, dass alle Vorbehalte meinerseits nichtig geworden sind. Ullis Urgroßeltern sind noch da, sie sind erreichbar, es gibt sie noch irgendwo da „oben" …

Entspannt lehne ich mich in meinem Lehnsessel zurück, schließe meine Augen und gehe auf die Suche nach Aloys und Teresa Horvath, die seit dem Jahre 1943 verschollen sind. Die keinerlei Nachricht für die Nachwelt hinterlassen haben. Zwei Menschen spurlos verschwunden, so, als ob es sie nie gegeben hat. Teresa und Aloys, Roma-Zugehörige und Ullis Urgroßeltern.

Teresa und Aloys, wo seid ihr bloß abgeblieben? Wo kann ich euch erreichen? Wie kann ich euch finden? Was ist mit euch geschehen?

Meine Gedanken, meine Empfindungen, meine Fragen wandern weit hinaus in eine mir unbekannte und doch so vertraute Welt. Wolkenartige Gebilde ziehen an mir vorüber und ziehen mich gleichzeitig immer tiefer in sie hinein. Leichte, nebelartige Schleier legen sich über meine inneren Augen – ich habe sie weit geöffnet. Meine körperlichen Augen halte ich fest geschlossen, ich atme ruhig und gleichmäßig. Geduldig erwarte ich das, was nun geschehen sollte.

Da, dort hinten, da ist etwas, da sehe ich etwas, kann es jedoch noch nicht erkennen! Ich bemühe mich, noch genauer dorthin zu sehen, versuche, die Schleier wegzudenken. Es wird heller, es wird lichter, es wird deutlicher. Dieses „Es" lässt mich das als zwei Menschen erkennen, noch etwas unklar, aber es genügt mir. Ich beginne, das Empfinden, die Gefühlswelt dieser beiden zu spüren, selbst zu fühlen. Sie sind ängstlich und halten sich aneinander fest.

Ich löse mich aus mir selbst heraus und gehe langsam und vorsichtig auf die beiden zu. „Kann ich etwas für euch tun, braucht ihr Hilfe? Ich kann sicherlich etwas für euch tun, auf jeden Fall!" Die Worte kommen langsam, aber deutlich und klar aus meinem Mund. Ich spreche mit Absicht in einem ruhigen Tonfall, um die beiden Seelen in menschlicher Gestalt nicht auch noch zu erschrecken. Das männliche Wesen schaut mich an und versucht, mich irgendwie zuzuordnen. Das weibliche Wesen rückt noch näher, noch dichter an ihn heran, um sich besser schützen zu können. Sie versteckt sich förmlich hinter ihm. Ich spüre die Unsicherheit, die von den beiden ausgeht, und bleibe in respektvoller Entfernung vor ihnen stehen. Meine Hände halte ich ihnen ausgestreckt entgegen. Es vergehen sicherlich einige Minuten. Ich warte ruhig und in Geduld auf eine Reaktion der beiden. Und die Reaktion geht von seinem fragenden, sicherer werdenden Augenpaar aus. Da beginne ich zu erzählen:

von ihrer Urenkelin Ulli, dem Ururenkel Mathias, die so sehnsüchtig auf eine Nachricht warten, die voll Liebe an sie denken uns sich seit langem große Gedanken und Sorgen um sie machen. Ich berichte auch von einem ihrer Enkelsöhne, Ullis Vater, der zwar nicht an derartige Möglichkeiten glaubt, meines Wissens jedoch auf alle Fälle sehr neugierig ist. Die beiden Seelen hören mir aufmerksam zu und ich erkenne an ihnen deutlich die Entspannung, die auf meine Worte folgt. Ein winziger Funke Freude leuchtet in den Augen des männlichen Wesens auf, als er mir endlich mein bereits vorhandenes Wissen bestätigt: „Mein Name ist Aloys, sie heißt Teresa, sie ist meine Frau, und wir sind schon sehr lange hier."

„Aber da ist doch nichts, ihr seid *nirgendwo* und da sind auch keine anderen! Wollt ihr wirklich für alle Ewigkeit hier allein bleiben oder wollt ihr in eine freundlichere, schöne Gegend?"

Meine Fragen kommen immer noch vorsichtig, sanft, aber doch sehr präzise. Ich will die beiden von hier wegbringen, dorthin bringen, wo sie hingehören.

Derartiges habe ich schon sehr oft getan, wenn ich auf meinen mentalen Reisen Seelen getroffen habe, die augenscheinlich nach ihrem körperlichen Tod im *Nirgendwo* hängen geblieben sind. Aus welchen Gründen auch immer. Die Gründe von Aloys und Teresa muss ich nur noch erfahren, um sie dann auf ihre richtige und wahrhaftige Ebene zu begleiten.

Aloys schüttelt vehement den Kopf, Teresa rückt endlich ein kleines Stück von ihm weg, hält aber immer noch den Kopf gesenkt. Ich erkenne lediglich auch bei ihr eine verneinende Geste. „Warum denn nur?", ist meine leise Frage. „Überall ist es besser als hier in eurer Angst."

Die Antwort erschüttert mich zutiefst, obwohl, es ist mehr eine Erklärung als eine Antwort:

„Wir können hier nicht weg. GOTT will uns nicht. Wir sind auf ewige Zeiten hierher verbannt."

Fassungslos schaue ich die beiden an. Was – um Gottes willen – ist mit ihnen geschehen, dass sie das glauben müssen?

„Wir haben keine letzte Ölung, wir haben nicht mehr beichten dürfen und wir haben keine kirchliche Bestattung erhalten! Niemand hat für uns eine Totenmesse gelesen!"

Schnell stößt Aloys diese Worte heraus. Ich weiß, dass er Tränen in den Augen hat. Teresa hält ihren Kopf noch tiefer gesenkt. Die Hoffnungslosigkeit hüllt die beiden in eine tiefe Wolke der Verzweiflung.

Ich stehe nur da und verstehe die Welt nicht mehr. Für eine ganze Weile ist es still – sehr, sehr still. Aber dann beginne ich zu begreifen:

Diese beiden Seelen waren als Menschen zutiefst religiös, römisch-katholisch, und den Ritualen ihrer Kirche angehörig. Und genau diese Rituale haben nicht stattgefunden, als der Tod sie ereilt hatte. Es muss also etwas Grausames geschehen sein. Jedoch, was es auch immer gewesen ist, jetzt muss Hilfe her.

Gerede, Fragen und eventuelle Diskussionen sind hier fehl am Platz! Ich sehe die beiden an, alles geht sehr schnell.

Ich verspreche ihnen eine letzte Beichte, eine letzte Ölung, ein kirchliches Begräbnis und auch eine Totenmesse, die ein Pfarrer für die beiden lesen wird.

Aloys und Teresa blicken mich vorsichtig an. Verwunderung steht in ihren Augen. Sie hat endlich ihren Kopf gehoben.

„Ihr müsst wissen, auch ich bin im christlichen Sinn erzogen worden", sage ich noch mit fester Stimme, „und ich bringe das für euch in Ordnung."

Nach diesen hoffentlich überzeugenden Worten verlässt mich die dazugehörige Energie und ich sitze wieder bewusst in meinem Lehnsessel. „Na servas, da hab ich mir was Schönes angefangen. Und bitte, meine Liebe, wie soll das gehen?" Ich liebe meine Selbstgespräche, sie holen mich immer wieder in meine Gegenwart zurück. Blitzschnell berichte ich Ulli das „Geschehene" und frage sie gleichzeitig, welche Idee sie zu diesem Fall habe. „Keine", ist ihr rasche und trockene Antwort. Zumindest jedoch ist sie genauso tief betroffen wie ich. Und das ist immerhin schon etwas!

Der Anblick von Teresa und Aloys, ihr enges Aneinanderkauern, ihre trostlose Traurigkeit, die Leere ihrer unmittelbaren Umgebung – all das geht mir in den folgenden Tagen nicht mehr aus dem Kopf. Ich habe immer wieder das Gefühl, zwei hoffnungsvolle Augenpaare aus der anderen Welt folgen mir mit ihren Blicken: Du hast uns ein Versprechen gegeben … Mein Wissen ist, dass bewusst gegebene Versprechen eingehalten werden müssen, da durch sie eine bestimmte Energie geformt wird. Es gibt für mich also keine Ausrede, ich kann mich nicht vor dem Versprechen drücken, darf das Versprechen nicht vergessen. Und da das so ist, wie ich es versprochen habe, gehe ich auf die Suche nach entsprechenden Möglichkeiten. Ich will diesen beiden Seelen Aloys und Teresa helfen, will ihnen den Beweis erbringen, dass sich doch etwas in meiner Zeit auch für sie geändert hat. Alles, was auch immer ich zu tun gedenke, muss ihrem Glauben entsprechen, muss für die beiden das Richtige sein. Also muss ich zuerst einmal in Erfahrung bringen, was ihnen 1943 zugestoßen ist, was mit beiden wirklich geschehen ist. Warum es geschehen ist, dass sie die Selbstverständlichkeit einer kirchlichen Bestattung und die dazugehörigen Rituale nicht erhalten haben. Und da ich ein Nachkriegskind bin, muss ich wohl noch einmal mit Aloys und Teresa reden. Ich muss mich mit ihnen in Verbindung setzen und sie bitten, mir die ganze Tragweite dieses Geschehens und die dazugehörigen Folgen mitzuteilen.

Diesmal fällt es mir schon um vieles leichter, mit den beiden Kontakt aufzunehmen. Sie sind zwar immer noch sehr ängstlich, aber sie sind bereit, mir ihre Geschichte zu erzählen. Das heißt, Aloys spricht mit mir, Teresa schweigt dazu, signalisiert jedoch deutlich ihre Zustimmung.

Es geschah 1943 in einer Roma-Siedlung in Buchschachen in Burgenland an der Grenze Österreich-Ungarn. Aloys zeigt mir eine Ansammlung von kleinen Häusern, aus dem helle Flammen schlagen. Irgendjemand hat Feuer gelegt, es gibt für die anwesenden Dorfbewohner keine Hilfe, kein Entkommen. Teresa ist in einem der kleinen Häuser eingeschlossen. Ein kleines, blondlockiges Mädchen in einem weißen, kurzen Kleidchen an ihrer Seite. Die Flammen hüllen beide bereits ein und ergreifen voll und ganz das Haus. Aloys will zu den beiden, will ihnen helfen. Er läuft auf das Haus zu, da trifft ihn ein hölzerner Stock mit voller Wucht auf den Schädel. Er stockt, stürzt zu Boden und bleibt reglos liegen.

Ich schaue genauer hin. Was ist das für ein eigenartiger Holzstock? Da stimmt doch etwas nicht! Der Stock erweist sich als hölzerner Gewehrkolben eines Soldaten in Naziuniform. Ich erschrecke gleichzeitig mit der Erkenntnis, werde mit der Schreckensherrschaft des Dritten Reiches voll konfrontiert. Ich erlebe es beinahe hautnah. Ein Albtraum der besonders grausamen Art! Jetzt erkenne ich auch, dass die Roma-Siedlung ebenfalls von Soldaten in Brand gesteckt wurde. Entsetzt steige ich aus diesem Erlebnis aus. Aloys hat mir sehr deutlich zu verstehen gegeben, was damals mit ihm, seiner Frau und all den anderen Dorfbewohnern geschehen ist. Ein tiefes Mitgefühl steigt in mir hoch, während ich tief ein- und ausatme. Derartige Erlebnisse wie die eben erlebte Situation stecke auch ich nicht so ganz leicht weg.

Trotz allem steige ich nochmals mental genau in diese eben gezeigte Situation ein. Aloys und Teresa sitzen wieder dicht beisammen in ihrem „Nirgendwo". Tief unter ihnen brennt ein Dorf, das Feuer vernichtet alles Leben. Wie Schatten laufen Soldaten zwischen Rauchwolken und Glutnestern hin und her und begutachten genau ihr Werk. Alles ist vernichtet – der Befehl eines potentiellen Mörders wurde einfach nur ausgeführt.

Ich wende mich den beiden Seelenwesen zu und teile ihnen noch mit, dass in meiner gegenwärtigen Zeit der Krieg längst beendet ist, dass es keinen Hitler mehr gibt, dass sie jetzt in Sicherheit sind. Meine Frage an sie, wer alles von ihren Angehörigen noch mit umgekommen ist, wird umgehend beantwortet: keines von ihren acht Kindern! Die hatten das Dorf längst verlassen. Ich atme auf – wenigstens das ist ihnen erspart geblieben!

Ulli war natürlich auch wieder bei meiner neuerlichen Kontaktaufnahme mit dabei. Sie ist ja auch noch auf der Suche nach ihrer Großmutter Paula, einer der Töchter von Teresa und Aloys. Sie will unbedingt wissen, was mit ihr geschehen ist, wo Paula damals gewesen ist. Ob sie vielleicht sogar in der Nähe ihrer Eltern verweilt. Alles das will sie endlich erfahren.

„Paula, Paula ist nicht hier", antwortet Aloys und sein Blick verfinstert sich. Ich spüre eine plötzliche Ablehnung. Paula ist eindeutig keine geliebte Tochter, das ist deutlich erkennbar. Auch von Teresa gibt es keine Reaktion. Die Mutter will augenscheinlich von diesem Kind nichts wissen.

Ich begreife, dass es in dieser Beziehung keine Auskunft geben wird, deshalb steige ich aus der mentalen Kommunikation mit Ullis Urgroßeltern aus. Diese Erfahrung war ohnehin sehr anstrengend. Ich will weder die beiden Seelenwesen noch mich überfordern. Rücksicht und Respekt sind angesagt. Zeit ist auch noch in den folgenden Sitzungen genug vorhanden. Diese Geschichte beginnt für uns, für Ulli und mich, im Jahre 1943, jetzt schreiben wir das Jahr 2006. Es sind so viele Jahre vergangen, da kommt es auf ein paar Wochen auf oder ab auch nicht mehr an.

Für die geistige Welt existiert keine Zeit und ich muss auch mit äußerster Vorsicht agieren, will ich doch helfen, Hilfestellung geben, aber keinerlei Neugier befriedigen. Also benötigen wir viel Geduld.

„Ulli", sage ich nach längerem Nachdenken, „zuerst helfen wir deinen Urgroßeltern und lösen mein Versprechen ein. Dann gehen wir auf die Suche nach deiner Großmutter Paula. Wir müssen die beiden Geschichten einzeln behandeln. Ich glaube, da stimmt einiges zwischen den Eltern und der Tochter nicht."

Ulli nickt zustimmend. Auch sie hat die Unstimmigkeit deutlich verspürt. Und, wie schon gesagt, wir haben Zeit, genügend Zeit, da werden wir doch auch noch die Geduld dazu aufbringen.

Einige Tage später sitze ich sehr nachdenklich an meinem Schreibtisch. Ich weiß, dass ich mein gegebenes Versprechen unter allen Umständen einlösen muss. Und ich habe schon eine gewisse Vorstellung, einen sehr guten Einfall, wie und was ich dafür zu tun habe. Was mir jedoch Gedanken macht, ist die Tatsache, dass Aloys und Teresa immer noch im „Nirgendwo" verweilen.

Dass diese beiden Seelen genau dort festhängen, wo es tatsächlich nichts gibt, wo gerade dieses „Nichts" zur großen, allumfassenden Blockade für sie wird. Was ist nun wirklich geschehen, dass sie nach dem ihnen zugefügten Leid als Menschen auch noch das erdulden müssen? Wer bestimmt diesen inneren Leidensdruck?

Moment, bitte, nein, halt, stopp – energisch holt mich mein Wissen in die Gegenwart zurück. Nein, sie müssen nicht, es gibt kein Muss im mentalen Bereich. Dessen bin ich mir felsenfest und absolut sicher. Aber – und jetzt schleicht sich dieses Aber in meine Gedanken – es geschieht doch immer das, was wir wirklich wollen! Also gibt es einen Grund, warum sich Aloys und Teresa an ihrem „Nichts" festhalten, und dieser Grund hat etwas mit ihrem Gottesbegriff zu tun. Jetzt erkenne ich endlich die Verbindung zwischen dem Menschsein der beiden und ihrem gegenwärtigen Seelenzustand:

Irgendjemand hat diesen beiden Menschen erzählt, was GOTT von ihnen erwartet, ja sogar verlangt. Dieser Jemand hat für sie den Gottesbegriff so personifiziert, dass sie so fest an seine Wahrheit glauben, wie man es bei einem einerseits geliebten und andererseits gefürchteten „Oberhirten" tut. Dieses Wissen hat sich in ihrem Verstand als Menschen breitgemacht, manifestiert und ist bis in ihre Seelen gedrungen. Dieses GOTT WILL, GOTT VERLANGT, GOTT BE- und VERURTEILT. Im Endeffekt ist ihre Gottesvorstellung gnadenlos und unbarmherzig, wenn seine Erdenkinder nicht nach seinen Regeln handeln und leben. Das gilt für die Zeit des Lebens als Menschen und ebenso für die zeitlose Zeit nach dem körperlichen Tod. Das also glauben Aloys und Teresa, das ist ihre gegenwärtige Situation.

Erleichtert atme ich auf, ähnliche Zustände habe ich schon des Öfteren erlebt, wenn ich mit Verstorbenen Kontakt aufnehme. Doch noch nie hat mich etwas so sehr in dieser Beziehung berührt wie das Schicksal von Ullis Urgroßeltern. Mit dem personifizierten Gottesbegriff habe ich selbst große Erfahrung, er ist mir sehr vertraut. In meiner Kindheit und frühen Jugend habe auch ich meinen „lieben Gott" als liebevollen, verständnisvollen Freund gesehen, ja, er war sogar der Vater für mich, den ich nie hatte. Alle meine Sorgen, alle meine Probleme habe ich ihm anvertraut, ich habe zu ihm gesprochen und auch jeweils die für mich richtige Antwort erhalten. Immer dann, wenn ich mit meinem Erwachsenwerden Schwierigkeiten erleben musste, hat ER gewusst, wie ich mich fühlte, was in mir vorging. Ich habe genau gewusst, dass MEIN LIEBER GOTT stets für mich *da* war, wenn mir die Last des Lebens einfach zu schwer und zu viel wurde. ER hatte stets eine Lösung für meine Probleme bereit – darauf habe ich mich einfach verlassen. Allerdings gab mir meine Mutter ein Sprichwort mit auf meinen Lebensweg:

„Hilf dir selbst, dann hilft dir GOTT!"

Wie es geschehen ist, dass ich stets die benötigte Hilfe im Leben bekommen habe, wusste ich zum damaligen Zeitpunkt noch nicht. Heute weiß ich, dass die Freisetzung des eigenen Willens im GÖTTLICHEN SINN sehr viel damit zu tun hat. Mein Gottesbegriff heute ist wertfrei, offen, unendlich mit Verstehen und Erkenntnissen ausgestattet. Und dennoch denke ich oft und gern an MEINEN LIEBEN GOTT in Liebe und Vertrauen; manchmal auch mit leiser Wehmut im Herzen.

Was aber ist mit Aloys und Teresa geschehen, was ist mit ihnen wirklich passiert? Ich weiß, dass es dieses „Nirgendwo" gibt, es befindet sich irgendwo in einem Bereich der sogenannten Astralebene. Das ist eine Art „Gegend" im mentalen Abschnitt der erdnahen Sphäre, in der viele Seelen verweilen. Sie sehen nichts, sie hören nichts, sie wissen nichts und können nichts erkennen. Sie sind nur auf sich und ihre Situation bezogen und in den meisten Fällen traurig und verzweifelt. Einige jedoch sind zornig und voll Wut, was ihre Lage jedoch nur noch verschlimmert. Helfer aus dem mentalen Umfeld sind stets unterwegs, um den dort „festhängenden Wesen" Hilfe und Unterstützung anzubieten, um sie dann in hellere Ebenen zu begleiten und weiterzuleiten. Ich kenne viele dieser Helfer, habe auch selbst von der Erde aus helfen können, Seelen auf die Möglichkeit einer Veränderung aufmerksam gemacht. Mit Hilfe der mir bekannten geistigen Helfer konnten wir gemeinsam große Hilfestellung geben. Voraussetzung ist jedoch, dass die Seelen eine Veränderung von sich aus auch wirklich wollen.

Bei Aloys und Teresa nutzen jedoch weder die gesprochenen Worte noch die aufgezeigten Möglichkeiten. Ihr „GOTT WILL UNS NICHT" ist eine fixe Vorstellung, eingefräst in diese Seelen und nicht transformierbar. Langsam begreife ich, dass es unnötig ist, sich über das Wenn und Aber von Ullis Urgroßeltern den Kopf zu zerbrechen. Lösungen für dieses Problem habe ich nicht, also halte ich mich an die Worte meiner Mutter: „Hilf dir selbst, dann ..."

„... dann hilft dir GOTT." Und in der Tat, Hilfe kommt rascher, als ich es erwarte. Nachdem ich dem Kreis meiner engsten Vertrauten die Geschichte von Aloys und Teresa anvertraut habe, bringt meine liebe alte Freundin Susanna einen Vorschlag vor:

Sie will mit ihrem Pfarrer sprechen. Er ist seit Jahrzehnten ihr Vertrauter und besitzt ein großes, mitfühlendes Herz. Ein Vertreter der katholischen Kirche mit offenen Ohren für die Probleme der „Schäfchen" aus seiner Gemeinde. Susanna will ihn um eine Totenmesse für Ullis Urgroßeltern bitten. Mit Spannung erwarte ich die Antwort und es kommt tatsächlich ein selbstverständliches „gerne, sehr, sehr gerne" zurück. Aufatmen meinerseits und große Freude bei Ulli und Sohn Mathias.

Der Termin wird festgesetzt. Susanna, Ulli und ich werden bei der Messe anwesend sein. Ich löse somit den ersten Teil meines Versprechens mit Hilfe der katholischen Kirche ein. Dank auf jeden Fall an alle, die da mitgeholfen haben. Ein herzliches, befreiendes Danke an die geistige Welt und ihre Helfer. Ich habe den ersten Schritt getan auf der Suche nach Hilfe für zwei verzweifelte Seelen, die Verwirklichung hat sich von selbst ergeben. Wieder fallen mir die Worte meiner Mutter ein …Ulli, Susanna und ich sitzen auf einer engen Bank in einer kleinen Kirche am Stadtrand von Wien. Der freundliche alte Pfarrer, Susannas Vertrauter, beginnt mit der Messe. Er macht das Ganze wunderbar und bittet Aloys und Teresa um Vergebung für das, was ihnen als Menschen angetan worden ist. Er bittet sie um Verständnis dafür, dass es damals derartig grausame Vorkommnisse gegeben hat, dass die dazugehörigen Menschen offensichtlich nicht wussten, was sie getan haben. Hass und Gewalt hatten eine überwältigende Macht und forderten unzählige Opfer. Während der Pfarrer eine ganze Messe liest, hat er viele gute Worte für die beiden Verstorbenen, die Opfer eines der grausamsten Kapitel der unmittelbaren Vergangenheit. Seine Stimme ist leise, die Worte kommen liebevoll von seinen Lippen.

Ich bin so gerührt, dass mir die Tränen kommen, während ich nach „oben" schaue. Da sehe ich eine helle, weite, leuchtende Gestalt auf Aloys und Teresa zukommen, strahlendes Licht überflutet die kleine Kirche. Immer heller wird es in dem Raum. Eine Wolke von Liebe, von allumfassender Liebe hüllt die beiden Seelen ein und trägt sie wie auf Engelsflügeln weg. Ich halte wie berauscht den Atem an, mein Herz beginnt wie wahnsinnig zu klopfen, ich werde Zeugin eines GÖTTLICHEN Vorganges von überwältigender Liebe. Das „Nirgendwo" zweier verzweifelter Seelen löst sich mit einem Mal im strahlenden Licht für immer auf. Zurück bleiben wir Menschen, ahnend und wissend um die Gnade aus der Barmherzigkeit der GÖTTLICHKEIT.

Ich habe das Empfinden, in eine Wolke von Glücksgefühl eingehüllt zu sein. Das eben Geschehene ist wahrlich der Stoff, aus dem Wunder wirken!

Versprechen Nr. 1 ist somit eingelöst, der Alltag hat mich wieder. Jetzt geht es an die Erfüllung des nächsten Versprechens. Ich benötige eine Grabstelle, eine Gedenkstätte für Aloys und Teresa. Aber woher diese nehmen …? Hätte ich ein Familiengrab, dann würde ich …, aber alles „hätte" und „würde" ist sinnlos, da ich kein wirklich geeignetes Familiengrab zur Verfügung habe. Wieder gibt es einen „rettenden Engel" namens Susanna, die mir ihr Familiengrab anbietet. Dankbar nimmt Ulli dieses Angebot an. Ich freue mich natürlich und fühle mich mit einem Male sehr erleichtert. Meine Versprechen erweisen sich alles andere als die Probleme, für die ich sie anfänglich gehalten habe. Hilfe von „oben"? Selbstverständlich sind alle dieser Meinung – ich auch.

Ulli und Mathias besorgen ein kleines Kreuz aus Holz und schreiben die Namen der Urgroßeltern darauf. Ebenso gibt es zwei kleine weißte Zettel, auf denen die Namen Aloys und Teresa stehen. Dann besorgt Ulli noch eine Laterne, in die sie bereits eine Kerze gestellt hat.

An einem noch warmen Herbsttag gehen wir gemeinsam mit Susanna an das Grab ihrer Eltern und ihres Sohnes. Susanna hält eine ergreifende Grabrede im Sinn des kirchlichen Glaubens. Ulli und Mathias heben zwei kleine Gruben aus, legen die Namenszettel hinein und bedecken sie sanft und liebevoll mit Erde. Dann verankern sie das kleine Holzkreuz neben Susannas Grabstein und zünden die Kerze in der Laterne an. Gemeinsam sprechen wir noch ein Gebet. Es ist uns ganz feierlich zumute über die Ernsthaftigkeit des Geschehens.

Ich schicke ein Stoßgebet nach „oben": „Bitte, lasst es jetzt genug sein und gebt den beiden Seelen die Sicherheit, dass ihr GOTT nun mit ihnen zufrieden ist."

Einige Wochen sind vergangen. Ich habe das Gefühl, dass es meinen beiden Schützlingen jetzt endlich wieder gut geht. Aber was ist, wenn doch nicht? Ulli will es ebenso ganz genau wissen, deshalb nehme ich eines Tages wieder Platz in meinem Lehnsessel und gehe neuerlich auf die mentale Suche nach Aloys und Teresa. Es fällt mir sehr leicht, die beiden auf ihrer neuen Ebene zu entdecken. Ein klares Bild zeigt sich nun, ein kleines Dorf entsteht vor meinen inneren Augen, ein nettes Häuschen mit weißen Mauern und kleinen Fenstern wird erkennbar. In einem gepflegten Garten blühen Blumen, der Tag ist hell und freundlich. Dann zeigt sich mir eine kleine Stube, Sonnenlicht fällt durch ein weit geöffnetes Fenster. Teresa sitzt auf einem Stuhl und bestickt mit bunten Fäden ein Kleidungsstück. Sie hat mich noch nicht gesehen und ist ganz in ihrer Arbeit vertieft. Aloys nickt mir freundlich zu, er hat mich sichtlich schon erwartet. Auch er ist beschäftigt. Auf dem Tisch neben Teresa liegt Werkzeug ordentlich aufgereiht und sortiert. Um welche Art Werkzeug es sich handelt, kann ich nicht ersehen. Aloys trägt eine für mich altmodische Arbeitshose und ein dazugehöriges Hemd. Ich kenne diese Kleidung von alten Fotos her und weiß, dass es sich um die Zwischenkriegszeit handelt. Auf einem Stuhl neben dem Tisch liegen eine alte Fidel und ein Geigenbogen. Auch steht eine nicht mehr ganz neue Ziehharmonika in einer Ecke des Zimmers. Das kleine blondlockige Kind in dem weißen Kleidchen sitzt auf einem Schemel neben Teresa und beobachtet fasziniert deren Stickarbeit. Mich streift nur ein kurzer Blick aus seltsam irisierenden blauen Kinderaugen. Wer ist nur dieses kleine Mädchen mit den blonden Locken? Ich möchte es unbedingt herausfinden, jedoch es gelingt mir nicht. Und ich werde es auch nicht mehr erfahren. Doch das weiß ich zu diesem Zeitpunkt noch nicht.

Das vor meinen inneren Augen eben entstandene mentale Bild ist auch für mich und meine bereits gemachten Erfahrungen erstaunlich deutlich. Offensichtlich will Aloys mir etwas Bestimmtes mitteilen, das für seine Urenkelin von großer Wichtigkeit ist. Ulli hat ja kaum Ahnung über das vergangene Leben ihrer Urgroßeltern. Also bitte ich Aloys um einen zusätzlichen Bericht, damit ich seine und Teresas Geschichte an Ulli weitergeben kann.

Aloys macht nicht viele Worte, aber einiges kann ich doch erfahren:

Teresa und er haben in einem kleinen Dorf, in einer Roma-Siedlung an der Grenze Österreich/Ungarn in Burgenland gelebt. Teresa hat für eine „feine" Dame Blusen und Schürzen mit wundervollen Motiven in bunten Farben bestickt. Vor meinem inneren Auge sehe ich diese schwierige und seltene Stickerei in Form von fantasievollen Blumenmustern auf feinem, weißem Stoff. Wunderschön ist diese Arbeit. Wieder fallen meine Blicke auf Teresa. Sie stickt unbeirrbar mit großem Eifer, blickt jedoch einmal kurz zu mir auf, so dass ich große Freude auf ihrem Gesicht zu lesen vermag. Ein heller Schein geht von ihr aus. Sie ist glücklich, unendlich glücklich, endlich glücklich. Genau das fühle und spüre ich.

Aloys geht nun in eine Werkstatt, ich folge ihm mit schnellen Schritten. Es ist aber kein richtiges Gehen, ich denke mich mehr zu ihm hinüber, eine Art von schwebendem Gehen. Ich befinde mich ja außerhalb meines materiellen Körpers, daher ist diese Möglichkeit der Fortbewegung nichts Außergewöhnliches für mich.

An der Art der Einrichtung der Werkstatt erkenne ich, dass Aloys wohl so etwas wie ein Wagenschmied gewesen ist, denn er beschlägt vor mir ein großes hölzernes Wagenrad mit einem eisernen Reifen. Da ich mit diesem Berufsbild keinerlei Erfahrung in meinem gegenwärtigen Erdenleben habe, genügt mir das Gezeigte vollauf.

Mit einem Mal sehe ich Aloys auf einem Dorffest. Er spielt auf der alten Fidel und singt fröhlich dazu, laute Lieder in einer mir unbekannten, eigenartigen Sprache. Er ist also auch ein Dorfmusikant gewesen, das erklären mir die in der Stube des kleinen Häuschens befindlichen Instrumente.

Seine Fröhlichkeit ist ansteckend, rund um ihn herum tanzen viele Menschen und werfen ab und zu Geldstücke in einen bereitstehenden Hut. Es ist ein nettes Bild, das sich da vor mir darstellt. Ullis Urgroßvater muss wohl auch ein lebensfroher Mensch gewesen sein.

Langsam verschwindet nun das gesamte Bild aus meinem Blickfeld und ich kehre bewusst in meinen Lehnsessel zurück. So deutlich, so klar und so genau – ich bin selbst sehr überrascht über das eben Erfahrene. „Welch ein Glück für Ulli", danke ich noch beinahe unbewusst, bevor ich meine Augen wieder öffne.

„Wo warst du so lange, was hast du gesehen? Wie geht es meinen Urgroßeltern? Haben sie endlich ihr ‚Nirgendwo' verlassen können?"

Ullis ungeduldige Fragen prasseln förmlich auf mich nieder und holen mich blitzschnell in die Gegenwart zurück. Dann erzähle und berichte ich ihr das Geschehene genau so, wie ich es erlebt habe. Und tatsächlich – Ulli strahlt wie eben ihre Urgroßmutter. Helle Freude liegt auf ihrem Gesicht. Einer ihrer größten Wünsche ist endlich in Erfüllung gegangen. Großartig für mich ist jedoch die Tatsache, dass Aloys gerade diesen Beruf ausgeübt hat. Wie Ulli mir nämlich erzählt, hat sie Ähnliches bereits gewusst. Auf der Suche nach einem Lebenszeichen ihrer Urgroßeltern hat sie einen Zeitzeugen gefunden. Einen sehr, sehr alten Mann aus der nahen Umgebung des Dorfes, in dem Aloys und Teresa ums Leben gekommen sind. Dieser konnte sich zwar nicht bewusst an eine Familie Horvath erinnern, kannte aber einen Wagenschmied, dessen Gehilfe Aloys gerufen wurde, ein fröhlicher, immer gut gelaunter Bursche. Ganz ehrlich, was gibt es Schöneres für diese, unsere Welt als einen „Beweis" aus der anderen, der mental-geistigen Welt!

Seit der Kontaktaufnahme mit Aloys und Teresa sind einige Jahre vergangen. Ich habe noch einige Male einen kurzen „Besuch" zu Ullis Urgroßeltern unternommen, um zu sehen, wie es ihnen auch weiterhin ergangen ist. Sie führen in der anderen Welt einfach ihr altes Leben weiter. Sie sind frei und ohne Ängste, wieder ausgegrenzt zu werden, sind sicher vor Verfolgung, Mord und Totschlag. Es geht ihnen gut, sehr gut sogar. Wenn ich sie besuche, bleibe ich stets in respektvoller Entfernung stehen. Ich weiß, dass sie mich jederzeit um Hilfe bitten würden, wenn sie das wirklich wollten, denn auch sie wissen um diese Möglichkeit. Jedoch ein Signal muss von ihnen ausgehen. Denn Hilfe wird nur dann geboten, wenn sie gebraucht, wirklich benötigt und verlangt wird.

Wie lange Aloys und Teresa noch auf ihrer Ebene, in ihrer von ihnen selbst gewählten Umgebung verweilen werden, ist ungewiss. Deshalb werde ich nur dann wieder nach ihnen „sehen", wenn sie es mich „spüren und fühlen" lassen. Diese beiden Seelen weilten so lange im „Nirgendwo" ihrer Ängste, ihres Schreckens, da kommt es nach unserer irdischen Zeitrechnung auf ein paar Jahre mehr oder weniger auch nicht mehr an.

Vor ein paar Tagen habe ich einen Wunsch nach „oben" geschickt:
Ich habe ein paar meiner geistigen Helfer gebeten, mir diese Aufgabe abzunehmen. Ich weiß, dass dieser Wunsch für mich Erfüllung finden wird, denn er ist in der GÖTTLICHEN ORD-NUNG. Ich selbst danke meinem geistigen Führer aus ganzem Herzen, dass er mir die Gelegenheit zur Hilfe für Aloys und Teresa gegeben und sie auch ermöglicht hat. Mein Dank geht auch an Ulli, meine nunmehr junge Freundin, dass sie mit ihren Sorgen zu mir gekommen ist und mir dadurch großes Vertrauen in meine Fähigkeiten geschenkt hat.

DANKE!

PAULA – WIEDERFINDEN UND VERZEIHEN

Erinnert ihr euch? Paula ist die Tochter von Aloys und Teresa und Ullis Großmutter. Sie ist das ungeliebte Kind ihrer Eltern, denn es gab augenscheinlich ein Ereignis zu ihren Lebzeiten, das sie für den Rest ihrer Existenz aus der Elternliebe geworfen hat. Was damals genau geschehen ist, wissen Ulli und ich noch nicht, aber wir wollen der Sache auf den Grund gehen.

Ulli hat lange Jahre ihres Lebens auch damit zugebracht, irgendetwas über Paulas Leben herauszufinden. Eine ebenso ergebnislose Suche wie anfangs die nach ihren Urgroßeltern. Die einzige Mitteilung, die man Ulli im Laufe ihrer Ermittlungen zukommen ließ, war, dass Paula einem der unzähligen Transporte in das Vernichtungslager Auschwitz zugeteilt war. Aber ab da verlor sich jede Spur. Ullis Großmutter Paula ist nie in dem Lager angekommen. So lauten zumindest die Berichte anhand der Häftlingslisten. Im Zug, in einem der Viehwaggons, soll sie jedoch gewesen sein. Aber sonst? Es gab und gibt weder Zeugen noch Vermerke über Fakten. Sie ist sehr traurig über diesen Zustand. Das Verlangen nach jedem noch so kleinen Hinweis hat sich wie eine Sucht in Ullis Herz eingenistet. Das ungewisse Ende ihrer Großmutter Paula lässt ihr einfach keine Ruhe. „Ich will endlich wissen, ich will erfahren, was geschehen ist!" Genau dieser Wunsch hat sie letztendlich auch zu mir geführt.

Ich sehe mir Ulli genau an, schaue in ihre traurigen, dunklen Augen. Oh ja, sie meint es ernst, sehr ernst. Aber für mich hat sie nur den Namen ihrer Großmutter. Kein Foto, keinen Schriftzug – nichts hat sie in ihren Händen.

„Ich möchte wissen, ob ich ihr ähnlich sehe. Mein Aussehen ist so ganz anders als das meiner Eltern. Vielleicht schlagen bei mir doch die Roma-Gene durch. Ein Teil von mir gehört zu diesem Volk. Das spüre ich ganz deutlich!"

Ullis Worte klingen eifrig, sie will endlich ihre wahren Wurzeln finden. Es ist schon wie ein Zwang, gesteht sie mir. Ich selbst habe großes Verständnis dafür, ist es doch auch ein Teil meiner Berufung, Menschen über ihre „Herkunft" aufzuklären. Damit meine ich jetzt aber nicht die familiäre Abstammung, ich mache Menschen auch mit ihrer seelischen Vergangenheit bekannt. Ulli will jetzt endlich ihre Familiengeschichte erfahren, die Vergangenheit ihrer Angehörigen und ihre eigene Stellung darin.

Ich weiß, dass ich jetzt Hilfe aus der geistigen Welt benötige. Ullis Wunsch birgt mir gegenüber eine große Verantwortung, denn sie will die ganze Wahrheit hören und ich ahne jetzt schon, was da auf mich zukommen wird.

Ich sehe Ulli immer noch an, dann schließe ich meine Augen und lehne mich in meinem Sessel zurück. Mein Atem wird tief und ruhig, wieder tauche ich in nebelartige Wolkenschleier ein. Sie sind mir wie immer sehr vertraut, ich öffne meine inneren Augen ganz weit:

Ein Schienenpaar wird sichtbar, Gleise, die ich aus unzähligen Berichten und Bildmaterial kenne. Dann entsteht ein Torbogen mit den grausamen Worten „Arbeit macht frei!".

Es ist der Eingang zum Vernichtungslager Auschwitz. Ich spüre, dass der Zug mit den entsetzlichen Viehwaggons gleich kommen muss, er wird in das Lager einfahren. Ich will das alles nicht sehen, ich will das nicht! Mein Unterbewusstsein bäumt sich heftig auf, ich will aus dieser Vision aussteigen! Aber ich kann es nicht, es geht einfach nicht! Ich tue das alles ja für Ulli, nicht für mich.

Im gleichen Moment werde ich wieder ruhiger, lasse es nun doch geschehen. Der Zug ist immer noch nicht in Sicht. Die Gleise, das Tor mit der Überschrift sind noch vorhanden. Ich versuche, die Baracken des Todeslagers zu erkennen – nichts, immer nur die Schienen und die Worte über dem Eingangstor. Plötzlich begreife ich: Ullis Großmutter Paula ist nie in Auschwitz angekommen, sie ist nie aus einem dieser Waggons ausgestiegen!

Erleichtert atme ich auf und kehre in die Gegenwart zurück.

„Wir müssen deine Großmutter auf dem Weg nach Auschwitz suchen. Sie ist irgendwo auf der Strecke dahin verschollen. Aber sie war im Zug, in einem der vielen Züge, dessen bin ich mir ganz sicher", sage ich zu Ulli, die mit angespanntem Gesichtsausdruck auf meinen Bericht wartet.

Die Freude darüber, dass ihre Großmutter augenscheinlich nicht in einer Gaskammer ermordet worden ist, steht in ihren Augen geschrieben. Dieses Wissen tut uns beiden gut, es ist eine spürbare Erleichterung.

Erneut schließe ich meine Augen, wiederum gehe ich auf die Suche nach Ullis Großmutter Paula. Mit einem Mal befinde ich mich selbst in einem der Waggons im Zug nach Auschwitz. Dicht gedrängt stehen die Menschen, die Luft ist stickig und entsetzlich heiß. Die körperliche und seelische Belastbarkeit ist bei jedem an den Grenzen angelangt. Die armen Menschen haben Durst, einige von ihnen haben bereits das Bewusstsein verloren. Laute Schreie nach Hilfe gellen in meinen Ohren und verhallen ungehört. Nur eine junge Frau spricht einigen wenigen noch Mut zu, betet mit ihnen und hilft, wo sie nur kann.

In dieser Frau erkenne ich endlich Ullis Großmutter Paula. Körperliche Ähnlichkeit mit Ulli sehe ich keine, aber ihre Ausstrahlung ist mir sehr vertraut. Sie ähnelt zum großen Teil Ullis eigener Auraschwingung.

Mit einem Mal wird es dunkel um mich. Ich verliere die Übersicht über das Geschehen. Als das Licht wiederkommt, liegt der leblose Körper Paulas neben den Gleisen am Bahndamm, der Zug ist längst weitergefahren. Wieder wird es dunkel. Geduldig warte ich auf eine neuerliche Information. Dann wird es wieder licht, und ich erkenne, dass helfende Hände den leblosen Körper neben den Gleisen der Bahn liebevoll begraben haben. Ullis Großmutter Paula liegt irgendwo in der Erde eines fremden Landes, in ihrer rechten Hand hält sie ein kleines Marienbild fest umklammert.

Tief beeindruckt schildere ich das eben Gesehene. Ulli sitzt ganz still, ungläubig staunend sieht sie mich an, während ich ihr das kleine Marienbild genau beschreibe. Beinahe fassungslos sagt sie dann zu mir: „Das ist genau das Bild, das auch mein Vater in seiner Brieftasche stets mit sich trägt. Es ist das einzige Andenken an seine Mutter."

Eine ganze Weile ist es still, keiner von uns sagt auch nur ein Wort. Es gibt einfach nichts zu sagen. Ich bin zutiefst berührt, Ulli ist ebenso tief betroffen. Wir einigen uns auf ein paar Schweigeminuten in Gedenken an Paula, die tapfere, mutige, zuversichtliche Roma-Zugehörige, Ullis Großmutter. Ich glaube zu wissen, dass das Bild in Paulas Hand nur ein Symbol, ein Hinweis sein kann, dass in der Frauenhand vielleicht nichts zu finden war. Möglicherweise ist es einfach nur gedacht als Beweis, als eine Art von Hinweis für Ulli, der die Wahrheit um Paulas Geschichte bestätigt. Ich weiß aber auch, dass all das von mir Gesehene stets einer Realität entspricht, die für die dazugehörigen Lebenden ungeheuer wichtig und wertvoll ist. Im Prinzip ist es für mich jedoch von gleicher Gültigkeit, was das Marienbild bedeuten soll. Für mich zählt, dass Ulli nun Gewissheit um den wahren Tod ihrer Großmutter erhalten hat. Für sie hat die endlos lange Suche nach ihren Angehörigen endlich ein Ende gefunden.

Wenig später stelle ich für mich fest, dass ich die Umstände dieser Situation doch noch genauer kennen will. Ich bitte sozusagen um eine Erklärung von „oben" über das von mir Gesehene. „Bitte", denke ich für mich, „was war da los, was ist da wirklich geschehen und was sollte das speziell für Ulli bedeuten?"

Schreibzeug ist schnell zur Hand und – da ist sie schon, die Botschaft über Paula an Ulli:

Mein geliebtes Kind!

Es ist ein wunderbares Gefühl zu wissen, dass du endlich den Weg zu mir gefunden hast und ihn diesmal auch zu gehen bereit bist. All deine Ängste, die Schmerzen, das Leid, die Pein und der grenzenlose Zorn auf GOTT haben nun ein Ende gefunden – sie werden in diesem, deinem jetzigen Erdenleben in die Vergangenheit sinken.

Es ist ab dem jetzigen Zeitpunkt in dir die Sicherheit erwacht, dass das Geschehen aus der Vergangenheit keine Bedeutung mehr für die Zukunft hat.
Die GÖTTLICHE ORDNUNG hat sich wieder hergestellt, die grenzenlose Liebe hat sich wieder in dir manifestiert. Du bist bereit, das zu erfüllen, was du dir in der Vergangenheit vorgenommen hast. Um dir dies alles zu erklären, erzähle ich dir die Lebensgeschichte deiner menschlichen Großmutter:

Diese Frau, dieses Menschenkind hat ein großes Schicksal auf sich genommen, eines von der Art, wie es nur starke Menschen zu ertragen wissen. Sie hatte ein wunderbares Einverständnis mit GOTT und – sie war mein Geschöpf, erwachsen aus mir und voll im Vertrauen. Ein liebenswertes, fröhliches Kind in einem erwachsenen Rollenspiel. Ihre Aufgabe war es, sich in einer unmenschlichen Zeit mit Mut zu behaupten, in ein Leben hineinzulaufen, das erst nach dem körperlichen Tod an Bedeutung gewann. Hast du im Wissen, was es heißt, in einer Zeit wie der damaligen als „Untermensch" geboren zu werden, als „Aussätzige", als „Tier"?

Wären diese Menschen nicht mit ihrer Tapferkeit, ihrem Mut dazu bereit gewesen, ihr Leben für den „Wahn-Sinn" eines ganzen Volkes zu opfern, würde es heute in diesem Leben, in diesem Volk immer noch zu diesem „Wahnsinn" kommen ... Große Seelen in zarten Körpern, verachtet und gehasst – und trotz allem diejenigen, die den Menschen die Augen geöffnet haben.

Eine große Tat, eine übermenschliche Tat, denn als „Mensch" hat man kein Wissen mehr um die Wahrheit.

Deine Großmutter hat alles durchlebt, was dieses Volk getan hat, aber sie hat den Verfolgten Mut und Kraft gegeben, hat Trost gespendet und – hat mit ihrem Leben bezahlt. Nicht im KZ, nicht vom Erschießungskommando bedroht und vernichtet, sie ist an Entkräftung, an Schlägen und an der Massenverrohung gestorben. Auf einem Transport quer durch das Land, das aus wahnsinnigen Ideen Realitäten gemacht hat. Ein Zug nach Auschwitz war es, der ihr „Grab" geworden ist. Sie wurde aus der Menschenmasse herausgeholt, wie ein Stück Vieh aus dem Zug geworfen. Aber sie hat ihr Grab – irgendwo auf der Bahnstrecke nahe Auschwitz. Ihre Seele hat Liebe und Frieden gefunden bei UNS hier. Dann hat sie sich wieder inkarniert, um den Menschen Liebe und Verständnis zu zeigen – ein Teil bist du von ihr, daher deine Sehnsucht nach der Wahrheit.

Lebe du ihre Liebe weiter, ihre Stärke und ihr absolutes Gottvertrauen und: Achte auf deinen Sohn! Er ist ein Kind des neuen Zeitalters und sehr, sehr wertvoll! Er braucht Liebe und absolutes Verständnis, Respekt und Toleranz. Er benötigt die Mutter und durch sie die Freude und Fröhlichkeit der Urgroßmutter. Dies ist deine Aufgabe, denn: Ein Kind der GÖTTLICHEN Liebe ersetzt eine ganze Armee der Gegenenergie.

In Liebe Maria

Mit einer langsamen Bewegung meiner Hand lege ich mein Schreibgerät zur Seite und löse die beschriebenen Seiten vom Schreibblock. Dann sehe ich Ulli an, die mit angespanntem Gesicht ruhig neben mir sitzt. Mit einem Mal verschwinden die mir vertrauten Züge und ein anderes, ein liebevoll und zärtlich blickendes Antlitz wird sichtbar, um sich jedoch wieder aufzulösen.

Ich weiß, dass Paula mich mit einem kurzen Augenblick lang angesehen hat. Doch dann erscheint Ullis Gesicht mit Paulas Zügen. Große, für mich fremde Augen blicken mich zuversichtlich an. Jetzt begreife ich endlich, verstehe, was die eben geschriebene Botschaft auszusagen hat:

Ulli ist die Wiedergeburt ihrer eigenen Großmutter. Ein Teil der Seele Paulas ist in der eigenen Enkelin inkarniert. Sie sind eins, Ulli und Paula, in einem menschlichen Körper. Paulas Anteil ist der fröhliche, der freundliche, der verständnisvolle Teil ohne Ängste, ohne bittere Erinnerungen an die so grausam beendete Vergangenheit des vorherigen Lebens. Und all diese Erkenntnisse meinerseits bestehen zu Recht.
Ulli ist ein friedfertiges, ein liebevolles und fröhliches Menschenkind. Sie hat großen Respekt vor den Menschen, ohne sich unterwürfig zu verhalten, sie ist tolerant und akzeptiert sie in dem Maße, wie sie es für selbstverständlich empfindet. In ihrer Art ist Ulli etwas Besonderes für mich, denn sie verstrahlt Heiterkeit und Frohsinn, wenn auch so manches Mal heller Zorn aus ihren Augen blitzt.

Ob sie den Brief, die an sie gerichtete Botschaft wohl verstehen wird? Meine Skepsis ist berechtigt, denn die Worte kommen aus dem Mund Marias, jener Maria, die auf dem Marienbild in der Hand Paulas erwähnt wird. Ulli hält nichts auf Religionen, sie ist ein realistischer Mensch und glaubt an das, was sie sieht. Obwohl, ist ihre Meinung, wenn es da „oben" noch etwas gibt, ist es für sie ebenso in Ordnung. Nachdenklich stehe ich auf, die beschriebenen Seiten in meiner Hand. Ich will sie ihr jetzt vorlesen. Ich weiß, dass Ulli mit Religionen und deren Inhalten nichts anzufangen weiß, aber das ist nicht wichtig für sie.

Endlich lese ich ihr Marias Botschaft vor. Anfangs schaut Ulli sehr ungläubig auf mich, dann aber steigen Tränen in ihre Augen. Auf diese Aussagen über ihre Großmutter war sie nicht gefasst, ich im

Übrigen auch nicht. Es ist eine seltsam wunderbare Situation. Ulli hält ihre Augen geschlossen, während ich den Brief ein zweites Mal vorlese. Sie saugt die Worte förmlich in sich hinein, klammert sich an den gesprochenen Sätzen fest. Nach und nach versteht auch sie: „Ich bin meine eigene Oma, das ist einfach herrlich, das ist großartig, das ist schön:" Beinahe seufzend kommen diese Worte von ihren Lippen. Ich schweige, gebe ihr Zeit, das eben Erkannte voll anzunehmen. Wiederum sehe ich Paulas Gesicht in Ullis Zügen. Glücklich sieht sie aus – Ullis Oma. „Endlich erreicht", strahlen die fröhlichen Augen Paulas mich an, um dann wieder zu entschwinden. Ich habe sie in der Folge auch nie wieder in Ullis Gesicht gesehen. Für mich sind sie zum damaligen Zeitpunkt endlich „eins" geworden: Ulli ist Paula und Paula ist Ulli. Eine eigenartige Stimmung von Vollendung liegt in der Luft und hüllt Ulli wie in einen sicheren Schutzmantel.

Ulli ist mehr als zufrieden. Nun ist ihre Suche endgültig beendet, sie hat endlich ihre wahren Wurzeln gefunden. „Weißt du", sagt sie im Anschluss an dieses Erleben irgendwann einmal zu mir: „Weißt du, jetzt geht es mir gut, ich kann dieses Kapitel meines Lebens abschließen. Aber eines muss ich unbedingt noch tun. Ich muss meinem Vater klarmachen, dass ich seine Mutter sehr gut kenne." Sie lacht fröhlich kichernd auf: „Na, der wird vielleicht Augen machen – und meine Mutter erst!"

„Recht so, Ulli", denke ich mir, „Wissen muss man weitergeben und dein Wissen ist ein <u>Wissen der besonderen Art!</u>"

Natürlich war Ullis Vater sehr überrascht, zumindest genauso wie ihre Mutter. Ulli ließ einfach nicht locker, sie wollte den „ungläubigen Thomas namens Vater" zu einem neuen, einem anderen „Wissen" bekehren. Nach und nach hat sich ihre Familie mit der Thematik der „Ahnen" auseinandergesetzt. Daher blieb es nicht aus, dass auch Ullis verstorbener Großvater zum Gesprächsthema wurde. Der Mann, der Vater, das verhasste Familienmitglied, das seine Kinder, seine vier Söhne, erbarmungslos im Stich gelassen hatte, als deren Mutter für immer verschwunden war. Der Mann, der sich also nie um seine Familie gekümmert hat. Alkoholprobleme, brutales Verhalten – es war bis dato viel geredet worden über Ullis Großvater Karl. Es gab sogar zum Zeitpunkt von Ullis Suche noch Lebenszeichen über ihre vermissten Familienangehörigen, ehemalige Nachbarn, die sich an viele negative Situationen erinnern konnten. Das geschah in der Zeit vor dem Zweiten Weltkrieg, in einer Zeit voll Angst und Hoffnungslosigkeit. Es war genau die Zeit, in der Paula ihren Kindern das Leben schenkte. Die Hetzjagd nach den „Nicht-Ariern" war bereits voll im Gang. Und Paula war doch eine Roma-Zugehörige, eine „Zigeunerin", wie so manch einer sie bezeichnete. Gerade von diesen gab es sehr, sehr viele. Paula war damals noch durch ihren „arischen" Ehemann geschützt, ebenso beider Kinder. Aber das sollte sich in relativ kurzer Zeit zum Negativen kehren.

Für mich selbst war Ullis Familiengeschichte äußerst interessant, ja sogar irgendwie faszinierend. Was mir jedoch überhaupt nicht gefiel, war die Tatsache, dass über den Großvater von Seiten der noch lebenden Familienmitglieder nur Negatives zu hören war. Hatte dieser Mann, Vater von vier Kindern, Paulas Ehemann, keinen einzigen positiven Charakterzug aufzuweisen? Das konnte und wollte ich nicht so einseitig zur Kenntnis nehmen. Sicherlich hatte er es nicht leicht mit einer blutjungen Roma-Ehefrau an seiner Seite als „arischer Christ". Aber irgendwo sollte doch etwas Positives an dieser Verbindung zu finden sein. Ullis Großvater musste doch seine Paula geliebt haben. Ich spürte starken Ärger – die negativen Aussagen betreffend – in mir hochsteigen. Es gab doch weder Anhaltspunkte und nur noch schwache Erinnerungen der lebenden Söhne an den bereits verstorbenen Vater. Ulli war zu seinen Lebzeiten noch ein kleines Mädchen, ein Kind, als sie ihn ein einziges Mal kennen lernen durfte. Sie selbst kann sich nur an die heftige, überschäumende und ablehnende Reaktion ihrer Mutter erinnern.

Ich bin eine Verfechterin des Wahrheitsgehaltes in derartigen Situationen. Ich mag es einfach nicht, wenn sich der „Angegriffene" nicht mehr selbst wehren kann. Ullis Großvater war seit einigen Jahren tot – wie sollt er sich dagegen schützen? In diese Angelegenheit wollte ich Ordnung bringen, ich wollte die Situation klären. Auf meine Weise, auf meine Art durch die Hilfe anhand meiner Möglichkeiten.

Ulli war selbstverständlich einverstanden, als ich ihr meinen Wunsch mitteilte. Ich wollte ein Foto ihres Großvaters und dann mit ihm in Kontakt treten. Natürlich nur, wenn auch er dazu bereit war. Es kam mir beinahe wie ein „Wunder" vor, denn es gab tatsächlich ein einziges Foto von Karl. Ulli hatte es in ihren Dokumenten sicher verwahrt. Jetzt galt es nur noch, den Verstorbenen zu finden, damit auch er seine Meinung mitteilen kann. Wunder geschehen, manchmal sehr, sehr schnell, denn da ist die Botschaft von Ullis Großvater Karl:

GOTT SEI DANK,
dass ich reden darf. Ich habe endlos lange darauf gewartet und es ist unheimlich traurig, dass man erst nach dem Tode sich rechtfertigen darf. Die Menschen sind im Haufen Verbrecher, sie lernen nichts dazu und bringen sich gegenseitig damit um. Du bist meine Enkelin, du siehst auch aus wie meine Frau, dein Wesen ist ähnlich und ich weiß, dass du ein Teil von ihr bist. Ich habe seit langem alles nur Mögliche getan, damit du auf die Suche nach der Vergangenheit gehst und du hast es getan, weil ich sie gebeten habe.
Ich habe sie geliebt, ich habe sie zwar „verführt", aber ich habe sie geliebt und meine Kinder auch. Aber ich war sehr jähzornig und mit schneller Hand und ich habe auch zu viel getrunken – aber ich habe sie alle geliebt. Und ich habe niemanden weggegeben, keines meiner Kinder, sie waren schlimm und lustig, sie waren echte Lausbuben – aber ich hatte keine Zeit, kein Geld – nur meine Einstellung. Du kennst die Verleumdungen und es ist

notwendig, dass du deine Einstellung überprüfst. Die Zeit war grausam, wir wussten, was geschehen würde, aber keiner konnte noch etwas ändern.

Sie war jung, blutjung, und wollte weg von zu Hause. Weg aus der Enge der Vorschriften, weg aus der Armut. Sie war einfach bezaubernd, so jung, so lebenslustig — du hast ihr Lachen, ihr Temperament, ihre Hilfsbereitschaft und — du trägst alles in dir, aber du wirst es nicht verstehen, weil du die Umstände nur zum Teil kennst:
Juden, Zigeuner, Kommunisten, Polen, Tschechen, Ungarn und Russen — sie alle waren Abschaum und ich war der Schlimmste. Ich war einer, der „Zigeunerbankerten" in die Welt gesetzt hat. Zigeuner waren immer Abschaum — ich konnte es nicht ändern, ich bin mit im Abschaum gelandet. Ich hatte keine Arbeit mehr, wir hatten kaum Geld. Alles war zu wenig und trotzdem sind die Kinder gekommen — kannst du dir das vorstellen?

Nein, das kannst du nicht, das weißt du nur aus deiner Vergangenheit, und die ist überdeckt von der dich jetzt beherrschenden Gegenwart. Erinnerst du dich — ich musste „stehlen", damit alles da war, aber es war nicht genug. Und deine Eltern — sie haben mich „gehasst", denn sie waren um nichts besser als die anderen.

Eine „Roma" heiratet nur einen ihresgleichen — das war ich nicht. Wir wurden beide ausgestoßen und haben uns an den Händen gehalten — und dann ist dieser „Wahnwitzige" an die Macht gekommen und ab diesem Augenblick ist alles schiefgelaufen. Sicherlich, da waren welche von meiner Seite, die hätten helfen können, aber die haben mich „denunziert" — die Kinder mussten weg, ich auch —, und dich habe ich nie mehr wiedergesehen. Auch hier nicht, denn du lebst ja wieder. Ich weiß nicht einmal, ob du jetzt vor mir davongelaufen bist, ob du mir die

Schuld am Versagen der Menschen gibst. Ich weiß nicht, warum das alles so geschehen ist. Aber ich weiß: Der Alkohol ist das beste Mittel, um alles zu vergessen, und er überdeckt auch die Feigheit der Menschen, sich zur Wehr zu setzen.

Falls es dir möglich ist, verzeih mir mein Versagen und sag's auch unserer Enkelin: Das alles kann man nicht verstehen, nicht heute, nicht morgen und in der Vergangenheit schon gar nicht. Wenn es ginge, würde ich vieles anders machen – wenn du mir sagst, welchen Weg man gehen muss, um aus Massenmördern ... zu machen.

Ich liebe dich immer noch, aber ich weiß nicht, ob es einen Sinn hat, auf dich hier zu warten. Wenn es auch für dich einen Sinn ergibt, dann warte ich.

Karl

Wenn ich Botschaften in Form von Briefen an die noch lebenden Menschen „herüberbringe" – so bezeichne ich meine Art, mit Toten in Verbindung zu treten –, dann weiß ich in den meisten Fällen um den Inhalt dieser Schreiben nicht sehr viel. Die Grundtendenz ist mir allerdings bewusst. Aus diesem Grund lese ich jede Botschaft meinen Klienten erst einmal vor. Einfach, um sicherzugehen, dass sie auch verstehen, was die Betroffenen, die Seelen, mitzuteilen haben. Das ist eine gute Möglichkeit des Erkennens für alle und findet immer Anklang bei den Hinterbliebenen. Auch in Ullis Fall will ich das tun, muss ich es erst einmal auf diese Weise tun. Ich weiß nämlich ganz genau die Worte, die Mathias, Ullis Sohn sagen wird: „Das ist ein Hammer, das ist kaum zu glauben!" Und er hat Recht, denn der Inhalt dieses Briefes ist so überraschend, dass ich erst einmal tief Luft holen muss, bevor ich ihn endgültig vorlese. Ich hatte wieder einmal eine meiner richtigen Vorahnungen: Ich wollte nämlich die negativen

Aussagen über Ullis Großvater von Anfang an nicht so einfach akzeptieren. Warum, wusste ich allerdings selbst nicht genau.

Nur eines zur Wiederholung: Ich kann es nicht leiden, ich mag und will es einfach nicht, wenn über einen Menschen geurteilt wird, dem es selbst nicht mehr möglich ist, sich zu verteidigen. Darum wollte ich den Kontakt zu Karl, ich selbst wollte die Wahrheit über sein Leben mit Paula und den Kindern erfahren. Ihm dadurch die Gelegenheit geben, sich zu wehren, sich zu erklären, selbst Stellung zu nehmen und die Wahrheit um seine Vergangenheit aufzudecken. Genau das ist durch diese Botschaft endlich geschehen. Mein Wille hat sich durchgesetzt. Zu aller Vorteil? In Wien sagt man: „Schauen wir einmal, was wir sehen werden." Für mich ist es ein gutes Gefühl, ein sehr gutes Gefühl. Es ist schön, ein derartiges Unterfangen in die Realität umsetzen zu können.

Das Eigenartige, das Besondere an diesem Brief ist, dass Ullis Großvater Karl sowohl sie als Enkelin als auch als seine Ehefrau Paula anspricht. Er weiß also, dass ein Großteil der Seele Paulas in Ulli wiedergeboren ist. Zu dieser Erkenntnis ist er jedoch erst nach seinem eigenen Tod gelangt, da aber auch zu einem viel späteren Zeitpunkt, denn er hat Paula vergeblich in der anderen Welt gesucht und nirgends gefunden. Irgendwann hat er sie in seiner Enkeltochter wiedererkannt, konnte jedoch keinen Kontakt zu ihr aufnehmen. Bis zum heutigen Tag, bedingt durch meine Fähigkeiten.

Ulli ist erschüttert, ich sehe ihr das an. Einige Zeit schweigen wir gemeinsam. Karls Botschaft berührt uns beide. Dann aber bricht es aus Ulli endlich heraus: Ihr Großvater war im Krieg Kommunist und verbrachte selbst einige Jahre in einem Konzentrationslager. Er war politisch unerwünscht und somit in ständiger Lebensgefahr. Es ist ihm tatsächlich nicht möglich gewesen, sich um seine Kinder zu kümmern, da ja auch deren Mutter, seine Frau Paula, durch den Naziterror gewaltsam von der Familie getrennt worden ist. Dass die vier Söhne als Roma-Zugehörige jedoch körperlich unbeschadet überlebt haben, ist für mich wie ein Wunder. Sicherlich gibt es auch dafür eine Erklärung, diese müsste ich nur noch finden.

Als Karl aus dem Straflager freikam, wurde er sogar Bürgermeister in einer kleinen Gemeinde. Aber er musste erst sein Leben wieder aufbauen, bevor er sich seinen Kindern widmen konnte. Die aber lehnten ihn allesamt vehement ab, denn sie fühlten sich von ihrem eigenen Vater im Stich gelassen. Keiner ihrer noch lebenden Verwandten, keiner ihrer Mitmenschen hat ihnen augenscheinlich den wahren Sachverhalt klargemacht oder auch nur irgendeine Erklärung abgegeben. Das ist aus meiner Sicht grausam und sehr bedauerlich, jedoch nicht mehr zu ändern.

Mathias fordere ich auf, auf seinen Urgroßvater stolz zu sein. Schließlich und endlich war dieser Urgroßvater ein Gegner des damals herrschenden Regimes unter Adolf Hitler. Dazu, teile ich ihm mit, gehörten eine Riesenportion Mut und eine freie Denkweise. Dafür sperrte man Karl lange Zeit ein und das war zur damaligen Zeit auch ein entsetzlicher Zustand. Mathias nickt zufrieden. Jetzt, da ihm die ganze Tragweite der Situation um seinen Urgroßvater bekannt ist, ist er auch sofort bereit, dessen positive Charakterseiten anzuerkennen. Ich bemerke so nebenbei, dass ein winziger Funke an stolzer Freude aus seinen Augen zu leuchten beginnt. Er weiß nun, dass sein Urgroßvater einen Platz unter den „Helden" hat.

Jetzt muss nur noch Ulli ihrem eigenen Vater klarmachen, dass sein Vater alles andere als ein elender „Versager" ist, dass der „Rabenvater" absolut keine Chance bekommen hat, in väterlicher Weise für seine Kinder zu sorgen. Er war selbst das Opfer einer

Zeit, die mit Mord und Totschlag, aus Wahnwitz und Willkür Menschen vernichtet hat. Ullis Vater muss nun selbst lernen, sein Wissen um seine Kindheit in die damalige Zeit zu versetzen, um ohne Vorwürfe an seinen Vater denken zu können. Vorausgesetzt, er ist bereit, die Wahrheit um seine Vergangenheit zu akzeptieren. Ulli wird ihren Eltern Karls Botschaft in Briefform vorlesen. Sie freut sich schon jetzt auf den ungläubigen Ausdruck in ihren Gesichtern. „Na servas", seufze ich, „die werden sich vielleicht wundern!" Und genau das ist auch einige Zeit später geschehen!

Wieder sind einige Monate vergangen. Mit Ulli und ihrem Sohn Mathias halte ich engen Kontakt. Sie sind beide meine „Ersatzfamilie" geworden. Ulli ist auch Teilnehmerin in einer meiner Meditationsgruppen und arbeitet fleißig an ihrer eigenen Hellsichtigkeit. Sie hat große Fähigkeiten, es fehlt ihr jedoch noch etwas an Mut, um sich intensiv mit ihnen zu beschäftigen. Und die Zeit! Wer hat heute schon Zeit, um auch für sich etwas zu tun? Beruf, Familie, Haustiere – das alles unter einen Hut zu bringen, ist Schwerarbeit, mit Sicherheit nicht nur für sie. Ob ihre Eltern Frieden mit Vater Karl geschlossen haben, wissen wir alle noch nicht. Aber Ullis Vater beschäftigt sich mehr denn je mit dieser Thematik, denn er „verschlingt" förmlich ein Buch nach dem anderen. Praktisch für Ulli, denn sie hat jetzt immer ein passendes Geschenk bereit. Sie ist selbst der Meinung, man könne gar nicht genug Bücher lesen. Mich freut das ungemein, denn diese Ansicht ist genau das, was für mich so wichtig ist: Menschen auf eine andere Sichtweise hinzuweisen und, wenn es irgendwie möglich ist, ihre Neugier dahingehend zu wecken.

Eines Tages ist Ulli wieder bei mir, diesmal ohne Mathias, und bittet mich um eine neuerliche Botschaft ihres Großvaters. Ich schau sie verschmitzt an, drücke ihr einen Schreiber in die Hand, rücke einen Sessel zurecht, lege den Schreibblock vor sie hin und sage lachend zu ihr: „Da, setz dich und schreib doch selbst. Du kannst das, ich weiß das, also, tu es." Ulli ist nicht einmal sehr überrascht, sie hat wohl Derartiges schon längst von mir erwartet. Widerspruchslos setzt sie sich, nimmt den Schreiber fest in die Hand, rückt sich den Schreibblock zurecht und fragt, nun doch etwas unsicher geworden: „... und, was soll ich jetzt tun?" Ich weise sie an, sich ganz in sich zu versenken, sie soll sich einfach nur in sich hineindenken und das zu Papier bringen, was sie in sich fühlt. Ganz gleich, was da kommt, auch wenn es nur einzelne Worte sind:

„Hör auf die Stimme in dir, genauso wie in den Meditationen. Du machst das immer sehr gut und du weißt, dass du diese Fähigkeiten hast. Setz dich einfach auch mit deinem Seelenteil Paula in Verbindung. Lass alles andere weg, du bist jetzt deine eigene Großmutter."

Ulli nickt mir zu, mit diesem Vorschlag kann sie sich einverstanden erklären. Nach einem kurzen Moment schließt sie ihre Augen, ihr Gesichtsausdruck verändert sich und mit einem Mal beginnt sie zu schreiben:

Mein Liebes!

Wo warst du so lange? Ich warte immer auf dich. Was soll ich dir von damals erzählen? Du warst ja dabei! Denk doch nach! Ich will nicht mehr an die Schmach denken, das Elend, das uns umgab. Ich konnte nicht ausbrechen. Es war ein Teufelskreis. Ich liebte unsere Kinder, aber sie waren besser ohne uns dran. Ich habe sie in Gedanken immer begleitet, aber sie wollten von mir nichts mehr wissen. Ich kann es ihnen nicht verdenken. Ich hätte auch so gehandelt. Die Zeit war nicht gut. Wir hatten keine Zukunft. Ich war in einem Loch gefangen, konnte nichts mehr ungeschehen machen. Ich war, ich bin traurig, ich habe dich verloren. Nie mehr werde ich dich in meinen Armen halten. Wenigstens besuchst du mich ein paar Mal in meiner Welt. Ich weiß, du hast unsere gemeinsame Zeit nie vergessen, aber ich liebe dich auch als unsere Enkelin. Sie hat dein Lachen, dein gutes Herz. Sie wird ihren Weg gehen, wir werden sie begleiten.

Mein liebes Kind, komme öfters mal und sprich mit mir. Zu Lebzeiten war es uns versagt, wir müssen die Zeit nutzen, die uns gegeben ist.

Dein Opa

Wie üblich lese ich mir das Geschriebene selbst einmal durch. Ulli ist noch ganz in der Faszination des Schreibens gefangen. Es dauert ein paar Sekunden, bis sie wieder in „unserer Welt" eingetroffen ist. Gemeinsam besprechen wir Karls Botschaft an seine Ehefrau Paula. Er bedauert zutiefst, dass er sie in seiner Welt nicht mehr erreichen kann, dass er sie nie dort gefunden hat. Zu dem Zeitpunkt weilte er ja noch unter den Lebenden, als Paula sich in ihre eigene Enkelin inkarnierte. Über Ullis Gegenwart versuchte er nun, Paula einen Teil seiner Vergangenheit zu erklären, weiß aber genau, dass dieses Wissen in Ullis Bewusstsein nicht mehr vorhanden ist. Es ist ihm jedoch ein großes Bedürfnis, Klarheit herzustellen, seine Wahrheit kundzutun, auch deshalb, um das Verständnis seiner Enkelin zu erhalten. Seine Verzweiflung ob der komplizierten Situation ist beinahe greifbar. Die genaue Schilderung seiner Lebenssituation gelten Paula, um Ulli zu überzeugen.

Wenn Ulli schläft, trifft ihre Seele den Großvater in der anderen Welt. Seelen haben kein Schlafbedürfnis, der menschliche Körper benötigt es jedoch. Aber es ist eben Ullis Seele, auch wenn ein Teil Paulas darin vorhanden ist.

Das ist für Karl nicht genug, daher will er sich auch mit seiner Enkelin öfter in Verbindung setzen, auch tagsüber. Also bittet er sie, sie möge doch mit ihm sprechen. Er will, dass sie sich beide besser kennen lernen und weiß, dass das im Bereich des Möglichen ist. Ulli hat diese Fähigkeiten, dessen ist auch er sich voll bewusst.

Ulli ist einverstanden, sehr, sehr einverstanden. Lange Jahre hat sie ihre Familienangehörigen vermisst, hat sie voll Verzweiflung gesucht und nun endlich auf eine seltsame, ihr vorher unbekannte Möglichkeit gefunden.

„Selbstverständlich werde ich mit meinem Opa jetzt in Verbindung treten. Als er noch am Leben war, war ich zu klein, zu jung, und keines der Familienmitglieder hat das für mich möglich gemacht. Aber jetzt ..." Ulli strahlt wie eine Kerze am Weihnachtsbaum. „... jetzt kann es mir keiner mehr verbieten und nichts wird mich davon abhalten, es zu tun!"

Im Laufe der nächsten Monate kommuniziert Ulli sehr oft mit ihrem verstorbenen Opa, ihrem Großvater Karl. Sie lernt ihn immer besser verstehen und hat das Gefühl, dass er tagsüber auch öfter in ihrer Nähe ist. Mit den liebevollen Worten „Opa, komm, reden wir über deine, meine, unsere Vergangenheit" hat sie sich eine Art „Schlüssel" zur Wiedervereinigung gebastelt. Sie fühlt sich geborgen in der Nähe des Großvaters und auch von ihm in den Arm genommen. Dieses Gefühl kommt von ihrer Großmutter Paula, dessen ist sie sich bewusst. „Mir ist alles recht", sinniert Ulli eines Tages in meiner Gegenwart. „In mir ist Platz für alle, und ich habe genügend Zeit, mit allen die traurige Vergangenheit jedes Einzelnen aufzuarbeiten. Dafür bin ich da, das ist mein Teil der Arbeit."

Ihr Vater hat sich bereits wieder einige Bücher zum Thema „Inkarnation – Wiedergeburt", „Liebe das Leben – auch danach", „Mitteilungen von Verstorbenen", „Grüße aus dem Jenseits" und dergleichen mehr gekauft und auch gelesen. Er hat somit unzählige Fragen an seine Tochter. Die beiden sind sich sehr nahegekommen, und das ist auch für mich eine äußerst erfreuliche Tatsache.

Eines Tages, wiederum Monate später, freut sich Ulli auf eine neuerliche Botschaft von ihrem Opa. Sie will wissen, wie es ihm jetzt geht, ob er sich wohler fühlt und ob er nun endlich glücklich ist. Aber diesmal soll ich wieder schreiben, da fühle sie sich einfach besser.

Diesen Wunsch erfülle ich ihr diesmal sehr gern. Ich will nämlich auch unbedingt wissen, was mit Karl in all dieser Zeit geschehen ist. Hat er sich dank Ullis Unterstützung weiterentwickelt in seinen Ansichten? Hat er am Ende gar neue Erkenntnisse gewonnen? Kann er uns von DRÜBEN berichten? Hat er seine Schuldgefühle Paula gegenüber endlich abgebaut? Oder fühlt er sich immer noch verpflichtet, seine Vergangenheit als Mensch und Mann seiner Ehefrau, seinen Kindern und seiner Enkelin gegenüber zu rechtfertigen?

All diese Fragen hat sich Ulli bereits zurechtgelegt. Sie denkt diesmal an so eine Art „Fragestunde" mit ihrem Opa. Das findet sie sinnvoll, denn dann wird wirklich alles beantwortet, nichts ausgeschlossen und auch nicht die kleinste Kleinigkeit vergessen. Ich selbst bin sicherlich genauso gespannt wie Ulli und Mathias. „Die Stunden mit dir sind besser als der Freitagabendkrimi im Fernsehen." Ich höre noch die Worte der beiden, die mir genau gegenübersitzen. Dann jedoch bin ich bereit, Karls Worte an- und aufzunehmen:

Hallo, meine Liebe!

Danke, dass du mir ein gutes Andenken bewahrst, das tut mir gut und hilft, die Vergangenheit aufzuarbeiten.
Ich weiß, dass ich viele, sehr viele Fehler gemacht habe. Aber dieses Wissen habe ich erst nach dem Tod erkannt, eigentlich erst jetzt. Viele Erkenntnisse kommen viel zu spät, aber es ist gut möglich, dass die Taten in der richtigen Ordnung waren, weil es unser Schicksal war und ist. Du verstehst mich sicher, weil wir uns geliebt haben und auch jetzt noch lieben. Sonst wären diese Worte nicht möglich. Sie, unsere Enkeltochter, trägt dich in sich, aber es ist so schwierig, mit ihr zu reden,

weil sie zu jung ist. Aber ich weiß, dass sie durch dich mich verstehen lernen wird, auch wenn sie viele meiner Handlungen nicht akzeptieren kann oder will.

Als wir uns kennen gelernt haben, warst du viel zu jung, um eine Familie zu gründen und ich habe dir keine Sicherheiten bieten können – das war schon die schwierigste Situation. Aber du wärst auf jeden Fall aus deiner Familie „ausgebrochen" – du wolltest immer frei sein, und genau das ist dir nie gelungen. Ich war frei, aber ein Ehemann und Vater zu sein, ist mir nie gelungen. Unsere Zeit war ungewiss, alle Menschen hatten Angst, der eine Krieg war vorbei, der nächste stand vor der Tür. Ich wollte dich schützen – ist mir nicht gelungen, weil du „frei" sein wolltest. Schuld hat keiner von uns, aber ich habe mich ein Leben lang schuldig gefühlt. Ich habe dich verloren, du bist verloren gegangen – wo hätte ich dich suchen sollen, wo ich doch geahnt habe, was mit dir geschehen ist. Nun bist du noch einmal ein Mensch und ich kann so schwer mit dir reden. Rund um dich ist so viel Hass und Gemeinheit aufgebaut. Und es sind Menschen, die von der damaligen Wirklichkeit keine Ahnung haben. Verurteilen, ja, das können sie, das ist aber auch schon alles. Ich gebe mir große Mühe, sie verstehen zu können, aber ich konnte es als Mensch nicht, und jetzt schon gar nicht.

Wenn du in deinen Träumen bei mir bist, dann ist es immer diese junge Frau, du bist so sicher in ihr verwahrt, dass ich dich nicht herausfiltern kann. Aber ich weiß, dass du da drinnen bist, dass du in Sicherheit leben darfst und dass du – durch sie – mich weiterliebst. Auch wenn es die Liebe einer Enkelin ist.

Zigeuner haben eine eigene Lebensform und eine eigene geschichtliche Entwicklung. Zumindest zu meiner Zeit war das so üblich. Sie waren eine Kaste für sich und niemandem – wirklich keinem – war der Zutritt in ihre Kreise gestattet. Deine

Großmutter war ein sehr temperamentvolles und eigensinniges Wesen. Sie hat sich – trotz ihres unbändigen Freiheitswillen – streng an die Rituale ihrer Sippe gehalten. Und Frauen war es verboten, bei der Verfluchung verboten, lesen und schreiben zu lernen oder zu können. Sie hatten Symbole, aber die galten nur für ihren Gebrauch. Deine Großmutter hatte eine Wahnsinnsangst, die Gebote ihrer Sippe zu brechen. Und – der Fluch ihrer Sippe ist über sie gekommen. Verstehst du das? Ich grüße dich in Liebe!

Meine Erwartung hat sich also nicht erfüllt. Ebenso ergeht es Ulli. Mathias schweigt wie immer. Er steht für seinen Uropa ein und ist mit allem einverstanden. Ullis Fragen haben sich erübrigt. Ich lese den Brief laut in der Art vor, wie ich es immer tue. Zuerst schnell und flüssig, denn ich will mir den Inhalt ganz genau vergegenwärtigen. Dann noch einmal, aber langsam Satz für Satz. Karl versucht immer noch, sich für sein Verhalten in seinem vergangenen Erdenleben zu rechtfertigen. Immer wieder schildert er Paula die Situationen ihrer Gemeinsamkeit und gibt auch noch Erklärungen dazu ab. Es ist also seine Ehefrau, mit der er gesprochen hat, während ich seine Worte zu Papier gebracht habe. Er will unbedingt ihre Verzeihung, ihre Vergebung für sein damaliges Verhalten. Gleichzeitig sagt er ihr jedoch, wie schwer es für ihn gewesen ist, sein Leben mit ihr und den Kindern zu teilen.

Zwei Weltanschauungen sind in der Ehe von Paula und Karl förmlich aufeinandergeprallt: ihm unbekannte Rituale einer blutjungen Roma-Ehefrau und Mutter, seine Vorstellungen von Freiheit und erlernter Männlichkeit. Letztendlich geschah jedoch nur das, was Karl in der damaligen Zeit unter allen Umständen verhindern wollte. Seine Familie wurde brutal getrennt und konnte nie wieder zueinanderfinden. Das beinhaltet der eine Teil der Botschaft.

Der andere Teil ist jedoch an seine Enkelin Ulli und deren Sohn Mathias gerichtet. Auch darin hat sich meine Hoffnung nicht erfüllt. Seitens seiner Kinder, Ullis Vater und dessen noch lebende Brüder, war kein wie auch immer geartetes Verständnis zu erwarten. Niemand von ihnen wollte Karls Worten Glauben schenken und ihm, dem Vater, unter keinen Umständen verzeihen.

Karl wechselt in seiner Botschaft von Paula zu Ulli und umgekehrt. Ich habe seine Erregung, seine Verzweiflung und auch seine ganze Hilflosigkeit in seiner Schilderung gespürt. Aber auch ich fühle mich etwas hilflos – Ulli, Mathias und ich, wir alle, wollten ihm Hilfestellung geben, aber genau diese war nicht durchgreifend genug.

Nun, ein altes Sprichwort besagt: „Die Zeit heilt alle Wunden."
Vielleicht gibt es diesmal in naher Zukunft eine Veränderung im Gedankenschema der noch lebenden Betroffenen. Ulli wird das ihre dazu tun, sie wird nicht lockerlassen, und auf die Schlagfertigkeit bezüglich Mathias' „großer Sprüche" setze ich alle Hoffnung. In der Vergangenheit ist viel Negatives über das Leben von Paula, Karl und den vier Söhnen gesprochen worden. Jetzt wird Positives in Form von verständlichen Erklärungen und sogar detaillierten Beschreibungen berichtet. Karl hat noch eine gute Chance, warten wir geduldig auf dieses „Wunder".

Sollte dies jedoch nicht geschehen, wird auch Ullis Seele eines Tages ihren irdischen Körper verlassen. Dann kann Karl endlich seine geliebte Paula in die Arme nehmen und bekommt seine Enkeltochter noch dazu. Das ist dann die Selbstverständlichkeit des himmlischen Wunders!

Jahre sind seither vergangen. Ullis hellsichtige Fähigkeiten haben sich dank der Meditationen sehr gut entwickelt. Sie ist bereits imstande, selbständig mit ihnen zu arbeiten und Menschen damit unterstützende Hilfe auf ihrem Lebensweg zu geben. Mathias ist beinahe erwachsen und steht, genauso wie seine Mutter, mit beiden Beinen fest im Leben. Damit bin ich sehr zufrieden, denn „Flügel" sind erst nach dem irdischen Leben angesagt.

Ich selbst habe Aloys und Teresa nicht wieder besucht, weiß jedoch, dass es ihnen gut geht. Sie befinden sich immer noch in dem Häuschen mit den weiß getünchten Mauern und den kleinen, sonnendurchfluteten Fenstern. An manchen „Tagen" haben sie heftige Meinungsverschiedenheiten, an anderen liegen Schwingungen von Liebe und Fröhlichkeit über ihnen. Sie wollen es so, sie wollen keine Veränderung. Das habe ich zu akzeptieren und zu respektieren. Aus meiner Erfahrung mit der geistigen Welt weiß ich, dass es wohl noch sehr viele Erdenjahre brauchen wird, bis die beiden bereit sind, neue, andere Wahrnehmungen anzunehmen. Vielleicht werde ich sie jedoch dann in ihrem kleinen Dorf besuchen, wenn meine Seele meinen irdischen Körper verlässt und ihre „Flügel" zu gebrauchen weiß.

LINDA – KALTES MUTTERHERZ

Ende April 2006

Linda sitzt vor mir. Sie will endlich mit ihrer verstorbenen Mutter in Kontakt treten. Es sind viele Fragen offen geblieben, als die Mutter verstorben ist. Linda will endlich Antworten bekommen. Sie will reinen Tisch machen, erklärt sie mir.

Ich bin einverstanden und gehe mental auf die Suche nach Lindas Mutter. Diese meldet sich relativ schnell und beginnt mir auch wie selbstverständlich zu diktieren:

Hallo, mein Kind!

Es ist lange her, dass du meine Tochter warst. Aber ich weiß immer noch, dass ich dich nie so geliebt habe, wie ich es hätte müssen. Du warst ein liebes, gefälliges Kind, aber du warst mir so fremd mit deiner Art.

Eigentlich wollte ich immer einen Sohn, denn eine Frau hat die Pflicht, dem Mann einen Erben zu schenken. Und ich war so entsetzt, als du ein Mädchen warst und noch dazu mein einziges Kind.

Der Papa hat immer so getan, als ob du sein Heiligtum bist, und ich habe geglaubt, er tut das für mich, weil ich keinen Buben auf die Welt gebracht habe.

Es waren schlimme Jahre für mich, weil ich mich mit dir nie abfinden konnte. Ich habe auch noch zwei oder drei Fehlgeburten gehabt, aber ich glaube nicht, dass du das weißt. Es war immer eine so große Hoffnung, die zerstört worden ist. Und du bist am Leben geblieben – ein Mädchen.

Bei meinem Tod habe ich dann erfahren, welch ein Missverständnis mein Leben war, weil du mich trotz allem respektiert hast und der Papa dich wollte. Es war ihm egal, ob es ein Mädchen war oder nicht. Nur ich hab ihm das nicht abgenommen. Ich war halt viel zu misstrauisch allen Menschen gegenüber, speziell den Männern, weil Männer viel Leid über Frauen bringen.

Dabei hätte ich im Laufe meines Lebens alles überdenken können. Es war nicht leicht, mein Leben, aber auch nicht so schlimm, wie ich es geglaubt habe.
Nur wenn du mir wirklich verzeihen kannst, kann ich jetzt ein neues Leben beginnen. Irgendwo, wo ich lerne, den Menschen gegenüber nicht mehr so misstrauisch zu sein und wo ich auch lieben kann.

Der Papa wird mich vielleicht begleiten, aber ich weiß nicht, ob das wirklich gut ist. Wir überlegen es noch und vielleicht nehmen wir den Fritzi auch noch mit. Wenn man sich gut kennt, kann es doch ganz gut gehen.

Du weißt schon so viel — sollen wir das tun oder noch auf dich warten? Was meinst du? Der Papa will unbedingt auf dich warten. Du weißt ja, hier ist eine andere Zeiteinteilung und wir haben viel Zeit. Und der Fritzi ist so lieb und lustig — es ist schön hier.

Bist du mir wirklich nicht mehr böse?

Alles Liebe

Deine MAMA

Ich lese Linda den Brief ihrer Mutter vor. Während dieser Tätigkeit gerate ich immer mehr ins Staunen. Da ist eine Mutter, die der Tochter unverblümt erklärt, sie wollte sie „nie haben", weil nur ein Sohn wichtig für sie gewesen ist.

Ich frage mich unwillkürlich, was in der Beziehung Mutter-Tochter alles schiefgelaufen ist und bitte Linda um eine Erklärung. Es geht mir nicht gut bei dem Gedanken, diese Worte einer augenscheinlich gefühlskalten Mutter zu Papier gebracht zu haben.

Linda nickt mir zu und beginnt zu erzählen:

„Ich hatte keine sehr glückliche Kindheit. Meine Mutter gab mir immer zu verstehen, dass ich ihr lästig war. Oh ja, sie hat alle ihre Mutterpflichten erfüllt. Ich hatte genug zu essen, saubere Wäsche und sie sorgte auch für eine ordentliche Erziehung. Wünsche durfte ich nie äußern. Sie meinte, sie wisse schon, was richtig und wichtig für mich wäre. Es war eine für mich sehr schwierige Jugend, denn nichts konnte ich ihr recht machen. Alles, was ich für sie getan habe, war stets zu wenig.

Sie kritisierte und nörgelte stets an mir herum. Ich habe für sie gesorgt, als sie alt und krank wurde. Doch auch da kam kein gutes Wort aus ihrem Mund, geschweige denn ein „Danke" an mich über ihre Lippen. Sie ist 1991 genauso kalt und lieblos gestorben, wie sie mir mein ganzes Leben lang gegenübergestanden war. Pflichterfüllung war für sie die einzige Selbstverständlichkeit ihres Lebens und genau diese hat sie von mir von Kindheit an verlangt und erwartet.

Der Vater war anders zu mir. Bei ihm fühlte ich mich behütet, geborgen und geliebt. Er gab mir die Liebe, die ich bei meiner Mutter so sehr vermisst habe. Wenn Papa da war, war meine Welt in Ordnung und ich wusste, dass er mich wirklich lieb hatte. Jedoch gegen die Kälte, die meine Mutter ausgestrahlt hat, war auch er machtlos. Leider ist Papa lang vor meiner Mutter heimgegangen. Von diesem Tag an war ich nur noch Luft für sie. Eine gut funktionierende ‚Hausangestellte' mit vielen Pflichten. Mutter begann, ihr Leben zu genießen – ich musste ihre Launen zu Hause ertragen."

Linda schaut mich an. Ich spüre, dass diese Vergangenheit noch sehr lebendig in ihren Erinnerungen ist, obwohl schon so viele Jahre seit dem Tod ihrer Mutter vergangen sind.

Der Brief ist lediglich die Bestätigung der Wahrheit, mit der sie beinahe ihr ganzes Leben lang leben musste. Die leise Hoffnung, dass doch noch liebevolle Worte aus der anderen Welt hätten kommen können – diese Hoffnung platzt wie eine Seifenblase.

„Kann man nichts machen! Es ist so, wie es immer war! Mutter will mich noch immer nicht. Darum werde ich dieses Kapitel meines Lebens endlich abschließen."
Resigniert zuckt Linda mit den Schultern. Sie ist enttäuscht, das sieht man ihr an. Aber sie gibt mir zu verstehen, dass sie mit dieser Enttäuschung gut umgehen kann. All die vergangenen Jahr musste sie auch damit leben.
Ich fühle tiefes Mitgefühl für Linda. Eine gute, liebevolle Freundin hat mir vor vielen Jahren gesagt: „Kinder, die ohne Liebe aufwachsen müssen, sind die ärmsten Kinder der Welt!"

Anfang Mai 2007
Linda sitzt wieder vor mir mit dem Foto ihrer Mutter in der Hand. Sie will doch noch einmal wissen, wie es ihrer Mutter in der anderen Welt jetzt geht. Sie erhofft sich Antworten auf die Fragen, die sie ihrer Mutter im Laufe dieses Jahres laut und deutlich gestellt hat. Außerdem hat sie ein Anliegen an die Verstorbene, von der sie sich eine Entscheidung erhofft.
Ich beginne zu schreiben, denn Lindas Mutter ist sehr gegenwärtig. Sie diktiert mir folgenden Brief:

Hallo Linda, hallo Kind!

Danke, dass du mir die Gelegenheit gibst, zu dem Thema etwas zu sagen – aber du siehst das falsch. Es ist dein Temperament, das dich so aufregt. Es ist nicht so, wie du denkst.

Ich bin schon länger in deiner Nähe, weil ich verstanden habe, dass ich vieles falsch gemacht habe bei dir. Ich weiß es durch deine Worte mit anderen Menschen, weil ich zuhören kann.

Natürlich ist es mein Leben gewesen und ich habe eben keine großartigen Gefühle zeigen können – ich hab sie halt nicht. Aber der Papa hat dich so verzogen, das konnte ich nicht ertragen. So ist das halt gelaufen, ich wollte dich nie, weil ich nie Kinder wollte. Und ich bin genau so ein Dickschädel gewesen, wie du einer noch immer bist. Ich weiß auch, dass wir zwei miteinander kein Auskommen haben, aber vielleicht gibt es doch so eine Art von „Waffenstillstand" für uns.

Ich mache dir auch ein Angebot:
Es ist gut, wenn mein Grab weiter besteht, auch wenn es deine Freundin bekommt. Hauptsache ist, dass es „heilig" bleibt und alles so, wie es ist. Ich weiß, dass du auch noch im Tod nichts mit mir zu tun haben willst, aber deine Freundin ist uns allen recht. Sie ist ein verantwortungsvoller Mensch mit einem schweren Schicksal. Sie kann ruhig zu uns kommen, wenn sie das wirklich will.

Das wollte ich mit meinen Aktionen mitteilen. Ist wieder beinahe nicht gelungen, aber es geschehen doch auch kleine Wunder – stell dir vor, auch zwischen dir und mir.
Ich grüße dich!

Fritzi

Lindas Mutter geht deutlich auf Abstand zu ihrer Tochter. Sie unterschreibt ihren Brief mit ihrem Namen, um eine einigermaßen neutrale Basis zwischen sich und Linda herzustellen.

Das ist auch gut so, denn nun funktioniert die Kommunikation der beiden ohne gefühlsmäßige Eskalation.

Linda erzählt mir, dass es in ihrer Wohnung seit einiger Zeit „gespukt" habe und sie die Poltergeräusche ihrer Mutter zugeordnet hat. Das ist der eigentliche Grund, warum sie eine neuerliche Kontaktaufnahme wollte.

Die Zeilen ihrer Mutter Fritzi geben ihr recht und Linda ist zufrieden. Sie hat Antworten auf einige wichtige Fragen erhalten – das genügt ihr.

Was nicht geht, geht nicht, und es ist eben so, wie es ist.

Ende September 2009

Obwohl Linda das Thema „Mutter" bereits beendet zu haben glaubt, sitzt sie nun doch noch einmal vor mir.

Sie will einfach wissen, warum ihre Mutter absolut keine eigenen Kinder wollte. Linda hätte so gerne Kinder in die Welt gesetzt, es war ihr größter Wunsch. Doch nach einigen Fehlgeburten musste sie mit bitterer Enttäuschung erkennen, dass dieser Wunsch nie in Erfüllung gehen würde. Ihre Mutter hatte ein Kind – ein gesundes Kind – geboren und notgedrungen auch aufgezogen.

Warum wollte sie dieses Kind nicht?

Warum musste Linda ein ganzes Leben unter der Lieblosigkeit ihrer Mutter leiden?

Wieder meldet sich Lindas Mutter sehr schnell zu Wort:

Hallo Linda!

Nein, du hast nicht recht. Ich wollte im Prinzip überhaupt keine Kinder, auch dich nicht. Aber wenn, dann einen Sohn. Aber überhaupt, ich wollte keine Kinder! Ich wollte mein Leben für mich, es war anstrengend genug in dieser Zeit. Und ich hatte so viel Angst.

Das habe ich erst jetzt begriffen, dass hinter meiner Art die Angst gestanden ist. Die Angst, alles zu verlieren. Alle hatten damals Angst, jeder hat vor irgendetwas Angst gehabt. Ich auch und das musst du verstehen. Du musst das einfach verstehen, auch wenn du es nicht verstehen kannst. Du hast ja auch so viele Ängste. Du hast Angst davor, dass du alleine bist, du fürchtest dich vor deinen körperlichen Zuständen und ich glaube, du hast Angst vor dem Sterben.

Ist berechtigt, weil man nicht weiß, wie es ist, und das stimmt. Ich entschuldige mich nicht, weil ich keine gute Mutter war. Ich war so, aber du solltest mir verzeihen, denn du weißt nicht, wie man als Mutter reagieren muss.

Mutter zu sein, ist eine endlos lange Geschichte, man hört nie auf damit.
Wo bleibt da das Leben, die eigene Persönlichkeit. Ich habe alles getan, was ich tun konnte, ich war nicht perfekt und das gebe ich zu.

Was ich will, ist leicht zu sagen: Versuch, mich als den Menschen zu sehen, der ich war, und nicht unbedingt nur als deine Mutter.

Bitte hör auf, mit mir zu hadern. Ich gebe zu, ich habe als Mutter viel falsch gemacht. Aber ich war auch ein Mensch – habe ich nur Schlechtes getan?

Du bist jetzt in einem Alter, wo wir uns vielleicht bald wiedersehen, und da wäre es schön, wenn wir uns die Hände reichen könnten. Wir zwei als Menschen, nicht als Mutter und Tochter. Du hast noch viele Erdenjahre, da lohnt es sich, gedankliche Veränderungen schon als Mensch zuzulassen.

Die Werte verschieben sich hier auf jeden Fall, Familienmitglieder gibt es dann nicht mehr. Nur mehr Seelen, die als Menschen einen großen Teil der Zeit auf der Erde miteinander gelebt haben. Jeder auf seine Weise, manchmal miteinander, manchmal nebeneinander, oft auch gegeneinander.

Von mir aus will ich Frieden halten, aber du sollst mir all deinen Frust und deine Enttäuschungen sagen, denn ich lerne dadurch meine Fehler kennen. Und es ist gut so, denn besser jetzt und so als niemals.

Es stimmt, ich habe dir als Mutter keine Liebe entgegengebracht. Aber ich finde, du bist ein tüchtiger Mensch und ich bin im Prinzip stolz auf dich, denn: WIR HABEN EINMAL ZU-SAMMENGEHÖRT. Bitte, sei nicht böse. Alles, was geschehen ist, war keine böse Absicht. Es war leider so, wie es war.

Ich grüße dich als
Friederike

Diese Zeilen bekam Linda Ende September 2009 von ihrer Mutter mit Hilfe meiner Tätigkeit als „Schreibkraft". Ich selbst schreibe diese Geschichte Anfang Juni 2010 für interessierte Leser und Leserinnen.

Bis zum heutigen Tag hat Linda keinerlei Kommentar zur Meinung ihrer Mutter getan. Es kam lediglich ein kurzer Satz über ihre Lippen: „Wo sie recht hat, hat sie recht!" Diese Worte bezogen sich auf die Aussagen der Mutter über Lindas Ängste. Nicht mehr und nicht weniger.

Linda ist eine aufgeschlossene, lustige Frau mit großen körperlichen Problemen. Dieser Zustand verdirbt ihr weder ihre Lebenslust noch ihre Lebensfreude. Doch über ihre Mutter, ihrer beider Gemeinsamkeit, will Linda nicht einmal mehr sprechen. Trotz allem jedoch hat sie ihre Mutter bis zu deren Tod betreut und für sie gesorgt. Aus diesem Grund macht sich Linda keine

Vorwürfe, irgendetwas in Bezug auf ihre Mutter verabsäumt zu haben. Wenn das Gespräch auf genau dieses Thema kommt, wirkt sie verschlossen und ihre sonst so fröhlichen Augen strahlen Kälte und Unverständnis aus.

Ein Umstand ist ganz sicher: Sie hat ihrer Mutter niemals die lieb- und freudlose Kindheit und Jugend verziehen. Sie tut es bis heute nicht! Sie hat in den späteren Jahren für die Mutter das getan, was auch für die Mutter ein ganzes Leben hindurch wichtig war: Linda hat die Mutter aus Pflichtbewusstsein und Pflichterfüllung versorgt – allerdings ohne irgendwelche Gefühle und Zuneigung.

Beinahe ein ganzes Leben hindurch hat Linda auf Zuneigung seitens der Mutter gehofft – jedoch umsonst! Auch nach dem Tod findet die Mutter nur klare, erklärende Worte. Auch aus dem Jenseits ist von liebevollem Verständnis keine Rede.

Zum jetzigen Zeitpunkt will Linda keinerlei Kontakt mehr mit ihrer verstorbenen Mutter. Die beiden haben und hatten keine Chance, Verständnis füreinander zu empfinden. Ob sich dafür noch irgendwann eine Gelegenheit bieten wird, steht – im wahrsten Sinne des Wortes – in den Sternen.

ELFRIEDE – DORNRÖSCHEN TANZT NICHT MEHR

Leise und zärtlich wiegt sich Dornröschen zu einer fernen, lieblichen Musik. Es hält die Augen geschlossen – gleich kommt der Prinz und ... „Hör sofort auf mit diesem blöden Getue und setz dich zu deinen Schulaufgaben. Du bist sowieso zu nichts sonst zu gebrauchen als ...!" Elfriede zuckt vor Entsetzen zusammen. Da ist sie wieder, die schrille Stimme der Mutter, die sie seit vielen Jahren förmlich verfolgt. Beinahe wäre Elfriede eingeschlafen, beinahe wäre es ihr gelungen, aber ...Wieder eine schlaflose Nacht, wieder Albträume, wieder der Griff zu den hilfreichen Tabletten. „Warum, warum um Gottes willen, warum kann ich einfach nicht vergessen, so wie all die vielen anderen Menschen? Warum verfolgt mich meine Kindheit seit einer halben Ewigkeit? Es ist doch schon so lange her und so viele Jahre sind vergangen seit Mutters Tod. Und trotzdem steht sie immer noch neben mir und beeinflusst mein Bewusstsein!"

Elfriedes Verzweiflung steigt, sie weiß, dieses Gefühl wird eine Panikattacke.

Mühsam klettert sie aus dem Bett. Mitternacht ist längst vorbei. Die Tabletten sind in der Küche, im Augenblick beinahe unerreichbar. Trotzdem, es muss sein! „Ich brauche Hilfe, ich brauche dringend Hilfe! Sonst werde ich noch verrückt!" Voller Angst und Grauen denkt sie an den nächsten Tag. „Würde Mutter noch leben, wäre heute ihr Geburtstag. Und zu ihrem Grab muss ich auch noch! Das gehört sich doch so und außerdem, sie hätte es so gewollt. Ja, gewollt und befohlen, nicht gewünscht oder erbeten!"

Elfriede ist wie gelähmt, fühlt sich irgendwie nicht zugehörig. Was geschieht da bloß mit ihr? Mit Unsicherheit in den Augen wankt sie ins Wohnzimmer und fällt auf einen Sessel nieder. Ja, sie fällt förmlich auf die Sitzfläche des Sessels. Vom einfachen Niedersetzen kann keine Rede sein. Ihr Blick gleitet hinüber zu dem großen, bequemen Lehnsessel. Ja, dort sitzen zu dürfen, ist ein Privileg. Aber nicht das ihre, dieses Privileg ist das der Mutter. Mutter ist immer in dem Lehnsessel gesessen. Von diesem Platz aus hat sie auch ihre Befehle erteilt und Elfriede ist nach ihren Anweisungen hin und her gesprungen. „Um Mutters Wünsche zu erfüllen", redet sie mit sich selbst. „Mutter hatte immer Wünsche, die sofort erfüllt werden mussten, sonst …" Elfriede zieht die Schultern hoch, sie fröstelt. Unangenehm ist ihr diese Situation, sehr, sehr unangenehm. Mutter ist doch schon seit Jahren tot … Hilflos zuckt sie wieder mit den Schultern. Grau in Grau fühlt sich dieser Moment an. Wieder blickt sie zu dem Lehnsessel hin …, sitzt da nicht Mutter, Grau in Grau? Aber …, aber sie ist doch tot und begraben … Für Elfriede hat diese Szene etwas Unheimliches. Sie fühlt mit einem Mal, dass dieses Unheimliche nach ihr greift. Sie springt vom Sessel hoch und läuft, nein, sie rennt in die Küche und weiter ins Bad. Sie rennt wie vor sich selbst davon. Das Badezimmer ist endlich die Rettungsinsel für sie. Geschafft – dem Himmel sei Dank!

Total erschöpf hebt Elfriede den Kopf. Sie stützt sich mit beiden Armen am Rand der Waschmuschel ab und starrt wie benommen in den Spiegel vor sich. Zwei verzweifelt blickende Augen starren ihr ebenfalls entgegen – ihre eigenen Augen!

Sie sind immer noch schön, diese Augen, obwohl sie sehr, sehr viel im Leben gesehen haben. Und das Gesehene war nicht immer leicht zu ertragen. Das Leben, ihr Leben, hat sie ganz schön durchgebeutelt, das sagen ihr die Augen. Da steht sie nun, die Frau, deren Name Elfriede ist, die Frau, die durch ihr eigenes Können und Wissen Karriere gemacht hat, die einen für sie wundervollen Beruf hatte, die lustig ist und gern mit Menschen Kontakt hält.

Eine stattliche, eine sehr gut aussehende, elegante Frau im fort-geschrittenen Alter. Ein verantwortungsbewusster, hilfsbereiter und liebenswerter Mensch. Eine gute Freundin, tatkräftig und selbstbewusst. Eine Frau, deren Bekanntschaft man gern macht. Aber da drinnen, im Wohnzimmer, im bequemen Lehnsessel, hockt augenscheinlich der Geist der toten Mutter!

„Ich brauche Hilfe", sagt Elfriede zu ihrem Spiegelbild, „ich brauche dringend Hilfe, ich muss etwas erkennen, ich *muss* etwas begreifen. Ich bin doch weder verblödet noch verrückt!" Sie nimmt ein paar Tabletten aus der Pillendose. Die *muss* sie jetzt schlucken, sonst wird sie wirklich noch verrückt! Sie bleibt noch ein paar Minuten vor dem Spiegel stehen, aufrecht und sieht sich dabei unverwandt in die Augen. Langsam wird sie ruhiger, sie erkennt es an ihrem Blick. Dann dreht sie sich um und geht langsam zurück ins Schlafzim-mer. Sie hat nur noch einen Wunsch: ins Bett und schlafen, bitte, ein klein wenig schlafen, nur ein wenig …Scheu schaut sie nach dem Lehnsessel – da ist niemand, da ist nichts! „Ich bin eben doch verrückt", denkt sie resigniert, „und es wird auch wahrscheinlich niemanden geben, der mir helfen kann. Und zum Grab muss ich auch noch. Heute ist ja ihr Geburtstag, die Blumen samt der Kerze sind ein obligates Muss … Mutter hat's gut, der tut nichts mehr weh und verrückt wird sie auch nicht … Ich will …"

Langsam schließt Elfriede die Augen, sie fühlt sich wie erschlagen und todmüde. Von irgendeinem Wollen ist keine Rede mehr. Eine nebelartige Wolke hüllt ihre Gedanken ein, sie zerfließen förmlich im Nichts. Ein großer bunter Blumenstrauß kommt noch von irgendwo auf sie zu, dann schläft sie endlich ein. Im Wohnzimmer steht der große altmodische Lehnsessel und es ist, als ob er auf etwas Bestimmtes wartet.

Am nächsten Tag geht Elfriede wie selbstverständlich zum Grab ihrer Eltern, kauft selbstverständlich einen großen Blumenstrauß und zündet eine Kerze an. Mutter hat es so gewollt. Sie steht noch eine Weile vor dem Grab, dann geht sie. Sie geht so allein, wie sie gekommen ist. Elfriedes Bruder war noch nicht da und er wird auch nicht kommen. Das macht ohnehin immer die große Schwester. Elfriede weiß das, sie liebt den „kleinen Bruder" und würde alles für ihn tun. Er ist ihr Liebling, er war auch Mutters Liebling. „Wie das eben so ist mit den jüngeren Brüdern", denkt sie sich, während sie den Friedhof verlässt. Ihr Kopf schmerzt immer noch, aber die bösartige Migräneattacke ist schon weg. Elfriede fühlt sich mit einem Mal wie erleichtert. Die Gedanken an ihren „kleinen" Bruder zaubern ein liebevolles Lächeln auf ihr Gesicht. „Mein kleiner Bruder ..., schade, ich hatte nicht viel von ihm. Unsere gemeinsame Zeit war viel zu kurz."

Mit einem Mal steigen Erinnerungen in Elfriedes Gedanken hoch. Elf Jahre alt war sie, als er geboren wurde. Damals fühlte sie sich mehr als „Ersatzmutter" und nicht so sehr als Schwester. „Eigentlich war er ja mein Kind. Ich hatte ihn mir doch so sehr gewünscht. Außerdem hat er mich von Anfang an geliebt. Sein Babylachen war einfach bezaubernd." Elfriedes Augen beginnen zu leuchten. Sie sieht sich in Babybegleitung einen altmodischen Kinderwagen schieben. Hat sie damals auch schon ihrem Bruder die Windeln gewechselt? Keine Ahnung, man muss sich ja nicht alles merken. Und überhaupt, sie hatte ja auch durch die Schule schon so viel um die Ohren. Elfi musste ja (damals war sie noch die Elfi) eifrig lernen, die Drohungen der Mutter waren allgegenwärtig. Die Sorge um einen guten Arbeitsplatz stand stets im Raum. Elfi wollte allerdings nicht in ein Büro, sie wollte an ein Theater. Die Bühne hatte die Bretter, die Elfis Welt ausmachten. Aber das kam überhaupt nicht in Frage. Die Erfüllung ihres Traumes hatten ihr die Eltern beinahe fanatisch untersagt. Elfi musste weg von zu Hause und zwar endgültig – so bestimmte es die Mutter. Also, wenn schon fort, dann aber weit, weit weg, so beschloss Elfi. Die Mutter musste schließlich auch mit vierzehn Jahren von zu Hause fort. Warum sollte es die Tochter besser haben?

„Mutter dachte immer in die Vergangenheit", sinniert Elfriede, „sie hat keinen Augenblick ihres Lebens genossen. Sie war nie glücklich und von Zufriedenheit war niemals auch nur die leiseste Andeutung. Nur damals, als Papa im Krieg war, da war ich ihre einzige Ansprechpartnerin. Und ich war viel zu klein, um irgendetwas zu verstehen. Außerdem – geliebt hat sie mich so und so nie, ich war doch bloß so eine Art ‚Zwangsbeglückung'."

Elfriedes Erinnerungen werden mit einem Mal sehr intensiv. Sie sieht sich auf Vaters Knien sitzen, es sich auf seinem Schoß herrlich bequem machend. Es war so selten, dass sie das konnte. Papa war schließlich Soldat und die Heimaturlaube erfolgten sehr, sehr spärlich. Außerdem musste sie ihn dann auch noch mit der Mama teilen. Aber Papa war so zärtlich zu ihr, er strich ihr über das Haar und nannte sie „seine kleine Prinzessin". In diesen Augenblicken fühlte sie sich sicher und geborgen, wohl behütet: Nichts in aller Welt würde ihr auf diesem Platz geschehen. Sie saß auf Papas Schoß und Papa saß in dem großen Lehnsessel. Damals war dieser Lehnsessel der Ort ihrer geheimsten Träume. Papa würde ja eines Tages wieder für immer heimkehren und sie dann für immer bei ihm sein können.

Tatsache ist jedoch, dass mit der Heimkehr ihres Vaters Elfis Probleme so richtig ihren Anfang nahmen. Es war die Nachkriegszeit und nichts war in Ordnung. Alles war mit Schwierigkeiten verbunden. Alles, was das eigentliche Leben betraf, wuchs zu einem Riesenberg an Hindernissen an. Elfi ging zwar noch nicht einmal zur Schule, aber sie fühlte sich bereits schuldig an den Geschehnissen. Ihre Schuldgefühle wuchsen ebenfalls zu einem Gebirge an, war sie es doch, derentwegen die Mutter geheiratet hatte, war sie es doch, die nie heiraten sollte – eben wegen der

„Zwangsbeglückungen". Elfi verstand kein Wort, sie hatte keine Ahnung, was die Mutter wirklich sagte, aber sie merkte von Tag zu Tag, dass die Mutter ihr immer mehr entglitt. Sie war von einem Tag zum anderen nicht mehr die kleine Elfi, sie wurde zum Störfaktor, zum Hindernis. Nur in der Gegenwart ihres Vaters fühlte sie sich noch zu Hause und als Kind anerkannt.

Es gab doch eine Zeitspanne im Leben der kleinen Elfi, in der sie glücklich war. Das geschah, als die Eltern ein Häuschen auf dem Land mieteten und Elfi dort herrliche Ferien verbringen konnte. Das Haus war alt, es gab nur einen Brunnen zum Wasserholen, aber es war Elfis Traumschloss, wo sie der bösen Hexe entfliehen konnte. Oder sie war das Rotkäppchen, das den bösen Wolf besiegte. Ganz gleich – Elfi war die Elfenkönigin und tanzte selig über die Wiesen ihrer Traumlandschaft. Ein anderes kleines Mädchen hüpfte und tanzte an ihrer Seite mit – es gab somit zwei Märchenprinzessinnen. Und der geliebte Papa spielte mit …Elfriede schließt mit einem tiefen Seufzer die Schublade ihrer Erinnerungen und erhebt sich mit einer ruckartigen Bewegung: „Schluss mit all dem Unsinn, das Leben hat mich wieder und fordert seinen Tribut." Das ist die echte Elfriede und ein neuer Tag beginnt!

Elfriede sitzt vor mir in meinem Lehnsessel und erzählt mir in langen Sätzen ihre Lebensgeschichte. Eine jüngere gute Bekannte hat sie zu mir empfohlen, da sie der Meinung war, ich könnte den Knoten eines derart verschlungenen Lebensinhaltes, bedingt durch mein Wissen, entwirren.

Ich sehe mir Elfriede genau an, höre hinter jedes Wort und erkenne die Hilflosigkeit in ihrer Erzählung:

Ihre Mutter ist seit einigen Jahren tot, Elfriede hat sehr große Probleme mit dem Alleinsein. Sie ist nicht verheiratet, hat keine Kinder, liebt jedoch ihre Eigenständigkeit. Aber seit der

Pensionierung sehnt Elfriede ihre Mutter zurück. Ein Umstand, den ich jetzt erst begreifen lernen muss. Es ist Elfriedes Wunsch, sich mit der Mutter auszusprechen, denn, ja, denn sie weiß mit großer Sicherheit, dass sich der „Geist der Toten" immer noch in der gemeinsamen Wohnung aufhält. Und sie spürt auch sehr deutlich, wie sehr sich genau dieses Wesen an ihrem Leben, am Leben der Tochter festhält. Eine unangenehme, eine geradezu unheimliche Situation, die da stattfindet. Das allerdings verstche ich ganz genau.

Hinter Elfriede hat sich bereits ein Schattenwesen breitgemacht. Ich habe das Gefühl, dieses Wesen umklammert die Erzählende und ist nicht bereit, auch nur den kleinsten Abstand einzuhalten. Elfriede merkt wohl an meinen Blicken, dass da bereits einiges geschieht. „Meine Mutter ist schon eingetroffen – ich spüre sie. Kannst du sie sehen?" Ich nicke leicht mit dem Kopf, will aber darüber noch nicht meine Meinung abgeben. Schattenartige Seelenwesen sind mitunter nicht immer freundlich, daher will ich eine unangenehme Konfrontation unbedingt vermeiden. Elfriede soll weitererzählen, ich deute es ihr mit beiden Händen, während ich das Verhalten der Mutter genau beobachte. Es geht ein großer Zorn von ihr aus. Sie will mitreden, aber die Tochter wird sie nicht hören. „Natürlich nicht", sind meine Gedanken für sie, „du bist tot und die Lebenden verstehen die Toten nicht, sie hören sie nicht. Du brauchst mich als Übersetzende, das wissen wir doch beide. Aber ich bestimme, wann das geschehen wird."
Elfriedes Mutter wird noch zorniger. Ja, es hat den Anschein, als ob der Zorn sie förmlich auffrisst. Da gibt es jemanden, der ihr zu widersprechen wagt, der sie zurückweist. Das ist ihr schon lange nicht mehr passiert – was ich mir eigentlich einbilde. Wer ich denn bin, dass ich so mit ihr umspringe? Ich bleibe ganz ruhig und gebe ihr noch deutlicher zu verstehen, dass sie sich nach meiner Meinung richten muss. Sie habe keinerlei Macht über mich und ich habe keinerlei Angst vor ihr. Obwohl – die Situation ist

nicht angenehm, ich fühle mich gar nicht so sicher, ob Elfriedes Mutter meinen Willen akzeptieren wird. Jedoch – die Mutter erklärt sich schlussendlich doch einverstanden und bittet mich, ja, sie bittet mich, mit ihrer Tochter in Kontakt treten zu dürfen. Doch weder der Wunsch der Mutter noch mein Wille sind dazu ausschlaggebend. Elfriede muss nun entscheiden, ob sie jetzt mit ihrer Mutter tatsächlich Kontakt aufnehmen will. Elfriede zögert ein wenig, dann atmet sie tief durch und sagt: „Es war mein Wunsch, deshalb bin ich da, also, bitte, lass sie endlich reden!"

Ich ersuche Elfriede, mit mir den Platz zu tauschen und setze mich in meinen Lehnsessel. Der Schatten von Elfriedes Mutter ist mir jetzt gegenüber. Elfriede selbst sitzt links von mir. Langsam schließe ich meine Augen und tauche in die Gegenwart der toten Mutter. Ich spüre nichts mehr, ich fühle nichts mehr, ich konzentriere mich ganz auf die Worte, die da kommen werden. Ich will sie nachsprechen – diesmal will ich nicht schreiben. Denn über eines bin ich jetzt schon sicher: Ich bin bestens vorbereitet auf eine lange Serie von Anklagen und Vorhaltungen, von Vorwürfen und Zurechtweisungen.

Und genau das geschieht wie heruntergespult. Doch nach ein paar von mir wiedergegebenen Sätzen geschieht etwas für mich Eigenartiges: Elfriede spricht mit mir mit. Gleichzeitig mit den Worten der toten Mutter kommen Elfriedes Worte – es klingt wie ein Duett der üblen Art. Ich öffne meine Augen, sehe verwundert auf Elfriede. Sie spricht ohne Erregung weiter, gleichzeitig mit der Mutter. Ich bin verstummt. Derartiges ist mir noch nie widerfahren. Mutter und Tochter halten die gleiche „Moralpredigt" – wie oft hat Elfriede, hat die kleine Elfi das alles wohl schon gehört? Jedes einzelne Wort hat sich in Elfriedes Verstand förmlich eingebrannt. Fassungslos höre ich den beiden zu. Dann aber unterbreche ich sehr energisch und frage Elfriede, wie lange sie das noch so hinnehmen will. Elfriede zuckt mit den Achseln, sie weiß um die Dauer solcher Tiraden. Die tote Mutter spricht jedoch unbeirrt weiter und hält an ihren Vorwürfen fest. Da bitte ich meine geistigen Freunde um Hilfe, um rasche, wirksame Hilfe. Daraufhin wird der Geist der Mutter weggebracht. Ich spüre, dass er nicht so schnell wiederkommen wird. Es geht alles sehr schnell, wie ein Film läuft die Situation vor meinen Augen ab. In der geistigen Welt gibt es ja keinen Zeitbegriff.

Ich verstehe Elfriedes Kummer. Das Geschehene war ja jetzt kaum auszuhalten. Wie musste Derartiges erst in der Realität des Lebens wirken! Elfriede sitzt da wie versteinert: „Und ich dachte, sie wäre anders geworden. Ich habe sie doch bis zum Tod bei mir gehabt und gepflegt. Ich habe alles für sie getan – wirklich alles!"

Ich nicke Elfriede zu und weiß nicht, was ich dazu noch sagen soll. Derartige Sätze höre ich des Öfteren von meinen Klientinnen, doch bei Elfriede trifft es mich besonders hart. Eine große Hoffnung ist wie eine Seifenblase zerplatzt.

Dennoch spüre ich ganz deutlich: Elfriede ist endlich frei!

Nun hat sie endlich Ruhe in ihrer Wohnung. Ihre Panikattacken haben sich in einen „leicht nervösen Zustand" gewandelt (ihre Worte). Anstelle der so oft stattfindenden Migräneanfälle verspürt sie ab und zu lediglich Kopfschmerzen. Kein Vergleich mehr zu früher (ebenfalls ihre Worte). Sie ist zufrieden mit der gegebenen Situation und beginnt, endlich ihr Leben nach ihren Wünschen einzurichten. Sie kauft sich ein kleines Häuschen auf dem Lande und verbringt sehr viel Zeit dort. Und, was so wichtig für sie ist, sie ist nicht mehr allein. Ein scheuer, zärtlicher, kleiner, halbverwilderter Kater namens „Mutzliputz" richtet sich in ihrer Gegenwart häuslich ein und bestimmt sehr bald auch ihren Tagesablauf. Er legt ihr sogar „aus Liebe" des Öfteren eine tote Maus vor die Füße. Elfriede hat sich auch daran gewöhnt und ist stolz auf ihren tapferen Jäger.

Eines Tages sitzt sie wieder bei mir in meinem Lehnsessel und stellt fest, dass sie sehr gern wüsste, wie es ihrer Mutter wirklich geht. Auch wenn ihr die Gegenwart der Toten einst eine immens große Belastung gewesen ist – in der Stadtwohnung ist es leer und einsam. Der Kater bleibt ja im Haus, wenn Elfriede in die Stadt zurückmuss. „Da ist mir der Geist meiner Mutter lieber als das Alleinsein", seufzt sie resigniert. „Ich will nicht ganz allein sein, das ist nichts für mich."

Ich bin nicht einmal verwundert, irgendwie habe ich diese Reaktion bereits erwartet. Ein ganzes Leben großteils in Gesellschaft einer Mutter birgt eine Menge an Gemeinsamkeiten. „Und die letzten Jahre mit ihr waren gar nicht so schlimm. Ich war ja ihre ständigen Nörgeleien längst gewöhnt. Der Mensch ist ein Gewohnheitstier. Man gewöhnt sich eben an alles. Vielleicht fehlt mir das Gerede meiner Mutter sogar." Elfriede sagt es mit einem Lächeln, bei dem ein wenig Bitterkeit mitschwingt. „Schau doch nach, ob du sie noch finden kannst. Wäre ja möglich, dass sie sich geändert hat. Einen Versuch ist es doch wert, oder?"

Selbstverständlich ist es einen Versuch wert. Eine Aussprache in Güte ist immer einen Versuch wert, ganz gleich, ob unter Lebenden oder in einer Situation wie zwischen Elfriede und ihrer toten Mutter. Elfriede will diese Aussprache, das fühle ich ganz deutlich. Also gehe ich in gewohnter Weise auf die Suche nach der Verstorbenen. Es dauert eine ganze Weile, doch dann ist die Seele von Elfriedes Mutter endlich doch erreichbar. Ihr Zorn ist verflogen, sie kommt mir wesentlich ruhiger vor, höflich, dennoch sehr direkt und vorherrschend. Also beginne ich, nach Diktat zu schreiben:

Elfi, bitte versteh mich richtig, ich will dich nicht mehr belästigen oder zu viel von dir verlangen. Aber ich bin so einsam ohne deine Anwesenheit. Ich wurde weggebracht damals und darf nur mehr mit deiner Einwilligung bei dir sein.
Du hast damals so viele Leute um dich gehabt, du hast auch gelacht und die Katze so sehr geliebt. Nur mich hast du nie bemerkt, obwohl ich weiß, dass du mich gespürt hast. Ich war sehr neidisch auf das alles, denn im Prinzip gehörst du mir, du bist ja meine Tochter. Und

Kinder müssen für die Eltern sorgen, so sagt das vierte Gebot in unserer Bibel. Auch wenn du nicht in die Kirche gehst, die Gebote gelten für alle, und ich bin noch immer deine Mutter.

Und dann hast du doch erlaubt, dass ich wieder bei dir sein darf, und das bin ich jetzt. Immer noch als deine Mutter und du als meine Tochter. Es ist nicht wahr, dass ich den Buben mehr geliebt habe, aber er hat mich halt von vielen Sorgen abgelenkt. Du warst ein Sorgenkind, weil du so anders warst, manchmal sogar nicht so ganz normal. Ich weiß nicht, von wem du das hast, aus meiner Familie sicher nicht. Und du bist immer noch so felsenfest überzeugt, alles richtig zu machen. Und da hast du recht, denn du hast Karriere gemacht und mich dabei vergessen. Du bist eine „große Frau" geworden, ich bin nur deine Mutter gewesen. Das war sehr schwer für mich, mein Leben war so und so nur eine riesige Last — mit dir, dem Vater und dann auch noch mit dem Buben. Ich habe mir um alle Sorgen gemacht, speziell um dich. Aber du hast doch bewiesen, dass du als Einzige etwas erreicht hast. Nur ist es nicht leicht, nach so langer Zeit das zu verstehen, ich habe das bis heute nicht. Ich bin eben bei dir, weil ich froh bin, dass es dir gut geht. Aber du darfst nicht vergessen, dass ich deine Mutter bin.

Ich weiß, dass ich nicht mehr lebe, aber tot bin ich auch nicht. Deshalb gilt alles das, was auch bei den Menschen gilt. Und Geburtstage, Muttertage, Weihnachten und der Tag, an dem du mich nicht mehr sehen konntest — es sind meine Tage, bitte. Sonst bin ich zufrieden mit dir, du warst immer eine gute Tochter, manchmal nur sehr eigensinnig und trotzig.

Ich weiß, dass ich bei dir bleiben darf, denn auch du weißt, dass ich nirgendwo hinkann — und in das Heim will ich nicht mehr.

Mit besten Grüßen
Deine Mama

Vorneweg will ich eines sagen: Ich habe gewusst, wohin meine geistigen Helfer Elfriedes Mutter gebracht haben, nachdem sie sich in unserem Gespräch wie eine Verrückte gebärdet hatte. Ihre Worte waren voll Eifersucht und haltloser Vorwürfe der Tochter gegenüber gewesen. Da gab es eben nur diese eine Lösung: eine sofortige Trennung der beiden Frauen für eine gewisse Zeit. Elfriede habe ich das nicht mitgeteilt, um bei ihr eine Art von „Mitleidsschub" zu verhindern. In diesem „Heim", wie sich die Mutter ausdrückt, ist sie selbst augenscheinlich etwas zur Ruhe und Besinnung gekommen, da der eben geschriebene Brief nicht mehr so dramatisch ausgefallen ist wie das vorhergegangene Gespräch mit der Tochter.

Aber, und das ist schon ein sehr bedeutendes Aber: Von Liebe oder Zuneigung zu einem Kind seitens der Mutter ist nichts zu erkennen. Die Vorwürfe sind immer noch sehr groß, wenn auch in gedämpftem Ton. Auch die Forderungen sind äußerst massiv und beweisen, dass es vielen Verstorbenen nicht bekannt oder bewusst ist, dass sie keinerlei Rechte den Lebenden mehr gegenüber haben. Elfriedes tote Mutter setzt sogar voraus, dass die Tochter immer noch das Leben so zu führen hat, wie es ihr die Mutter als der „wichtigste Mensch" vorgibt. Dabei widerspricht sie sich jedoch immer wieder, indem sie die Tochter als „nicht normal" hinstellt, um dann zuzugeben, dass sie es „als Einzige" zu etwas gebracht hat.

Im Prinzip weiß ich während des Schreibens nie genau um den Inhalt der angesagten Sätze. Jedoch spüre und fühle ich sehr deutlich die darin enthaltenen Emotionen. Bei Elfriedes Mutter habe ich sofort die Unwahrheiten bemerkt, die in dieser Botschaft enthalten sind. In derartigen Situationen habe ich das Gefühl, als ob sich jedes einzelne meiner Kopfhaare sträubt. Das geschieht nämlich immer dann, wenn etwas nicht in der von mir erwarteten Ordnung abläuft. Doch was auch immer geschieht, Elfriede wollte diese Mitteilung ihrer verstorbenen Mutter, und das ist einzig und allein für mich von Gültigkeit. Es war ihr Wunsch und den konnte und sollte ich ihr erfüllen – wenn auch mit „gesträubten" Haaren.

Elfriedes Reaktion ist hingegen sehr positiv. Sie findet, die Worte ihrer Mutter sind gut, so wie sie sind, denn es ist der Charakter dieser Frau, der aus dem Schreiben spricht. Somit ist Elfriede in der Tat zufrieden und beide gehen gemeinsam nach Hause: die energetische Seele der Mutter und die noch immer gehorchende lebende Tochter. Jedoch nur unter einer Bedingung: In dem Häuschen am Land, wo Kater „Mutzliputz" der „Herr im Haus" ist und den „Chef" spielt, ist der Geist der Mutter unerwünscht.

„Mutter bleibt in der Stadtwohnung. Dann freut sie sich vielleicht auf mein Kommen und ich weiß, wer in dem Lehnsessel sitzt. Also geschieht alles so wie in alten Zeiten."

Wenn Elfriede mit dieser Regelung zufrieden ist, und das ist sie, dann ist diese Angelegenheit auch für mich in Ordnung. Das *muss* so sein, denn ich *muss* neutral und objektiv jeder Situation gegenüber bleiben. So lautet die Grundbedingung für diese, meine Arbeit.

Ein knappes Jahr später hegt Elfriede wieder den Wunsch, neuerlich mit ihrer Mutter in Kontakt zu treten. In den vergangenen Monaten haben wir viel miteinander erlebt. Ich als „Mittlerin" zwischen zwei Welten, Elfriede als Katzenmutter und Naturfreundin. Eine neue Lebensqualität hat sich für jede von uns dadurch ergeben. Somit waren wir beide voller Erwartung, was die tote Mutter diesmal von sich geben würde: Vorwürfe? Anklagen? Feststellungen? Forderungen?

„Du musst das nicht so eng sehen", sagt Elfriede mit ernsten Worten. „Sie ist meine Mutter, ich kenne sie ein Leben lang nur so. Warum sollte sie anders sein, nur weil sie jetzt tot ist?" Auf meine Erwiderung, in der anderen Welt hätte jede Seele die

Gelegenheit, sich auch positiv weiterzuentwickeln, bekomme ich eine Antwort im resignierenden Tonfall: „Ja sicher, alle anderen. Aber alle anderen sind nicht meine Mutter. Alle möglicherweise, aber doch nicht meine Mutter!"

Dann gesteht mir Elfriede, dass sie der Mutter bereits erlaubt hat, mit ins Haus auf dem Land zu fahren, um auch dort an ihrem Leben teilzuhaben.

„Sie stört mich nicht, ich weiß ja, dass sie keinerlei Rechte mir gegenüber hat und ich auch ihr gegenüber keinerlei Pflichten habe. Alles, was ich für sie tue, tue ich aus der Tatsache heraus, dass sie im Leben meine leibliche Mutter gewesen ist. Dass sie sich ihr eigenes Leben so schwergemacht hat, hat nichts mit mir zu tun. Das muss sie wahrscheinlich eines Tages mit sich selbst ausmachen. Vielleicht sogar erst dann, wenn auch ich als ‚Geist‘ durch das Universum schwebe. Aber dann, das weiß ich, in <u>meiner</u> neuen Welt. Wie es dann letztendlich weitergeht, wird man sehen. Jetzt ist es so, wie es ist, und ich bin mit diesem Zustand zufrieden."

Gut, wenn es eben so ist, wie es ist, bin auch ich zufrieden und beginne wieder einmal, mit Elfriedes Mutter in Kontakt zu treten:

Liebe Elfriede!

Du bist ja endlich erwachsen, daher nenne ich dich ab jetzt mit deinem vollen Namen. Es steckt ja auch der Friede drinnen und den hast du jetzt auch – du bist um vieles friedlicher geworden. Speziell mir gegenüber. Nun hast du endlich begriffen, dass die Ehre einer Mutter gegenüber das Wichtigste im Leben ist. Ich habe dich ja geboren, deshalb bist du da. Und das Katzi hast du auch von mir. Ich wollte, dass du eine Katze bekommst, weil die Gegenwart dieser Tiere dir so guttut. Und ich mag das Katzerl auch, es ist so hilfsbedürftig und hat keine Angst vor mir, wenn es mich sieht. Katzen sind sehr mutig, sie mögen auch „Gespenster"!

In jedem Fall bin ich sehr erfreut über deine netten Worte über mich, ich glaube, du verstehst mich erst jetzt so richtig. Aber du weißt ja nicht, wie es ist, wenn man Mutter ist – davor hast du dich ja mit Erfolg ferngehalten.

Nun, auch einem Tier gegenüber kann man so eine Art Mutter sein – da habe ich einen Vorteil. Der kleine Kater ist sehr lieb – besser als ein ewig nörgelnder Mann im Haus.

Ich bin froh, dass es uns jetzt so gut geht und danke dir für deine Art, mich jetzt zu ehren.

Deine Mutter

Willkommen, ihr „gesträubten" Kopfhaare, willkommen, Schauer der Ungläubigkeit! Ich habe euch schon erwartet! Elfriedes Mutter hat es sich in der Tat bestens „gerichtet". Eigentlich müsste die Anrede in diesem Schreiben „Kleine Elfi" heißen, denn genauso stellt die Mutter die Tochter hin. Sie hat Elfriedes gutmütige Art dazu benützt, um ihren Willen, ihren eisernen Willen durchzusetzen. Diesmal jedoch fehlen die anklagenden Anschuldigungen und die ständigen Forderungen. In salbungsvollen Worten werden neuerlich die Rollen festgelegt: Die Tochter ist wieder fest in Mutters Hand, so empfindet die Tote diese Situation als Wahrheit, die aber lediglich ihre eigene Wahrheit ist.

Für Elfriede ist es von gleicher Gültigkeit, für sie ist allein wichtig, dass die Mutter zufrieden ist und endlich Ruhe herrscht.

Es gibt in der Folge auch für Elfriede weder Panikattacken noch Migräneanfälle. Sie befolgt die Wünsche der Mutter peinlich genau zu deren Geburtstag, zum Muttertag, zu Weihnachten und selbstverständlich auch noch an anderen Gedenktagen. Sie besorgt zu derartigen Anlässen hübsche Blumensträuße und zündet jeweils eine Kerze an. Auf den Friedhof an das Grab der Eltern geht sie jedoch nicht unbedingt, ist die Mutter ja bei ihr und in ihrer Nähe. Das, was im Grab liegt, ist der Körper und hat nichts mehr mit der eigentlichen Mutter zu tun. So lautet zumindest deren Aussage. Für Elfriede ist auch das in Ordnung, denn sie weiß, was ihre Mutter meint. Trotzdem wird die Grabstätte mit Liebe gepflegt, denn das ist eine Tradition, mit der Elfriede sehr stark verbunden ist. Auf meine Frage, wie es ihr jetzt wirklich gehe, im „Banne" der Verstorbenen, antwortet Elfriede mit ernsten Worten:

„Wenn meine Mutter damit endlich ihre Ruhe oder sogar ihren Frieden findet, ist es auch für mich kein Problem."

Einige Jahre sind vergangen, seitdem ich Elfriede kennen gelernt habe. Sie ist ein ruhiger, zufriedener Mensch geworden. Nur an den bestimmten Festtagen überkommt sie stets eine leichte Unruhe. Sie weiß nie genau, ob der „Geist der Mutter" noch mit ihrem Verhalten einverstanden ist und atmet jedes Mal erleichtert auf, wenn solch ein Tag in Ruhe vorübergegangen ist. Ich selbst habe bis zum gegenwärtigen Zeitpunkt keinen Kontakt mehr mit der Toten aufgenommen. Sollte es jedoch wieder einmal Elfriedes Wunsch sein, dann werde ich es selbstverständlich und gern tun – vielleicht ist doch noch ein Wunder geschehen und aus ewigen Forderungen ist Liebe entstanden.

„Ja, das wäre schön", seufzt Elfriede, „aber ... ob das auch geschehen wird?"

Ich habe die Geschichte von Elfriede und ihrer Mutter wie ein Märchen begonnen und so beende ich es auch: Ende gut, alles gut! Ist das Ende gut, dann ist alles gut!

GROSSMUTTER – SO NIMM DENN MEINE HÄNDE

13. Mai 1982. Ich stehe am offenen Grab meiner Großmutter. Mir ist schwindlig, mein Hals brennt. Das kommt sicher vom Schnaps, den man mir „fürsorglich" eingeflößt hat. Rund um mich stehen alle diejenigen, die genau zu wissen glauben, wie sehr mich der plötzliche Tod meiner „Oma" getroffen hat. Nun, sie glauben es zu wissen, weil sie, die Mitglieder meiner Familie, auch an meinem Leben teilgenommen haben. Mein Onkel steht neben mir und ich fühle, dass er sich Sorgen um mich macht. Auch er glaubt zu wissen, dass meine Gegenwart durch den Verlust meiner Großmutter einen gewaltigen „Schlag" erhalten hat. Großmutter wurde sehr alt, ich bin gerade 35 Jahre geworden. Schließlich haben sie ein halbes Menschenleben miteinander verbracht, die Sissy und ihre Oma.

Der Priester spricht den obligaten Segen, respektvoll treten die Trauernden zur Seite. Ich höre in mir Großmutters Lieblingslied: „So nimm denn meine Hände und führe mich …" Nein, es erklingt auch außerhalb von mir, so, als ob fremde Stimmen es mit mir anstimmen wollen. Ich bin zu verwirrt, um den Sinn darin zu erkennen. In mir steigt jedoch der unwiderstehliche Drang hoch, an Omas Grab, an Omas Sarg, genau dieses Lied aus vollster Kehle mitzusingen. Sozusagen als letzten Liebesdienst der hinterbliebenen Enkelin für die Heimgegangene.
ICH TRAU MICH NICHT! ICH SCHÄME MICH VOR ALL DEN ANDEREN! ICH BIN SO FROH, DASS ENDLICH ALLES VORBEI IST!
Ich singe nicht, auch wenn die Töne rund um mich immer lauter werden. Der Priester spricht immer noch, es ist ein katholisches Begräbnis. Ich bin evangelisch-lutherisch erzogen und fühle mich fremd in der Religion meiner Großmutter, obwohl sie mir als Kind sehr vertraut war. Als ich noch ein kleines

Mädchen war, sind wir oft in ihre Kirche gegangen. Oma hat „ihrer Maria, ihrer Gottesmutter" alle Sorgen anvertraut und um Lösungen gebetet. Jetzt ist sie alle Probleme los, jetzt sind alle Nöte beendet – der Tod hat auch etwas Gutes! Der Priester hat seine Rede beendet, der Sarg wird hinabgelassen. Mit ihm geht ein Großteil meiner Erinnerungen mit, das weiß ich ganz genau. Mir ist immer noch schwindlig, ich fühle mich wie benebelt, die Gedanken drehen sich in meinem Kopf. Die Klänge des Liedes umhüllen mich ... „So nimm denn meine Hände und führe mich ..." Außer mir scheint sie niemand zu hören. Ich spüre den Wunsch in mir, einer von den Anwesenden würde dieses Lied anstimmen, das Lieblingslied meiner Großmutter. Wissen sie denn nicht, dass das einer ihrer Wünsche war, als sie noch unter uns weilte, als sie noch am Leben war? Ihr Wunsch geht nicht in Erfüllung, auch nicht an ihrem Grab. Und ich ... ich trau mich einfach nicht.

Mein Onkel nimmt mich vorsichtig am Arm. Er führt mich weg vom offenen Grab. Ich bin ihm unendlich dankbar dafür, ich habe ihn sehr gern, meinen Lieblingsonkel, er ist gut zu mir. Ich lasse mich von ihm wegführen. Was er, mein Onkel, nicht weiß, was wohl keiner der Anwesenden weiß, ist, dass ich meine Großmutter nicht geliebt habe. Dass ich froh bin, dass unsere Verbindung endlich ein Ende gefunden hat. Ein trauriges Ende, aber ein endgültiges. Dass in mir seit ihrem Todestag die Hoffnung lebt, endlich ein eigenes, MEIN EIGENES Leben leben zu dürfen, zu können!

Meine Großmutter hat mich aufgezogen, sie war sozusagen meine „stellvertretende Mutter". Sie war sehr streng mit mir, sie war ein pflichtbewusster Mensch mit ebenso lieblosen moralischen Anforderungen und wusste genau, was „gut" für mich war, was „wichtig" für mich war und was einmal „aus mir werden sollte", nein, „musste". Das waren ihre Voraussetzungen für mein Leben und genau das waren die Fesseln, die Verpflichtungen und die

Zwänge, die meine Kindheit und Jugend beeinflusst haben. Ich fühlte mich ungeliebt und in ein „seelisches Korsett" eingezwängt.

Während meiner Entwicklungsjahre war ich ein Rebell, eine kleine Rebellin zwar, aber mein Verhalten ihr gegenüber führte nur noch zu mehr Strafen, zu mehr Streitereien, zu größeren Eskalationen. Ihr Verhalten mir gegenüber war mit den ständigen Forderungen ausgefüllt, die einen „pflichtbewussten" Menschen aus mir machen sollten. Von ihr gestellte Bedingungen ketteten mich an sie – es war eine für mich sehr belastete Kindheit, eine ebenso belastete Jugend mit darauffolgenden belasteten Erinnerungen. Aber sie war meine Großmutter, sie war mein Mutterersatz, den hat man eben zu lieben, zu respektieren und … ihm zu gehorchen!

Ich atme ganz vorsichtig auf, ein heller Schein legt sich über mein Denken. Der Tod ist immer ein Neubeginn. Ihr Tod ist für mich die Chance auf meinen Neubeginn!

Viele Jahre sind vergangen. Es ist Sommer, die Zeit ist für mich schnell vorübergeeilt. Mein Leben hat sich, im wahrsten Sinne des Wortes, „auf den Kopf gestellt". Es geht mir gut, sehr gut sogar. Ich lebe allein, habe mich arbeitsmäßig selbständig gemacht und liebe meine Tätigkeit mit den Menschen.

Wann immer es mir möglich ist, ziehe ich mich in die Natur zurück und genieße den Frieden rund um mich. Mein Leben tut mir gut, ich bin zur Ruhe gekommen. Zumindest was meine Gegenwart betrifft. Die unschönen Erinnerungen an die Vergangenheit habe ich allerdings noch nicht vergessen können, ich habe sie aber so gut wie möglich einfach verdrängt. Ich will nicht darüber reden, auf gar keinen Fall! Es tut weh, auch nur daran zu denken. Vielleicht bin ich zu empfindlich, zu tief verletzt, möglicherweise auch ungerecht in meiner Einstellung. Aber was immer es sein mag, ich finde die richtigen Antworten auf diese Fragen nicht. Ich will sie auch nicht finden, denn dann müsste ich mich mit dieser Thematik noch mehr auseinandersetzen. Und das tut mir nicht gut!

Wieder einmal ist es Wochenende. Ich sitze im Auto und fahre nach Hause. Es ist spät am Abend, die Straßen sind bereits leer, die Fahrt geht flott voran. Ab und zu kommt mir ein Scheinwerferpaar entgegen, „Nachtvögel" so wie ich. Auf der Rückbank meines Autos liegt mein Hund und schnarcht zufrieden vor sich hin. Er freut sich sicherlich auf die bevorstehende Freiheit auf dem Land, denke ich mir und lächle bei der Vorstellung meines über die Wiesen tollenden Vierbeiners. Aus dem Autoradio tönt leise Musik. Ich habe mir eine Kassette mit romantischen Liedern ausgesucht. Eine leichte Melancholie liegt in der Luft, eine Stimmung, die mein Befinden sehr gut beschreibt.

Mit einem Mal habe ich das Gefühl, jemand sitzt hinter mir auf der Rückbank meines Autos. Eine Melodie steigt langsam hoch und wird immer deutlicher hörbar ... „So nimm denn meine Hände ..." Das gibt es aber doch nicht! Das kann doch nicht sein! Mein Herz beginnt laut zu schlagen, es klopft ziemlich heftig, so dass ich meinen Atem beinahe anhalten muss. Kalter Schweiß steigt mir auf die Stirn – um Himmels willen, was soll das bedeuten ...? „So nimm denn meine Hände und führe mich ..." Ich beginne einfach mitzusingen, während meine Augen in die Dunkelheit der nächtlichen Straße starren. Die Melodien aus dem Autoradio sind verstummt, das Lieblingslied meiner verstorbenen Großmutter gewinnt an Lautstärke. Mein Hund schnarcht seelenruhig weiter, ich werde wieder ruhiger.

Oma sitzt also hinter mir, das tun „Tote" so, sie befinden sich für mich immer hinter meiner rechten Schulter. Das Lied wird leiser und endet mit einem Summen ... und ewiglich ... Langsam beginne ich zu begreifen, dass die eben stattfindende Situation einen sehr ernsten Hintergrund für mich bedeutet. Meine Großmutter hat sich seit ihrem Tod noch nie bei mir gemeldet, wir hatten somit keinerlei Kontakt. Darüber bin ich eigentlich sehr froh, denn … Sicherlich gibt es eine Menge zu sagen, es wäre auch eine Aussprache nötig, wo wir doch nicht unbedingt in Liebe auseinandergegangen sind. Außerdem ließ ihr Sekundentod mir keine Möglichkeit, mich zu verabschieden und ihr gute Worte auf den Weg in die andere Welt mitzugeben. Eine ausgesprochen schwierige Situation! Was will meine Großmutter von mir nach so vielen Jahren der endgültigen Trennung durch ihren Heimgang? Ich fühle Unsicherheit in mir aufsteigen.

Es ist Nacht, ich sitze allein in meinem Auto und genau hinter mir befindet sich die Seele meiner verstorbenen Großmutter … „So nimm denn meine Hände und führe mich …" Mit leisen Tönen verstummt nun auch das Lied. Es ist beängstigend still um mich. Unwillkürlich ziehe ich meinen Kopf ein und warte auf das für mich so bekannte „Donnerwetter", die Stimme meiner Großmutter. Und da sind sie schon, die vertrauten Töne, die folgenden Worte kommen über meine Gedanken:

Ich komme wieder auf die Erde, ich werde auch wieder ein Mädchen und ich will, dass mein Name „Maria" sein wird. Die Taufe soll in meiner Lieblingskapelle stattfinden, du weißt schon, wo."

Dann tritt wieder Schweigen ein, die Stille kehrt zurück. Mein Hund säuselt leise Schnarchtöne vor sich hin und ich sitze da wie erschlagen. Das ist es also! Meine Großmutter will sich inkarnieren, will wiedergeboren werden und hat mir das soeben in knappen bestimmenden Sätzen mitgeteilt. Ich werde wieder ruhiger. Na schön, ist ja nichts dabei! Warum aber hat sie ihre dazugehörigen Wünsche ausgerechnet bei mir deponiert? Wozu soll denn das jetzt gut sein? Ich bekomme selbst sicherlich kein Kind mehr und habe auch von einer mir bekannten Schwangerschaft keine Ahnung.

In mir steigt eine ziemlich heftige Unwilligkeit hoch. Was denkt sie sich, was ich jetzt tun soll? Das war kein Gruß, keine Bitte, das war eine klare Aufforderung, einfach nur eine Feststellung. Es muss aber eine äußerst dringende Situation sein, sonst wären die Sätze mit den Forderungen nicht so schnell in meinen Verstand gedrungen. Was soll's, jetzt gibt es nur mehr ein Weitermachen!

Mit lauter Stimme frage ich die Seele hinter mir, warum ausgerechnet ich ihre Wünsche weiterleiten soll.

„Weil du die Einzige bist, auf die ich mich immer verlassen konnte!"

Wieder Schweigen, eine kurze Pause. Ein posthumes Kompliment – ein posthumes „Dankeschön" – nein, ich fühle mich wieder einmal in die totale Verantwortung genommen. Eine Erinnerung an unsere gemeinsame Vergangenheit im Leben, ein beengendes Gefühl, eine mir sehr gut bekannte Situation erwecken meinen inneren Zorn. Schon wieder ich, warum ausgerechnet immer ich? Hat das denn nie ein Ende?

Da fällt mir plötzlich ein, dass mein Zorn gegen eine Tote gerichtet ist. Kann man mit Verstorbenen streiten? Ich komme mir mit einem Mal richtig blöd vor. Zu Diskussionen war meine Großmutter als Mensch nie bereit. Nun, was soll diese Szene, reden wir eben miteinander. Und siehe da, die zornigen Gefühle weichen zurück, meine Gedanken werden wieder klarer. Und da sind sie auch schon, die weiteren Wünsche aus der anderen Welt. Ich erfahre genau, wo sich meine Großmutter inkarnieren wird, sie zeigt mir die von ihr erwählte Familie auf und nennt mir den ungefähren Tag ihrer menschlichen Geburt. Meine Aufgabe wird es sein, all das an die betreffenden Eltern weiterzugeben, denen planmäßig in einigen Monaten Zuwachs ins Haus stehen wird. Das Gute daran ist, dass mir diese Menschen bekannt sind, das weniger Gute: Wie bringe ich das alles dem zukünftigen Elternpaar bei?

All diese Voraussetzungen sind nicht in Worten und Sätzen in meinen Verstand eingedrungen, sie kamen in Bildern und sind vor meinen Augen wie ein Film gelaufen. Deutlich und verständlich, ich kenne mich also aus. Ich beschließe somit für mich, die Wünsche meiner Großmutter weiterzuleiten, auch wenn sich die Situation als nicht so ganz einfach erweist. Aber ich bin es gewohnt, als „eigenartig" dazustehen und werde dies also tun. Worauf ich mich nämlich immer verlassen kann, mein ganzes Leben verlassen konnte, ist die unterstützende Hilfe meiner Freunde und Helfer aus der „geistigen Welt". Aus diesem Grund hat mein Stoßgebet nach „oben" auch den gewünschten Erfolg. Die zukünftigen Eltern meiner ehemaligen Großmutter sind sowohl mit dem gewünschten Namen wie auch mit dem erwählten Ort der Taufe einverstanden.

Nach einer problemlos verlaufenden Schwangerschaft ist ein Teil der Seele meiner Großmutter in dem Körper eines entzückenden Mädchens wieder in unsere Welt zurückgekehrt. Blonde Löckchen, strahlend blaue Augen, ein herziges Babylächeln – sie wird von allen geliebt, selbstverständlich auch von mir. Dass in dem Kinderkörper der kleinen Maria viele Charaktereigenschaften meiner ehemaligen Großmutter stecken, habe ich nach anfänglichen Schwierigkeiten bereits vergessen. Dieses Kind soll ja unbeschwert heranwachsen dürfen, liebevoll aufgehoben in seiner Familie in einer einigermaßen sicheren Umgebung. Meine Großmutter hatte selbst ein schwieriges, ein sehr schweres Leben in einer von Kriegen, Not und Elend beherrschten Zeit. Die Strenge ihrer Erziehung mir gegenüber war der Ausdruck ihrer eigenen Hilflosigkeit, überdeckt von Ängsten und Unsicherheiten. Dass dies der Grund unserer vielen Missverständnisse war, verstehe ich auch erst seit einigen Jahren. In meiner Generation wurde nicht viel über Vergangenes gesprochen, das ging „Kinder" nichts an. Die großen Ängste, die Verzweiflung aus der Zeit meiner Eltern und Großeltern wurden mittels Schweigen verdrängt.

Zu viel Unheil ist in den Jahren vor und zwischen den beiden Weltkriegen geschehen. Bedauerlicherweise habe ich das alles nie gewusst, erkannt eben erst seit kurzem.

Nun habe ich mit meiner Großmutter und meinem Leben mit ihr Frieden geschlossen, ja, ich bin ihr im Großen und Ganzen sogar dankbar dafür, dass sie – trotz allem – immer für mich da war. Die kleine Maria soll es ja, muss es besser haben. Sie wird lernen, in Liebe zu leben, Liebe zu geben und auch anzunehmen. Sie wird lernen, ihre Eifersucht zu beherrschen und nicht immer ihren Willen unter allen Umständen durchzusetzen. Ich weiß, dass ihr das alles, zumindest zum Großteil, gelingen wird. Denn sie steht – so wie auch ich – in der Verantwortung ihrer geistigen Helfer und Schützer.

ICH HABE IM WISSEN, ICH WEISS, DASS DAS, WAS MAN WIRKLICH WILL UND WORUM MAN IM WAHREN WILLEN BITTET, AUCH WIRKLICH GESCHIEHT!

SUSANNA – LEBENSSCHULE AUS DEM JENSEITS

Susanna ist mir eine liebe Freundin geworden. Vom Alter her könnte sie meine Mutter sein. Aus diesem Grund begegne ich ihr stets mit respektvoller Zuneigung. Sie ist ein ganz besonderes Menschenkind: sich mutig einsetzend für all diejenigen, die Lebenshilfe benötigen, tapfer sich selbst gegenüber, um im eigenen Leben bestehen zu können. Susanna ist eine Kämpfernatur in Sachen Liebe, Nächstenliebe, in Bezug auf respektvollen Umgang miteinander und in Glaubensfragen. Sie liebt Jesus, sie vertraut voll und ganz Maria, in deren Schutz sie steht und die sie liebevoll „Mutti Maria" nennt.

Die Sonntagsmesse in Pötzleinsdorf ist ihr wichtig und genauso wichtig ist ihr die Zugehörigkeit zu meinem „Ältesten Meditationskreis". Susanna ist für alle Fragen des täglichen Lebens aufgeschlossen, sie ist begeisterungsfähig, kritisch im Denken und dennoch bereit, sich aus vollem Herzen am Leben zu freuen. Ich bezeichne Susanna als Teil der „Alten Garde" und auf irgendeine Weise hat sie sich in meine Gefühlswelt „geschlichen".

Während ich diese Sätze niederschrieb, sind meine Gedanken in die vergangenen Jahre abgeschweift … Wann genau habe ich Susanna eigentlich kennen gelernt? Mein Zeitgedächtnis ist nicht das genaueste, dafür habe ich im Laufe der Jahre als Therapeutin zu viele Menschen kennen gelernt. An viele habe ich keine Erinnerungen mehr, einige sind immer wiedergekommen, einige wenige jedoch sind immer noch mit mir in Verbindung – seit vielen, vielen Jahren –: Susanna gehört zu diesen Menschen.

Wenn ich an sie denke, steigt eine gewisse Bewunderung für sie in mir hoch. Der Grund dafür ist Susannas Schicksal, das wohl als grausam gesehen werden kann. Susannas Sohn hat Selbstmord begangen. Er war ihr einziges Kind, intelligent und aufgeschlossen, die Mutter liebend und ihr in Treue ergeben – ein Kind, wie man es sich als Elternteil nur erhoffen kann. Gerald war Susannas Ein und Alles und so ist es zum Großteil auch heute noch. Er war in der „Blüte seines Lebens", als er sich endgültig für den Tod durch Medikamente entschloss. Im Alter von 25 Jahren nahm er sich das Leben. Susannas Welt brach entzwei; diese Tat löste einen körperlichen Schockzustand aus, von dem sie sich nie wieder erholen konnte. Von dem Schmerz, der ihr Herz zerriss, will ich gar nicht reden. Es gibt keine Worte in unserer Sprache, die diesen Zustand beschreiben können.

Obwohl der Sohn sehr oft mit ihr über sein Vorhaben gesprochen hat, traf sie die Durchführung seines Vorhabens wie ein „tödlicher Blitz". Die Folgen waren für sie grausam. Noch grausamer jedoch war die Tatsache, dass sie ihren geliebten Gerald nie wieder würde sehen können. Es würde keine liebevollen Gespräche mehr zwischen ihnen geben und sein zärtliches „Muttilein" würde nie mehr über seine Lippen kommen. Wozu noch weiterleben, wenn das eigene Leben den Sinn verloren hat?

Bevor ich Susanna kennen lernen durfte, hat sie schon sehr viele Möglichkeiten in Anspruch genommen, um die Schwere ihres Schicksals verstehen zu können. Eine ganz liebe Freundin, Frau Irene aus dem Kreis um die Pfarre Pötzleinsdorf in Wien, hat ihr einen Weg eröffnet, der ihr neue Erkenntnisse bringen sollte. Bei einem Spitalbesuch wurde eine Freundschaft besiegelt, die bis heute unverändert andauert. Frau Irene ist selbst Mutter von sechs Kindern und weiß um die Bedeutung der Mutterschaft. Sie hat den Zustand Susannas nach dem Heimgang ihres Sohnes Gerald zutiefst mitempfunden. Für eine Mutter ist der Verlust eines Kindes wohl das schmerzhafteste Erlebnis, das man sich denken kann. Für Susanna war das so und mit Irene konnte sie endlich darüber reden. Sie ist es gewesen, die Susanna Möglichkeiten aufgezeigt hat, wie sie mit einem derartigen Schicksalsschlag umgehen würde können.

Ein Medium aus England, eine Hellseherin, hat ihr mitgeteilt, dass es Susannas Gerald noch gäbe, dass er *da* sei, wenn auch nicht in körperlich-irdischer Form. Von diesem Zeitpunkt an ging Susanna auf die Suche nach Möglichkeiten, die sie mit Gerald in Kontakt bringen sollten. Die Unterstützung durch Frau Irene war ihr gewiss. Seltsamerweise ist es auch ein Teil des Wissens von Frau Irene, die mich diese Zeilen schreiben lässt. Das Schicksal geht so manches Mal sehr verschlungene Pfade und nimmt die Menschen mit. Ich selbst kenne Irene noch nicht persönlich, aber ich bin dankbar, dass es diese Frau mit dem großen Mutterherzen gibt.

Ich habe vorhin erwähnt, dass Susanna eine „Kämpferin für Menschen in Not" ist. Und genau diese Charaktereigenschaft trat in Aktion, als sie sich gesundheitlich wieder einigermaßen lebensfähig fühlte. In Susannas Verstand hatten sich Fragen über Fragen angehäuft, während sie monatelang bewegungslos im Gipskorsett liegen musste.

Fragen wie:

Wo ist mein Gerald jetzt?
Wie geht es ihm?
Hat mein Kind Schuld auf sich geladen?
Hat Gerald bewusst gewusst, warum er sein Leben auslöschen wollte?
Habe ich wirklich alles getan, um es zu verhindern?
Warum konnte ich es nicht verhindern?
War meine Überzeugungskraft zu schwach?
Wird Gott meinem Kind diese Tat verzeihen?
Was soll ich tun – was kann ich tun –, um Antworten zu bekommen?
Was *muss* ich tun, damit sich der tobende Schmerz in meinem Herzen in ein verständnisvolles Erkennen wandelt?

Susanna ist auf die Suche nach Antworten gegangen. Vieles hat sie erfahren, einige Fragen wurden geklärt. Es gab für sie, bedingt durch ihren tiefen Glauben, Hilfe und Unterstützung von vielen Seiten. Im Laufe der Jahre wurde der Schmerz milder. Susanna begann, die Tat ihres Sohnes zu akzeptieren. Es gelang ihr jedoch nicht, sie zu verstehen. Jedoch wollte sie unbedingt verstehen lernen, sie wollte mit ihrem Gerald die Situation klären. Sie wollte einfach von ihm persönlich die Antworten auf ihre Fragen. Gerald aber war tot, wie sollte sie das bewerkstelligen?

Wieder ging sie auf neuerliche Suche, um eine Möglichkeit zu finden, sich mit dem toten Sohn auseinanderzusetzen. Sie wusste, dass es Menschen gibt, die als „Vermittler" zwischen den Welten fungieren. Susanna hatte Bücher gelesen, ihr Wissen erweitert und alle um helfende Unterstützung gebeten – Jesus, Maria und den lieben Gott. Einer von ihnen würde ihr helfen, das fühlte sie ganz deutlich. Einer von ihnen würde ihr ihren einzigen, ihren größten Wunsch erfüllen: den Kontakt mit Gerald. Das wusste sie und wer Susanna kennt, weiß, dass die Erfüllung ihrer Bitte an die göttliche Welt eines Tages einfach geschehen müsste.

Susannas Wunsch ging tatsächlich in Erfüllung. Wir lernten uns endlich kennen, fanden uns auf Anhieb sympathisch und hatten beide das Gefühl, dieses „Aufeinandertreffen" hatte einen tiefen, für uns beide sehr, sehr wichtigen Hintergrund. Es war wie ein Wiedersehen nach endlos langer Trennung. Diesmal jedoch mit umgekehrten Zeichen: Susanna würde meine Schülerin sein und ich, als ihre ehemalige Schülerin aus einem anderen Leben, war mit einem Mal ihre „Lehrerin". Von mir und durch mich und über meine medialen Fähigkeiten sollte Susanna lernen, sich selbst mit der Seele ihres Sohnes in Verbindung zu setzen. Mutterliebe kann alles erreichen, auch das sogenannte „Unmögliche". Aber ich will nicht vorgreifen, ich will das Geschehen folgerichtig erzählen.

Susanna sitzt vor mir. In ihren Augen steht die tiefe Trauer, die noch immer – trotz der vielen vergangenen Jahre – in ihrem Herzen verankert ist. Ich schaue sie lange an und höre dabei ganz genau auf ihre Worte. Ganz gleich, wie viel Zeit sie benötigt, ich bin damit einverstanden. Gerald ist ihr heiß geliebter Sohn, ein wunderbares Kind, intelligent, neugierig, lustig und vor allen Dingen ein freundlicher Bub.

Susanna erzählt und schildert kleine Anekdoten aus der gemeinsamen Vergangenheit:

Gerald war ein bezauberndes, sehr interessiertes und liebevolles Kind, das erst in der Pubertät schwierig wurde und dann trotz beendetem Studium mit Doktorat sehr zwischen viel Humor und Traurigkeit schwankte. Er wollte sein Leben nicht, er fühlte sich nicht dazugehörig, es fehlte ihm nicht nur der Lebenswille, sondern auch der Kampfgeist der Mutter.

Susanna hätte alles für ihn getan, aber Gerald wollte seine eigene Entscheidung treffen. 1983 beendete er sein Leben. Die Mutter musste mit ansehen, wie ihr totes Kind aus der Wohnung abgeholt wurde. Sie selbst hatte den leblosen Körper gefunden – niemals mehr konnte sie diesen Anblick vergessen. Susanna hat ihrem Sohn längst verziehen, verstehen aber kann sie seine Tat bis heute nicht.

Während Susanna ihre Geschichte erzählt, hat sich um ihren Körper ein heller, strahlender Schein gebildet. Sie steht im Schutzmantel der Maria. Das bedeutet für mich, dass sie stets mit dieser geistigen Helferin in Verbindung steht. Ich fühle und spüre es ganz deutlich, denn mit einem Mal erkenne ich den blauen Mantel Marias, in dessen Obhut sich Susanna befindet. Auf meine Frage, ob sie das eigentlich wisse, dass sie als Menschenkind im Schutze der Maria stehe, zeigt Susannas Gesicht tiefe Betroffenheit. Sie hat es immer schon gespürt, nur hat sie nie den Mut gehabt, auch wirklich daran zu glauben. Ein Leuchten geht über ihr Gesicht, Susanna ist „heimgekommen".

Jeder Mensch, der im Schutze einer der Großen Meister steht, besteht jede Schwierigkeit im Leben, sofern es im Willen der Betroffenen ist. Das ist mein Wissen und das gilt auch für Susanna.

Die Botschaft, die auf unser Gespräch folgt, ist auch der Beweis für unser gemeinsames Wissen. Doch es ist nicht Maria, die sich zu Wort meldet, es ist Jesus, der sich ebenfalls aus der großen Weißen Bruderschaft meldet. Diesmal ist es unser Bruder Jesus. Er spricht wie ein Menschenbruder zu mir. In klaren, deutlichen und liebevollen Worten. Ich bin überrascht, als Susanna eingesteht, sie empfinde eine tiefe, eine innige Liebe zu ihm. Dieses Gefühl besteht seit ihrer frühesten Kindheit, es hat sich während ihres Erdenlebens nur noch verstärkt. Diese Liebe zu Jesus und das Wissen um den Schutz durch seine irdische Mutter, Maria, haben sie durch ihr eigenes Erdenleben getragen, haben all den Kummer und das Leid erträglich werden lassen, haben Freude und Schmerz mit ihr zu allen Zeiten begleitet. Susanna ist ein dankbares Menschenkind mit Demut im Herzen und dem eisernen Willen, nie an Gott zu zweifeln.

Die folgenden Worte habe ich mit ebensolcher Liebe, wie sie Susanna im Herzen trägt, niedergeschrieben:

Liebe Schwester in MIR!

Du stellst dir die Frage nach den Gegebenheiten deines irdischen Lebens und es ist dein Wille, viel mehr als bisher zu tun. Nämlich: zu helfen, zu tun, zu geben.

Nun, es ist so, dass es in vielen Erdenleben eine Art Taten-Leerlauf gibt, d.h. es ist einfach nicht in der Gegebenheit, etwas tun zu können. Und während solcher „Leerläufe" ist es unbedingt vonnöten, weiterzulernen, schnell und so viel, wie es möglich ist.

Dies ist der Zeitraum des „Lernens", der irgendwann vom Zeitraum des „Erlernens" abgelöst wird. Du siehst, zuerst kommt die Theorie, dann folgt die Praxis.

Dein Erdenleben bis zum Tode deines Erdenkindes war Praxis, harte, unerbittliche Praxis. Du musstest erlernen, ohne Hilfe der geistigen Welt, ohne Hilfe der Menschen dies zu akzeptieren, es nicht zu verstehen und trotzdem weiterzuleben. All die Fragen – sie blieben unbeantwortet, all die Verzweiflung – sie war dein Eigentum und nur für dich als Riesenlast da.

Und – du hast es geschafft. Du hast begriffen, dass ein jeglicher Mensch sein Schicksal selbst und im Selbst zu leben und zu erleben hat.

Dieses Begreifen, diese Akzeptanz, dieses noch „Annehmen des Unverständlichen" war die Schule für dein jetziges Wissensgebiet: Nämlich: Schicksal ist nicht gleich Grausamkeit von anderen gegen andere. Schicksal ist nicht GOTTGEWOLLT.
Sondern: Schicksal ist selbst verursacht und selbst gewählt aus dem Grunde der Wiedergutmachung, der Fortentwicklung und des Aussteigens und Umsteigens in eine reifere Wissensschwingung.

Und ICH – als dein Bruder – bin der Meinung, dass dies für ein Erdenleben genug an Demut ist, genug an Schwerem, genug an Tränen und Leid. Und ICH bin auch im Wissen, dass du mit MIR einer Meinung bist, auch wenn diese im Sein steht.
Natürlich, ICH würde dich gerne zu Menschen führen, die mit deinem Wissen große Hilfe bekämen, aber bisher hast du dich nicht absolut frei dazu erklärt.

Dazu „müsstest" du mit MIR darüber „reden". Denn du stehst im besonderen Schutze, nämlich in dem MEINER irdischen Mutter. Deiner geliebten Maria.

Sollte sie dir die Möglichkeit einer neuerlichen Praxis vorschlagen, dann werden Menschen auf dich zukommen, aber — es sind Menschen, nicht Menschenkinder!Ist dies dein absoluter Wille? Überlege gut und sprich mit MIR.

In abertiefer Liebe

Dein Bruder J.

Susanna ist zutiefst überrascht. Ja, sie hat mit vielen Menschen über ihr persönliches Schicksal gesprochen. Dass sie mit diesem Tun allerdings für viele von ihnen große Hilfestellung im Leben geben kann, wird ihr erst jetzt absolut bewusst. Sie ist überglücklich über die Worte ihres geliebten Bruders Jesus. Natürlich wird sie sich absolut frei dazu erklären. Sie will das auf ihre Weise tun, sie wird es nach der Sonntagsmesse in ihrer Lieblingskirche tun, der kleinen, schönen Barockkirche in Pötzleinsdorf, wo sie allein mit ihm und Mutter Maria Zwiesprache hält. Susanna geht gern in die Heilige Messe, ich verstehe das und stimme ihr zu.

Kirchen stehen auf besonderen Kraftplätzen, die vielen Gebete der wahren Gläubigen tun das ihre dazu:

Sie bauen große Energiefelder aus Liebe auf.

Wo könnte Susanna besser zu und mit ihrem Bruder sprechen. Sie will das so schnell wie möglich tun. Und wenn sich Susanna etwas vornimmt, dann geschieht das auch.

Eine Woche später sitzt Susanna wieder vor mir. Von ihr geht einerseits eine neue wunderbare Ruhe aus, andererseits ist sie voller Erwartung. Wird sich heute wieder jemand melden? Und wenn, wer wird es sein?

Susanna weiß noch nicht, dass ihr Sohn Gerald hinter ihrer rechten Schulter steht. Ich sehe ihn ganz deutlich. Er gibt sich ungeduldig, er will endlich mit seiner Mutter in Kontakt treten. Viele lange Erdenjahre hat er darauf gewartet, dass dies geschehen würde und nun endlich ist es so weit.

Gerald spricht schnell und dennoch vervollständigt er nicht die Sätze, die aus seinem „Mund sprudeln". Ich beeile mich mit dem Schreiben:

Hallo, meine „Mutti"!

Ich weiß, dass du mich noch immer in all der tiefen Liebe eingehüllt hast, die eine Mutter für ihren Sohn empfinden kann. Und ich weiß auch, dass ich dir den größten Schmerz zugefügt habe, den ein Sohn seiner Mutter zufügen kann.
Und ich weiß auch, dass du mir ein Verzeihen gegeben hast, für etwas, das im Prinzip keiner verzeihen kann.
Aber – du hast ...Und ich weiß auch, dass ich dir jetzt, hier und ab heute, Rede und Antwort stehen kann und darf – bitte setz dich hin und schreibe ...

Dein Sohn

Augenscheinlich hat Gerald mich nicht als „Schreibkraft" erkannt. Er bittet seine Mutter, sie möge seine Botschaft an sie aufschreiben. Aber es ist nicht von Wichtigkeit, wer seine Worte zur Kenntnis nimmt. Susanna vertraut mir voll und ganz. Und Gerald beginnt zu diktieren:

Mein geliebtes Mütterlein!

Ich weiß, dass du immer und immer wieder mit mir in Gedanken verbunden bist. Und immer dann, wenn du über mich sprichst, halte ich deine Hand in der meinen. So gesehen hast du mich nie „losgelassen" und der Verlust meines Erdenkörpers ist dir bis zum heutigen Tag eine nie heilende Wunde. Eine Wunde, deren Verletzungsgrund für dich nie zu verstehen war.
Nun, du weißt, warum ich gegangen bin und du weißt auch, mit welcher Kraft um diese Tat ich gekämpft habe.

Aber – ich musste dies tun, das ist und war unser gemeinsames Schicksal und hat eine karmische Ursache.

Nun, da du ebenfalls bereits an der Schwelle des Heimganges stehst, darf ich dir alles genauestens erklären, und es wird eine lange, eine traurige und eine mutlose Erklärung werden. Mutlos deshalb, weil du nicht den Mut hattest, mich zurückzuhalten und ich nicht den Mut hatte, es nicht zu tun.
Du musst nämlich wissen, dass vorgegebene karmische Beschlüsse nicht solche sind, sondern Entscheidungsmöglichkeiten mit freier Willensgrundlage.
Ich habe damals – als Mensch im materiellen Körper – ein Wissen gehabt, dass ich dich verlassen musste, um dir einen Weg nach Hause zu zeigen. Mein „Verlassen" war völlig fixiert auf das Verlassen des menschlichen Leibes, jedoch hätte dieser Weg auch anders sein können.
Ich hätte mich entscheiden dürfen zwischen einer sehr, sehr schweren geistigen Erkrankung oder einer Reise in ein Land, zu dem du keinen Zugang gehabt hättest. Und – dieses Land gibt es bis heute nicht auf eurer Erde und für dich hätte es dieses auch nie gegeben. Du warst viel zu stark, um mich nicht „wiederzufinden". Und – wo sollte ich denn schon hin?
Die Gegebenheit einer schwersten Erkrankung mit geistigen Dauerschäden – du hättest dein Kind gepflegt und wie eine Wächterin des Tempels deinen „Schatz" behütet – oder? Also, ich musste fort, weit, weit fort.

Auch wenn ich es gar nicht wollte, irgendetwas in mir rief und lockte – immer wieder. Ich war damals verzweifelt, denn meine Inkarnation lief in eine falsche Richtung – glaubte ich. Und – ich war zu feige, um die Wahrheit zu erkennen. Nein, ich war nicht das, was du unter „depressiv" verstehst, es war nur so, dass ich Realität und Wirklichkeit nicht zu unterscheiden vermochte. Das alles geschah in meinen Träumen, in den gedankenverlorenen

Augenblicken und jenen Situationen, in denen ich hilflos wie ein kleines Kind nach der Mutterhand griff. Jedoch – Mütter dürfen ihre Kinder IN das Leben geleiten, jedoch nie und nimmer DURCH das Leben. Und genau das lief – wieder einmal – zwischen uns. Du warst und bist meine Mutter, ich war und bin immer dein Sohn – unfähig, mein Leben allein und auf mich gestellt zu leben.

Wenn wir uns jemals in all den vielen Jahren getrennt haben, so bist du in kirchlich-irdischen Schutz geflüchtet und ich bin blitzschnell wieder „zurückgelaufen", denn das Erdenleben hat uns beiden immer und immer wieder Angst bereitet. Nur – einmal MUSS es sein und du hast es diesmal erreicht, du hast dein Leben in Freiheit und Mut und Tapferkeit gelebt, du tust es auch noch bis zum Abschluss.

Und ich werde DA sein, mich von dir in die Arme nehmen lassen und deine Liebe um meine Verzeihung bitten, denn ich habe es nicht geschafft, wieder nicht. Aber der Hüter unseres gemeinsamen Karmas hat erklärt, du hättest es auch für mich getan, du hast mein Kreuz mit auf dich genommen, denn Mutterliebe darf das tun und wird es immer wieder tun.

Nur bitte, wenn du an mich denkst, denke an mich als erwachsenen Mann und löse mich mit all diesem Verstehen aus dieser Energiebahn – ich hänge fest und möchte so gerne „frei" sein. Das Kind, der kleine Junge, er läuft mit verträumten Augen durch die geistigen Gefilde; der Mann, der launenhaft verunsicherte Mann, steht da mit gesenktem Kopf – bitte, sprich mit mir in Strenge. Denn nur Konsequenz vermag mich aus meinen eigenen Fesseln zu lösen. Wenn du verstehst, was ich meine, wird dir auch die Konsequenz aus Liebe zur Selbstverständlichkeit. Ich erwarte in Sehnsucht den Kontakt der Mutter zum erwachsenen Kind.

In tiefer Liebe
Dein Sohn G.

… Wenn du verstehst, was ich meine …Ich lese Susanna Geralds Botschaft vor: „Wenn du verstehst …"

Susanna schaut mich mit großen Augen an. Sie erwartet jetzt, dass ich ihr Geralds Brief erkläre. Kann ich aber nicht, ist im Augenblick nicht möglich. In diesen Sätzen steht so viel Hintergrundwissen, aber sie sind zu schnell gesprochen. Gerald setzt so vieles an Erklärbarem voraus. Wir beide – Susanna und ich – müssen erst einmal „durchatmen". Was meint er mit all den Bitten, was will er wirklich? In welcher Dimension ist er wirklich gegenwärtig? Da ist der erwachsene Mann, der zu erklären versucht, warum er sich selbst das Leben genommen hat, jedoch mit den Folgen und Voraussetzungen seiner Tat nicht umzugehen vermag. Andererseits ist da der kleine Junge, der seine Mutter bittet, ihn endlich „freizugeben", damit er das irdische Leben, seine mit eigener Hand beendete Inkarnation, endlich verstehen kann.

In Susannas Verstand löst dieser Brief ein großes, ein beinahe riesiges „Durcheinander" an Wissen und Nichtwissen aus. Was sie weiß, ist, dass sie viele Erdenleben in der Vergangenheit mit ihrem Sohn erlebt und gelebt hat. Augenscheinlich stets in der Mutter-Sohn-Verbindung. Andererseits weiß sie, dass sie jedoch auch einige Male Inkarnationen hinter Klostermauern verbracht hat. Die dort erworbene „Religiosität" ist auch gegenwärtig einigermaßen in ihr verankert. So betrachtet, gehen jedoch Geralds Aussagen nicht unbedingt konform mit Susannas „Kirchenwissen".

Susanna und ich vertiefen uns in Geralds Botschaft. Langsam kommen wir zu folgenden Erkenntnissen:

Mutter und Sohn haben einander nie „losgelassen" – in vielen vergangenen Erdenleben. Sie waren beide nicht stark genug, sich jeder auf eigene Art weiterzuentwickeln. Ihre Seelenteile sind wie eineiige Zwillinge miteinander verbunden. Da sich jedoch jeder an den anderen „klammert", war eine eigenständige Entwicklung unmöglich geworden. Für dieses jetzige gemeinsame Erdenleben war eine endgültige Trennung jedoch unumgänglich. Mit diesem Wissen und der dazugehörigen Voraussetzung haben sich die beiden neu inkarniert – wieder in einer Mutter-Sohn-Beziehung.

Gerald als Sohn war nicht stark genug, dieses Erdendasein durchzustehen. Er beendete sein Leben mit dem Einverständnis der Seele seiner Mutter. Susanna wollte dieses Erdenleben als Mutter diesmal ausleben, ohne sich hinter sichere Klostermauern zu flüchten. Mit diesem Wissen und genau diesen Voraussetzungen sind beide in ein gemeinsames Erdenleben als Menschen geboren worden. Nur – und das ist das Fatale an diesem Zustand – als Menschen haben sie ihr Wissen im Jenseits zurückgelassen. Beide – Susanna und Gerald – hatten keine Ahnung, was sie einstmals im Seelenzustand gewollt und sich vorgenommen hatten … Das Schicksal nahm seinen Lauf.

Susanna benötigt dringend unterstützende Hilfe, sie braucht Erklärungen. Meine Versuche, ihr das eigene Schicksal anhand Geralds Mitteilungen zu erklären, sind eindeutig zu wenig. Ich tue mein Bestes, doch es ist nicht gut genug. Doch es *muss* eine Lösung für Susannas Probleme geben. Ehrlich gestanden, ich wollte ebenfalls mehr Wissen in Bezug auf das Schicksal der Beiden. „Ich will, bitte, eine Lösung für dieses Problem", sage ich in Richtung „Himmel" und verspüre gleichzeitig den Drang, eine neuerliche Botschaft anzunehmen. Für mich? Für Susanna? Für den Menschen Susanna oder gar für die Mutter Susanna? Egal – Susanna sitzt mir gegenüber und ich beginne auch sofort zu schreiben:

Geliebte Tochter in MIR zugeneigt

Mutterliebe ist eine Liebe, die in der Ewigkeit verankert ist, da sie in der Allgegenwart entstand und sich mit der jeweiligen Seinsschwingung mit inkarniert.

Seelenwesen, die sich als Mutter eines besonderen Schicksals ausweisen, sind starke, sind mutige und tapfere Schwingungen, denen das absolute Vertrauen der GÖTTLICHKEIT gegeben ist. Denn die Schwere eines Mutterschicksals im gegebenen Fall ist eine besondere und gefahrvolle.

Dein Erdensohn GERALD hatte sich für dich entschieden, weil er durch und mit dir sein Schicksal erfüllen konnte und durfte. So gesehen warst du als Mutter auch Helfer und Lehrer für ein Leben der Hilflosigkeit und Unselbständigkeit. Für ein Leben der Abscheu und des Ekels vor dem, war ihr als Erdenweg bezeichnet.

Nun, mittlerweile hat er gelernt und erkannt, dass all die Problematik seines Erdenlebens nur durch ihn selbst entstanden ist und dadurch auch begriffen, dass „Davonlaufen" die absolut sinnloseste „Lösung" ist.

Er musste diese Erkenntnis erleben als Mensch und von der Seele her begreifen – es ist ihm endlich und für alle „Ewigkeit" gelungen. ICH hatte dich als Mutter für ihn ausgesucht, weil ich im Wissen hatte, dass du – bedingt durch deinen felsenfesten Glauben – auch dieses Schicksal meistern würdest.

Und du hast dies getan in meiner Liebe und in der Liebe einer Mutter – seiner Mutter.

ICH bedanke mich bei dir als Mutter eines Erdensohnes für deine Liebe, deinen Glauben und dein Einverständnis.

ICH grüße dich in MEINEM NAMEN als Mutter und als
MARIA

Diese Botschaft war die größte helfende Erklärung, die Susanna erhalten hat. Endlich verstand sie ihr Schicksal, die Tat ihres Sohnes und den Grund, warum dies alles so geschehen musste, wie es geschehen ist. Das traurige Mutterherz war mit einem Mal von Verständnis erfüllt, auch wenn es noch eine Zeit lang dauern wird, bis Susanna die Worte, die Sätze, diese Botschaft in ihr Leben integrieren kann. Ein Anfang war jedoch gemacht, eine wunderbare Hilfe war wie aus „wolkigem Himmel" auf die Erde gekommen und mitten im Herzen einer tapferen, starken Frau und Mutter „gelandet".

Ich war überrascht und hocherfreut. „Das ist GNADE, Susanna", sagte ich aus übervollem Herzen, „das ist GÖTTLICHE GNADE!"

Susanna war noch sehr oft bei mir, sie ist mir und den Botschaften „treu" geblieben. In den monatlich ein Mal stattfindenden „Meditationsabenden" haben wir im Kreise von Freunden miteinander weiteres Wissen erhalten. Es kamen Durchsagen von geistigen Helfern, Freunden und in Folge auch von Meistern der Großen Weißen Bruderschaft. Wir wurden „unterrichtet" und angehalten, unser eigenes Wissen zu erweitern. Vieles wurde gesagt, vieles wurde von uns mit anfänglichem Staunen angenommen, vieles erschien uns zu gewagt.

Letztendlich jedoch hat sich jede Botschaft als wirklich und wahrhaftig erwiesen. So war es zum damaligen Zeitpunkt und so ist es bis zum heutigen Tag geblieben.

Im Sommer 2000 erhielt ich eine Durchsage an Susanna, die uns unendlich wichtig erschien. Nicht nur für Susanna, sondern für jeden Einzelnen unserer Gruppe. Die folgenden Worte kamen aus dem Bereich der „Göttlichen Bruderschaft", ohne jedoch einen einzelnen Namen zu nennen. Sie sind im Speziellen an Susanna gerichtet.

Aber sie gelten für alle – für alle Menschen, denen ihr Schicksal als schwer, beinahe unerträglich erscheint. Sie sind ein Rettungsanker aus der geistigen Welt.

Immer dann, wenn die Wahrheit der Wirklichkeit zur Realität wird, immer dann „zerbricht" etwas im Menschenkind, eine kleine wohl gehütete Festung namens Sicherheit.

Immer dann, wenn diese kleinwinzige Hoffnung als Selbsttäuschung, als „Selbstrettung" in die Offenbarung gerät, immer dann wird das Leben zur Qual, zur Verzweiflung, gar manches Mal zur Angst und Hoffnungslosigkeit.
Nun, dies ist so, weil es im Plan der GÖTTLICHEN ORDNUNG so vorgesehen ist.
Aber wir hier, wir ALLE der geistigen Hüter, Schützer, Beisteher und Helfer, wir ALLE sind ein groß angelegtes Konsortium an Beratung und Unterstützung für euch Menschenkinder: für all diejenigen, die bereit sind, die ORDNUNG DER GÖTTLICHKEIT wieder in sich, im Selbst und letztendlich im Sein zu vereinen.

Wir ALLE, ohne Ausnahme, sind diesen Weg gegangen, den Heimweg in die GÖTTLICHKEIT, wenn auch nicht ein jeglicher in der Erdenschule als Pflicht und Eigenverantwortung. Aber ein jeglicher von UNS kennt den Erdenweg, seine Mühsal, sein Leid, seine Qual und all die scheinbar unendliche Unsicherheit, Ungewissheit und Selbstzerfleischung.

NUR — tief in jedem von uns und auch bereits in dir, geliebtes Kind, ruht die Sicherheit um die Selbstverständlichkeit GOTTES, des VATERS, des UNIVERSUMS und letztendlich der ALLMACHT.
Und es ruht das Wissen bis hin zu deinem Verstand, dass die unendlich ewigliche Liebe des Vaters dir alle Wünsche als GNADE zuerteilt, um die LIEBE, seine LIEBE, wieder in dir aufzunehmen.

Susanna hat viele Botschaften erhalten, viel Persönliches ist geklärt und erklärt worden. Gerald war oft in ihrer Nähe, sie hat ihre innere Ruhe dadurch gefunden.
„Was tut Gerald da DRÜBEN?"
„Wie geht es ihm jetzt?"
„Ist alles in Ordnung?"

„Braucht er Hilfe?"

Wieder sind es die üblichen Fragen, die aus dem Mund der Hinterbliebenen kommen.

Auch Susanna will unbedingt erfahren, wie es ihrem geliebten Sohn jetzt geht. Er hat sich lange nicht gemeldet, doch das hat einen ganz bestimmten Grund.

Meine geliebte Mutti!

Ich weiß, dass du immer, immer wieder und jeden Tag an mich denkst und ich weiß auch um die Gedanken an mich. Dein Mutterherz schlägt immer noch für mich, obwohl wir uns energetisch endlich trennen konnten und durften.

Meine Entwicklung hier war eine mit dir gleichgeschaltete, immer dann, wenn du ein Aha-Erlebnis in Form eines Vortrages, einer Meditation oder einer Erfahrung hattest, habe ich den dazugehörigen „Lernkurs" besucht.

Die Weiterbildung im geistig-mentalen Bereich ist wesentlich komplizierter, als es die auf der Erde ist. Im materiellen Bereich geht das „Gehörte" in den Verstand und in der Folge in die „Seele". Hier — bei mir — geht die Seele (also ich als Seelenteil) auf die großen Reisen durch die Entwicklung der Evolution, man „sucht" den adäquaten Wissensbereich (eine schwierige Aufgabe), um die Hintergründe zu erkennen — sofern diese Bereitschaft vorhanden ist. So stockt man als Seelenteil sein Wissen wieder auf, bringt es zum Leben.

Also, du „sitzt" und „erlebst" — ich bin gereist und habe erkannt! Genauer kann ich es dir nicht erklären — du weißt schon: Es fehlen so viele Worte. Und die letzte große Schulung war die der LIEBE. Ich habe erkannt, dass ich mit der Schwingung dieses Begriffes NICHTS anfangen konnte — mir unbekannte Energien, ein nie gehörtes Wort. Aber ich bin in die „Liebesschule" gegangen.

Dazu musste ich den eben zu Ende gegangenen Weltenmonat des Fisches – das Christus-Zeitalter – nochmals „durchleben", alle meine Erdenleben in diesem Zeitraum nach Liebe durchforsten – da war nichts, absolut nichts.

Und dann ist das geschehen, was immer geschieht, wenn nichts mehr geht: Man landet in der Erdinkarnation von Jesus, unserem Bruder. Und man hört „als Mensch" alle seine Worte und kann – auf einmal – die Hintergründe verstehen:
MAN VERSTEHT DIE LIEBE DES CHRISTUS.
Das bezeichne ich als „Wunder", denn es geschieht plötzlich und mit einem AHA von einer Größenordnung, für die es ebenso keine Worte gibt.
Und dann bin ich demütig dagestanden und habe das gespürt, was „Liebe" ist. Und Liebe ist ...
Nun, du weißt um sie, und ich habe endlich den Anschluss an diese Schwingung erhalten.
Nun ist es gegeben, dass WIR BEIDE diese Energie miteinander vereinen und uns nie mehr trennen müssen.
Es ist so „großartig" und so „gewaltig", dass es weder Worte noch Möglichkeiten gibt, das zu beschreiben – und nicht einmal diese Worte stimmen ...Ich weiß, dass dir jetzt ein Stein vom Herzen fällt, lass ihn fallen, er verrollt in der Ewigkeit – für immer.
Für dieses Mal und in alle Ewigkeit

Dein Gerald

Susanna ist unbeschreiblich glücklich über diese Worte ihres Sohnes.

Mit einem Mal hat sie all das verstanden, was in ihrem Leben geschehen ist, nämlich ihr Schicksal mit Gerald. Sie hat es nicht nur verstanden, sondern auch begriffen, dass das, was geschehen war, aus einem tiefen, einem GÖTTLICHEN Sinn heraus geschehen musste.

Ihre Augen leuchten vor Liebe. Aus Liebe zu ihrem „wiedergefundenen" Kind und aus Liebe zu GOTT, der ihr diesen Weg gezeigt hat.

Susannas Leben hat mit einem Mal wieder den wahren, den rechten und richtigen Sinn. Alles, was geschehen ist, geschah zu ihrem und ihres Sohnes Besten. Die Teilnahme an unzähligen Vorträgen, die Besuche vieler Seminare und Schulungen, die vielen Gespräche mit Gleichgesinnten, die zahlreichen Gebete und Bitten um Hilfestellungen – sie alle haben sie auf den Weg der Erkenntnis, ihrer Erkenntnis, geführt. Das Leid, der Schmerz, das Nichtverstehen – das alles hat mit einem Mal endlich ein beglückendes Ende gefunden und einen Neubeginn ermöglicht.

Wieder sind viele Monate vergangen. Susanna war oft bei mir. Wir führten viele Gespräche, teilten uns unsere Erkenntnisse mit und verbrachten viele Stunden mit Gleichgesinnten bei Meditationen. Für Susanna begann das Leben eine neue Qualität zu erhalten. Lebensfreude war wieder da, ihr Unternehmungsgeist kehrte zurück, ja, sie war wieder „die Alte geworden", wie sie uns scherzhaft mitteilte.

Ende des Sommers 2004 sprachen wir über die sogenannte „Lebensfreude" und warum so viele Menschen dieses Gefühl nicht entwickeln können. Daraufhin geschah etwas, was sich in der Folge der kommenden Jahre noch öfter entwickelte. Susanna erhielt eine Botschaft von Maria, ihrer lieben „Mutti Maria", die unseren Diskussionen ein wunderbares Ende setzte:

Mein geliebtes Kind!
Lebensfreude ist ein Geschenk aus der GÖTTLICHKEIT und es ist ein „wunder"-bares Gefühl für MICH, dass du diese Gabe wieder angenommen hast.
Um aber das Wort „Lebensfreude" auch zu verstehen, musst du hinter die dazugehörige Schwingung blicken:

Es ist nicht Freude, leben zu können oder zu dürfen, es bedeutet auch nicht die Freude an dem, was rund um dich geschieht, „Lebensfreude" bedeutet schlicht und einfach die Tatsache, dass dir als Menschenkind Leben gegeben worden ist (= Inkarnation) und dass du dies auch mit Freude (noch DRÜBEN in deiner geistigen Form) angenommen hast.

Dieses Wissen war dir zur Zeit deiner ersten Erdenjahre bewusst, dann allerdings hast du es mit „Sorgen, Nöten und Problemen" zugedeckt und verschüttet.

Aber – und das ist das Wunderbare – nun ist genau dieses Wissen wieder in dir „auferstanden" und nun ist auch die „Reife" da, um sie leben zu können. Ein GOTTESGESCHENK der GNADE von DIR an DICH mit einer großartigen Schwingung, an der ALLE – hüben wie DRÜBEN – teilnehmen dürfen.

Lebensfreude – mach sie auch zur Freude am Leben!

In tiefer Liebe

Deine Mutti
Maria

Ich bin sehr, sehr froh über diese Botschaft. Tief in meinem Inneren habe ich immer gewusst, dass zwischen „Lebensfreude" und „Freude am Leben" doch ein großer Unterschied besteht. Ein Mensch mit „Freude am Leben" muss also nicht unbedingt „Lebensfreude" haben. Das muss jeder für sich selbst erkennen.

Es geschieht doch öfters, als es im Bewusstsein verankert ist, dass der Antritt ins Erdenleben ohne Freude geschieht, dass sich dann jedoch „Freude am Leben" entwickelt, wenn man mit wachen Augen durch das Leben geht und das Beste aus dem Schicksal macht. Freude am Leben ist die bessere Lösung, denn auch ohne „Lebensfreude" kann man ein fröhlicher, glücklicher und zufriedener Erdenbürger sein.

Wie gesagt, diese Botschaft bringt mir sehr vieles an weiterem Wissen. Auch ich lerne immer wieder dazu, erhalte Erkenntnisse, wenn ich Erklärungen vom Jenseits, also von DRÜBEN, in unsere materielle irdische Welt bringe. Es ist ein Geben und Nehmen aus den beiden Bereichen, die zwar voneinander getrennt, aber dennoch untrennbar miteinander verbunden sind.

Viele Menschen haben die mentalen Fähigkeiten, beide Welten zu verbinden, indem sie Grenzen überschreiben können. Einige wenige haben Angst und Scheu vor ihrem Können und den daraus unbekannten Situationen, wenige haben den Mut, es zu versuchen. Der Erfolg bringt ihnen eine neue Perspektive über unser „DA-sein". Und – was in mir „Freude am Leben" auslöst: Es werden immer mehr, ihre Anzahl wird von Tag zu Tag größer!

Susanna weiß Bescheid: Sie weiß, warum sie die Schwere ihres Schicksals erleiden musste. Sie weiß, dass sie es auch weiterhin wird ertragen müssen. Aber sie weiß um den Grund ihres Schicksals, hat erkannt, warum ihr Sohn das eigene Schicksal – sein Erdendasein – nicht selbst erdulden und ertragen konnte. Sie hat den Sinn erkannt, der hinter beiden Lebenswegen steht, und akzeptiert. Auch wenn es für sie immer noch sehr schwer ist, ohne lebenden Sohn an ihrer Seite durch ihr Leben zu gehen, weiß sie, dass Gerald stets zugegen ist. Seit er sich mental zu seiner Tat und seinem „vermeintlichen Unrecht" bekannt hat, ist er immer öfter in Susannas Nähe anzutreffen.

In der Folge erzählt er ihr von seinen Tätigkeiten in der „anderen Welt", in „seiner Welt", wie er seinen Zustand beschreibt. Dass ihm die Mutter seinen Selbstmord verziehen hat, ihm trotzdem ihre allgegenwärtige Liebe zugesagt hat, macht ihn geradezu lebendig und mutig, selbst Erkenntnisse zu erreichen und seine neuesten Erfahrungen mitzuteilen. Gerald wird zum Vermittler beider Welten. Ich bin selbst schon jedes Mal sehr gespannt, was er „Neues" zu berichten hat. Jetzt kann er wieder der Sohn sein, der seiner über alles geliebten „Mutti" unbedingt aus seiner Welt berichten muss.

Lassen wir also Susannas „Bub" erzählen:

Meine liebe Mutti!

Ich bin sehr viel auf Reisen, ich habe hier endlich gelernt, alles anzunehmen und zu probieren, ohne vorher „nein" zu sagen — die Menschen nennen das die positive Einstellung den Erfahrungswerten gegenüber. Ist ja gut, dass sie es so nennen — getan wird es mehr hier. Auch bin ich stets im Dienste des „Seelenauffangens", nämlich dann, wenn wieder ein Mensch sein Leben mit „Gewalt" beendet — da bin ich Fachmann, wie du ja weißt.

Ich bin so sehr glücklich, dass wir einander endlich loslassen durften und konnten — jetzt sind wir beide frei in unserer Liebe und in unseren Entscheidungen. Es tut mir jedoch „in der Seele leid", dass du so alleingelassen bist. Du warst doch immer für alle da und jetzt ...Da kann und darf keiner eingreifen, auch das ist eine Lernprozess für Menschen. Die eine Seite ist die des Egos, die andere ist die der Liebe. Und Liebe findet immer dann statt, wenn einer der beiden Teile Leid erfährt oder sich schmerzhaft verletzt fühlt. Es ist eben der Erdenweg, den jeder mindestens ein Mal als Mensch gehen muss. Denn Liebe ist die große, die allmächtige Energie der Schöpfung. Sie ist allerdings nur dann erkennbar und zu fühlen, wenn auch die Gegenenergie bekannt ist — unser Thema also — unser Lernprozess.

Ich bleibe jetzt einige Zeit bei dir und an deiner Seite — bitte melde dich!
In Liebe

Dein „Bub"

Gerald bezeichnet sich also selbst als „Seelen-Auffänger". Das bedeutet, er ist zur Stelle, wenn wieder einmal ein Mensch sein Leben „wegwirft". In solchen Fällen ist es sehr, sehr wichtig, dass ein geistiger Helfer an Ort und Stelle ist, der die Seele des Menschen „auffängt" und wegbringt. Dazu braucht es sehr viel Einfühlungsvermögen und Verständnis für die eben vollendete Tat.

Die Seelen dieser verzweifelten Menschenkinder sind meistens sehr, sehr sensibel, großteils schwach und nicht zugängig für liebevolle Gesten. Sie wollen – wie zu Lebzeiten – nichts hören und schon gar nicht zuhören. Sie wollen einfach nur weg, einfach fort aus der Vergangenheit des soeben beendeten Lebens. Gerald weiß um den Zustand, der in derartigen Situationen herrscht. Daher ist eine Seele wie die seine die ideale Begleitung in die andere, in die neue Welt. Er hat ja selbst erlernt, Situationen so anzunehmen, wie sie sind, ohne sie in Frage zu stellen und ohne an etwaige Folgen daraus zu denken. Das macht aus ihm den idealen Seelenbegleiter der eben durch eigene Hand Verstorbenen.

Außerdem hat er erkannt, dass es nicht im Sinne der menschlichen Entwicklung ist, sich für jeden anderen einzusetzen, genauso wenig ist es sinnvoll, für alle stets da zu sein. Diese Erkenntnis legt er seiner Mutter sehr ans Herz. Susanna ist nicht mehr die Jüngste, ihre Kräfte und Energien reichen nicht mehr aus, um für „alle" stets helfend zur Stelle zu sein. „Alle", das bedeutet nicht nur Familie, dazu gehören auch Freunde und Bekannte – und genau diese werden seit längerem immer seltener bei ihr gesehen.

Auch stehen noch einige ganz wichtige Fragen für sie offen:
„Hilft Gerald auch mit, wenn große Unfälle oder Umweltkatastrophen geschehen?"
„Holt er auch dann Seelen ab, wenn die irdischen Körper sterben, wenn Menschen unter grausamen Bedingungen ihr Leben lassen müssen?"

Es passiert in letzter Zeit so viel – die großen Unfälle, die Erdbeben, die Überschwemmungen u. s. w. –, die Ausmaße werden immer katastrophaler. So viele Menschen verlieren ihr Leben. Was geschieht mit den Seelen, die großteils sicherlich unter schwerster Schockeinwirkung stehen? Susanna macht sich schon seit langer Zeit über diese Thematik Gedanken. Den Lebenden wird immer wieder in derartigen Situationen geholfen. Das weiß man. Wer aber hilft den Seelen, die die sterbenden Körper verlassen? Vielleicht kann Gerald auf diese Fragen antworten oder wenigstens eine passende Erklärung abgeben.

Meine geliebte Mutti!

Nein, ich bin nicht als Helfer eingesetzt, das ist auch für mich eine zu große Belastung. Die Menschen, die dort ihr irdisches Leben großteils beendet haben und jetzt auch noch beenden werden, haben eine andere geistige Betreuung nötig. Da wäre ich fehl am Platz. Es gibt sehr, sehr viele Helfer dort. Meist sind es Schutzgeister, die die Seelen auch hinüberbegleiten. Und da diese Seelen unter schwerstem Schock stehen, werden sie sofort für längere Zeit in tiefen Schlaf versetzt. Da müssen „Bekannte" helfen, „Fremde" haben keinen Auftrag. Verstehst du? Du hast das Gefühl, allein gewesen zu sein. Warst du nicht, auch nicht einsam. Ich war an deiner Seite, aber auch ich bin jetzt in einer anderen Schwingung. Du hast mich mit der Mutter-Sohn-Liebe gesucht. Ich bin jetzt Freund, Kamerad, eben nur diese Frequenz.
Es wird eine Zeit dauern, bis wir einander in diesem Muster erkennen werden.

Außerdem, dein irdisches Heim liegt auf der „Bebenlinie". Du hast das gespürt, was geschieht, und dein menschlicher Instinkt war auf „Flucht und Überleben" programmiert. Du bist sozusagen „auf der Lauer" gelegen. Nur ist nichts geschehen im materiellen Bereich. Doch die menschliche Aura, deine Aura, hat ganz schön gebebt. Es war ein faszinierender Anblick, so schlimm sich das im Augenblick auch anhören mag.

Also, ich war bei dir, auch wenn du mich nicht so liebevoll gespürt hast. Und du weißt ja: Ich hätte dich begleitet, wenn weiteres Un-Heil geschehen wäre. Meine Schulung ist dahingehend abgeschlossen. Ich darf und kann dort „hinüberbegleiten", wo bereits ein wenig Wissen vorhanden ist.
Und dort, wo sich jemand von sich aus „hinüberkatapultiert". Ich bin dort ein „Fachmann".

Es wäre schon, wenn du mich in meiner neuen Schwingung erkennst. Du weißt schon: linke Hand auf mein Foto – das bin ich jetzt.
Aber lieben tu ich dich als Sohn, denn du bist und bleibst mein allerbester Teil: meine Mutti!Ich liebe dich

Dein Bub

Gerald hat nicht nur die Antwort auf Susannas wichtige Frage gegeben, er hat ihr auch erklärt, warum sie sich in letzter Zeit so entsetzlich nervös gefühlt hat. Sie hatte an dem Tag massive Kreislauf- und Schlafstörungen, an dem das große Erdbeben stattgefunden hatte. Viele Menschen reagieren äußerst empfindlich auf derartige Naturkatastrophen, nicht nur Susanna.

Nun ist sie beruhigt, dass ihr genau dieser Zustand in den nächsten Jahren noch öfter geschehen wird.

Gerald beschreibt ihr noch ganz genau seine gegenwärtige Seelenschwingung, damit sie auch jederzeit Kontakt mit ihm aufnehmen kann. Das ist eine sehr wichtige Information für Susanna, denn Gerald ist ja kein Mensch mit einer ihn umgebenen Aura mehr.

Er hat jetzt eine eigene Seelenfrequenz, auf die sich Susanna in der Folge einstellen wird müssen. Für Susanna eine Tatsache, die sie selbstverständlich annimmt.

Alle Erklärungen von menschlicher Seite nützen nicht viel, Susanna ist traurig und zweifelt an sich selbst. Aber wenn der „Bub" das sagt …
Welch ein Glück, dass es den „Buben" für sie wieder gibt!

Gerald erklärt im nächsten Brief an seine Mutter, auf welche Art und Weise er die Seelen der „Selbstmörder" nach begonnener Tat vorfindet. Er weiß, dass seine Mutter alles erklärt haben will. Dass sie mit sich selbst um das Verstehen dieser Situation ringt. Ihrem „Buben" hat sie längst verziehen, aber hat sie ihn verstanden? Nein – sie versteht seine Entscheidung einfach nicht, bis zum heutigen Tag eben nicht! All der Schmerz in ihrem Herzen, der grausame, unverständliche Zustand – er ist großteils immer noch gegenwärtig, wenn auch gemildert. Denn es gibt ihn ja noch, den „Buben", er ist ja da!
Nur – er ist nicht mehr anwesend. Die Leere in ihrem Herzen besteht, auch wenn er sich mit folgenden Sätzen zu Wort meldet:

Hallo, geliebte Mutti!

Weißt du, wie Traurigkeit wirkt? Sie ist wie ein Panzer, der den Menschen umgibt, eine undurchdringliche Mauer!
Wenn jemand, ein Mensch, von Trauer eingehüllt ist, dann steht alles still, nur die Zeit nicht. Sie läuft mit einem Mal rückwärts geradewegs in die eben gelebte Vergangenheit und bekommt mit einem Mal einen hellen Schimmer der „Verklärung". Religiöser Wahn funktioniert in etwa auf die gleiche Art.

Und einem solchen Menschen, eingehüllt in einem Panzer der Verklärung, ist nicht beizukommen. Denn da ist noch etwas: das Prinzip des Märtyrertums – der innere Schmerz des Verlustes.

All diese Eigenschaften stehen mir gegenüber, wenn ich zu einem Seelenwesen – so wie ich eines bin – eile, das gerade das Erdenleben auf Eigeninitiative beendet hat. Trauer, Leid, Vergangenheit, Schmerz – eine Mauer, die es zu durchbrechen gilt. Das muss ich tun, das ist mein Gelöbnis, es war die Grundbedingung meiner jetzigen Gegenwart.

Es ist mir – zum jetzigen Zeitpunkt – nicht gegeben, dir dieses Faktum zu erklären. Es fehlen Wissen und Worte, ich tue es nur, weil ...Sicherlich, du hast immer noch große Anteile von Trauer in dir, es ist aber lediglich nur mehr die Traurigkeit, die dich so manches Mal „überwältigt". Die Traurigkeit, dass du meine Tat nie begreifen konntest, mich aber wohl verstanden hast als Mensch. Und die Traurigkeit des Wissens um das „Alleinsein", um die „Einsamkeit" in dir, die ich hinterlassen habe.
Nun, du weißt, warum dies alles geschehen ist, und du hast alles, aber auch alles, akzeptiert, nur:
Deine Liebe zu mir besteht aus Gefühlen und diese Gefühle verstehen nicht und akzeptieren nichts! Sie sind und sie werden immer nur in sich existieren. Der Mensch hat jedoch einen Verstand und das Grundprinzip darauf ist dieses Wort: WARUM?
Solange dieses WARUM nicht sein absolutes DARUM gefunden hat, gibt es Traurigkeit, Verlassensein und die Einsamkeit. Und das geht durch ein ganzes Erdenleben (mit Option auf Wiederholung).
Denn: Das DARUM gibt es erst nach dem Heimgang – mit Option auf reine, tiefe Liebe. So ist es und daran ist nicht zu rütteln.
In tiefer Liebe

Dein Bub

PS: Ich weiß es auch erst jetzt!

Susanna ist tief in ihrem Innersten getroffen. Sie ist geradezu erschüttert. Sie hat sich so viel Mühe gegeben, sich so sehr bemüht, die Tat ihres Sohnes zu verstehen, zu begreifen, und nun erfährt sie durch ihn, dass genau das als Mensch nie und nimmer geschehen kann. Sie glaubt, ihren Gerald genau zu kennen, denn sie liebt ihn doch, mit jeder Faser ihres Herzens. Jedoch weiß sie nun, dass all ihre Anstrengungen für den Rest ihres eigenen Lebens nie den Erfolg haben werden, den sie sich doch so sehr ersehnt. Immer dann, wenn sie an ihren Sohn denkt, bleibt der Schmerz in ihrem Herzen bestehen und die Mutterliebe stellt die bange Frage: „Warum nur, warum?" Das, was ihr jetzt noch bleibt, ist die Hoffnung, dass Gerald recht hat mit seinem eben erworbenen Wissen. Dass sie sich wiedersehen, daran glaubt sie ganz fest, und dass dieses Wiedersehen die Wahrheit der Erkenntnis bringen wird. Doch bis dahin, das weiß auch sie, wird noch Zeit vergehen, es werden noch einige Erdenjahre vergehen müssen.

Aus diesem Grund nimmt sie sich ganz fest vor:
Sie will mit Hilfe ihres Sohnes mehr erfahren!
Er wird nun von seiner Welt berichten und ich werde ihm in lautem Gespräch von meinen Erfahrungen erzählen. So können wir miteinander die Grenze der beiden Welten überschreiten. Wenn dies die großartige Möglichkeit ist, den Sinn unserer beiden und den der vergangenen Erdenleben zu erfahren, dann werden wir sie beide ergreifen.

Ab diesem Zeitpunkt und unter genau diesem Aspekt beginnt Susanna, sich selbst mit ihrem Sohn auseinanderzusetzen. Jeder folgende Tag bringt ihr neues Wissen. Die Liebe zu ihrem Kind verändert sich von Mal zu Mal. Aus dem Sohn Gerald wird ein junger Mann mit einer verantwortungsvollen Seele – so sieht ihn Susanna jetzt!

Er ist für sie nicht mehr „tot" oder „verstorben", er ist auf einem anderen Kontinent zu Hause, einem „geistigen Kontinent", und nur mental zu erreichen. Susannas Herz erfährt Heilung, die stete Traurigkeit weicht einem wunderbar optimistischen Gefühl. Sie weiß, dass sie Gerald wiedersehen wird, auch wenn es noch einige Zeit dauern wird. Und dann wird sie ihn voll Stolz und überglücklich in die Arme nehmen können. So wird es geschehen, denn sie spürt das schon heute!

Susanna nimmt jede Gelegenheit wahr, die ihr neues Wissen bringt. Wissen, das mit der „anderen Welt" zu tun hat. Es gibt ja so viele Möglichkeiten, die der Information dienen. Bücher, Vorträge, eigene Erfahrungen in Form von Meditationen, auch sogenannte „Channelings". Dazu braucht es mental veranlagte Menschen, die diese Fähigkeiten besitzen und auch anwenden können.

Susanna erfährt in der Folge viel über sich selbst als Mensch, mehr jedoch über ihre Seele – ihren Seelenzustand. Es geht ihr von Mal zu Mal besser, sie fühlt sich geistig wie „neugeboren", bis auf – ja, bis auf die Tatsache, dass ihre körperliche Verfassung nicht mehr die beste ist. Susanna ist eben nicht mehr die Jüngste und an so manchen Tagen spürt sie ihre „alten Knochen" schon sehr. Das macht ihr Sorge, denn sie lebt allein und ist somit auf sich selbst angewiesen. Gerald weiß das und auch dafür hat er tröstende, verständnisvolle Worte:

Meine geliebte Mutti!

Es ist in der Wahrheit und mit Sicherheit eine mühselige Angelegenheit, einen nicht mehr so ganz jugendlichen Körper durch ein Leben zu tragen, an dem man im Prinzip nicht mehr teilhaben will. Siehst du, Mutti, so ist es mir als Mensch ergangen. Es war nicht nur mein Körper, der mir so viel Mühe bereitet hat. Es war auch meine Seele, mit der ich jeglichen Kontakt verloren hatte. So ist es mir damals vorgekommen. Ich habe lange Zeit mit mir gehadert, mich aber – als Mensch – dann doch für diesen wichtigen, jedoch endgültigen Schritt entschlossen.

Gut war es, großartig war es, dass ich den Kontakt zu mir verloren hatte, denn hätte ich um die Wahrheit gewusst, die dahinterstand, hätte ich den Schritt nie gewagt ... Und, wer weiß, wo wir beide zum heutigen Standpunkt stehen würden. Warum ich dir das alles auf einmal erkläre?

Nun, es soll dir einen neuen Beweis erbringen, was die „mentale Welt" alles bereithält, von dem man mit seinem irdischen Verstand nicht einmal ahnt, dass es so etwas überhaupt gibt.

Hier bei uns, in unserer „Welt", gehen die Uhren anders, anders als du dir zum gegenwärtigen Zeitpunkt denken kannst. Es liegt aber nicht nur an dem fehlenden Zeitbegriff, es liegt auch an dem Schwingungsfrequenzen, am Wissen und an den Tatsachen, für die die menschliche Sprache keine Worte findet. Wenn du all dein Wissen, das irdische und das mentale, einfach auslöschst, dann befindest du dich im „Niemandsland". Dort angekommen, wird dir das wahre Wissen, dein wahres Wissen, offenbart. Es hat absolut nichts mit der Realität deines jetzigen Wissensstandes zu tun. Du wirst dich also nicht nur wundern, du wirst sogar aus dem Staunen nicht so schnell herauskommen!

Wenn du jetzt meinst, wozu dann hier das große Wissen lernen und auch noch um- und einsetzen, dann gibt es auch dazu eine Erklärung. Ihr Menschenkinder lernt durch das Erreichen von mentalem Wissen eure Schwingungsfrequenzen kennen, erkennen und auch, damit umzugehen. Das geistige Wissen nach dem irdisch-materiellen Abgang erfordert nämlich eine blitzschnelle Auffassungsgabe und das gleichzeitige Erkennen des eigenen Geistkörpers. Und — das muss bereits geübt sein. Ohne Kenntnis, ohne Übung ist das Erreichen der höheren Ebenen extrem schwierig — aus diesem Grund bleiben so viele Seelen in unteren Ebenen „hängen".

Also, nun weißt du, wie wichtig die mentalen Meditationen, das Erlernen der geistigen Sprache und das Erkennen der

Wahrheit sind, die für die Menschenkinder die „Himmelsleiter"
bedeuten!Mütterlein, ich freue mich schon so auf dich – es ist
die wunderschöne, reine Freude des Wiedererkennens!
Ich umarme dich in Licht und Liebe

Dein Bub

Susanna sitzt mir gegenüber, es ist jedes Mal die gleiche Situation. „Wie ein Ritual", denke ich mir und lese ihr den Brief vor. Vergessen sind Susannas körperliche Beschwerden, denn ihr Gerald weiß, wie es um sie steht und beruhigt sie mit tröstenden Worten.

Wenn Gerald das bemerkt, dann … ja dann besteht die Hoffnung für Susanna, dass sie auch für diesen Zustand Hilfe erhält. Sie verlässt sich ganz auf ihre geistigen Helfer, im Speziellen auf ihre „Theresa", die sich als ihre Schützerin bereits vor einiger Zeit vorgestellt hat. Theresa, wie Susanna sie liebevoll nennt, wird ihr schon zur rechten Zeit den richtigen Rat geben. Das ist Susannas Meinung, denn sie spricht seit geraumer Zeit mit ihr und kann sie auch verstehen.

Mit Gerald spricht sie auch, aber hier stehen doch noch so viele Gefühle und Emotionen dahinter. Darum ist sie bei den Gesprächen mit ihrem Sohn etwas unsicher. Ich weiß, dass ihre Kommunikation mit Gerald einwandfrei und richtig ist. Susanna kommt jedoch in diesen Situationen lieber zu mir und lässt Gerald über mich seine Briefe diktieren. Da ist sie sich ganz sicher und fest davon überzeugt, dass jedes Wort und jeder Satz ihre Richtigkeit haben. Vielleicht aber ist sie nur zu nervös und aufgeregt, um ihre eigene Möglichkeit wertfrei und objektiv zu ergreifen.

Für Susanne ist jetzt einfach nur wichtig:
„Was lernt mein Bub in dieser Welt?"
„Kann ich irgendetwas dazu beitragen?"

Geralds Brief gibt ihr die richtige Antwort: Lernen – Erkennen – Üben – Tun! All das ist bereits in Susannas Leben integriert. Somit ist der Brief ihres Sohnes die Bestätigung dessen, was sie längst begriffen und verstanden hat. Mir bekräftigt sie mit diesem Geschehen meinen Lieblingsspruch: „ES GIBT NICHTS GUTES, AUSSER MAN TUT ES!"

Susanna sitzt wieder vor mir. Sie hat sich vorgenommen, meine „Dienste" ab jetzt wesentlich öfter in Anspruch zu nehmen. Mir ist es recht. Ich weiß, dass Susanna einen sehr starken Willen hat und ich habe nicht die Absicht, dagegen anzutreten. Susanna will unbedingt wissen, was ihr Sohn zu berichten hat, und sie will es über meine Fähigkeiten erfahren. Sie ist neugierig, voller Hoffnung und ich bin nicht in der Lage, ihr diesen Wunsch abzuschlagen. Denn … auch ich will es wissen! Geralds Seele reift von Mal zu Mal. Seine Briefe werden immer interessanter. Er ist ein wunderbarer Botschafter aus der „Welt von Drüben". Da wäre es ja geradezu unsinnig, seine Worte nicht aufzunehmen. Auf jeden Fall freue ich mich mit Susanna auf folgenden Brief.

Hallo, meine liebe Mutti!

Ich mache mir ein wenig Gedanken um dich und deine Gesundheit. Du rotierst schon wieder wie ein Kreisel um deine Achse und bist sehr frustriert und müde. Aber du weißt doch, wie es immer in deinem Leben war. Was auch immer du tust oder getan hast, es war selbstverständlich und daher nicht nennenswert – ein Zustand, der sich wie ein roter Faden durch viele Jahrzehnte zieht –, eine rote, müde und sehr, sehr enttäuschte kleine Schlange an vergeblichen Hoffnungen und Sehnsüchten. Ich kann dir aus meiner Sicht sagen: Da war nie Liebe für dich da, nur das Wissen um deine Qualitäten.

Und die nicht vorhandene Liebe ist es, die du so sehr vermisst. Du bist zwar ein tapferer Mensch mit großem Mut, doch du bist allein, du warst allein und du … Ich will keine Prophezeiung machen, denn an ein Alleinsein kann man sich gewöhnen, an Lieblosigkeit nie und nimmer. Und es ist auch von gleicher Gültigkeit, ob sie erlernt oder erlebt wird, wo sie nicht gelebt wird, entsteht ein riesiges Loch. Und dieses Loch ist existent. Es steht vor dir, du weißt es, du verstehst es nur nicht. In einer Familie wie der deinen ist Liebe zwar gegeben und angenommen worden, die Quelle waren deine Mutter und du – aber das Echo lässt auf sich warten. Kommt es noch?

Nein, Mutti, es kommt nicht mehr. Deine Liebe bekommst du von UNS, von mir, von allen Freunden und Helfern – das ist die wahre, die GOTTESLIEBE!

Jedoch – sie macht einsam, sie macht traurig und enttäuscht, weil ihr die praktische Liebe fehlt. So ist es eben unter den Menschen. GOTTESLIEBE lässt die grenzenlose Einsamkeit erkennen, wenn Menschenliebe fehlt.
Also denk daran, das ist der Grund deiner Müdigkeit. Du vermisst mich, die Oma, und ...

Fass all deinen Mut zusammen. Du hältst durch, denn du hast Kraft, Energie und Liebe! Du bist ein starkes Menschenkind mit einem großen Herzen. DU BIST DU! Wen brauchst du außer dir? Kopf hoch, ich kenne dich. Es gibt wenige Menschen wie dich, deshalb wirst du geliebt von vielen, vielen, vielen und von

Deinem Bub

Gerald hat wieder einmal recht und die Situation genau erkannt, in der sich Susanna schon seit längerem befindet. Die Tatsache, dass sie nun einen anderen, einen neuen Weg geht, verunsichert viele ihrer Bekannten und auch Freunde. Sie nehmen Abstand, einige meiden sie sogar. Mit dem Thema „Tod" oder gar „Sterben" tun sich viele so schwer, ja, sie haben sogar Angst davor.

Dass Susannas Sohn Selbstmord begangen hat, ist ihnen bewusst. Sie wollen nur nicht mir ihr darüber reden und das hat viele Gründe.

Es fällt den meisten Menschen schwer, sich mit dem „Tod" oder dem „Sterben" auseinanderzusetzen. Der Jugendwahn der Gegenwart trägt auch einiges dazu bei, diese Themen zu meiden. Über Selbstmörder wollen noch weniger Menschen reden. Denn die meisten von ihnen wissen nicht, was sie dazu sagen sollen.

Seitdem Susanna jedoch Kontakt mit ihrem Sohn hat, will sie mit Menschen darüber reden. Nicht, weil sie Trost und Hilfe erwartet, sondern weil SIE mit ihrem Wissen Trost und Hilfe geben kann. Diese Thematik steht jetzt im Mittelpunkt ihres Lebens. Susanna hat sich verändert, ihre Gedankenwelt hat sich geändert, ihr „Weltbild" ist ein anderes geworden. Aber ihre Bekannten, ihre Freunde sind die Alten geblieben. In ihrem Leben ist somit eine neue Problematik entstanden, mit der sich alle Betreffenden schwertun.

Langsam beginnt Susanna zu verstehen: Nichts ist mehr so, wie es noch vor einiger Zeit gewesen ist. Aber sie entscheidet sich für den Weg, den sie nun beschritten hat. Allein zu sein, einsam zu sein, ein wenig „anders" zu sein – es ist ihr egal. Sie hat sich für das neue Wissen entschieden. Für Gerald, ihrem Sohn in der anderen Welt.

Susanna nimmt regelmäßig an meiner Meditationsgruppe teil. In einer solchen Sitzung haben wir auch über den Zustand der Erde gesprochen, über die Umweltverschmutzung und über die grenzenlose Respektlosigkeit der Menschen, die glauben, sich alle Rechte herausnehmen zu können in Hinsicht auf die Ausbeutung der Erde und ihrer Mitmenschen.

Das geschieht im zwischenmenschlichen genauso wie im globalen Bereich. Wir fühlen uns einfach nicht mehr wohl unter all diesen Umständen. Viele von uns tun und helfen, wo sie nur können, sind sich ihrer Verantwortung bewusst. Doch das alles ist nur ein Tropfen auf dem heißen Stein. Von der Theorie her gibt es viele Lösungsmöglichkeiten als Hilfestellung für unsere „Mutter Erde", doch es scheitert an der praktischen Umsetzung. Wir spüren und fühlen ganz genau, dass sich unser Heimatplanet bald wehren wird. Wie? Natürlich mit Naturkatastrophen, wie denn sonst. Das wissen und ahnen bereits sehr viele Menschen. Auch jene, die die Verantwortung für all diese Missstände tragen. Uns ist die Zukunft nicht gleichgültig. Für die anderen gilt das augenscheinlich nicht, denn außer „leerem Gerede" wird nichts bzw. nicht viel getan. Das bereitet uns allen großes Kopfzerbrechen, aber nicht nur uns. Geralds nächster Bericht zeigt, dass auch in der „anderen Welt" diese Problematik zum Thema geworden ist.

Hallo, Muttilein!

Ich habe dir zugehört und bin genauso wenig begeistert wie du über den jetzigen „Zustand" der Erde und das „Benehmen" der Menschen. Du bist im Recht, wenn du sagst, es ist alles bereits so heruntergekommen.
Aber — und jetzt kommt meine „Weisheit" zu Wort:
Ohne die jetzigen Zustände würde keiner wissen, was er (oder sie) an positivem Wissen erfahren, erlernen kann — das ist das Positive am Negativen. Man kann den Unterschied erkennen und sich für eine der beiden Richtungen entscheiden. Und wie du ebenfalls gesagt hast, bald werden sich die „Geister" trennen müssen. Sollten die Menschen die Situationen nicht erkennen, werden sie „von oben" her getrennt werden. Dies geschieht durch Erzengel-Energie.
Siehst du, ich bin früher weggegangen, es war gut so, denn nun haben wir beide die rechte Seite und den wahrhaftigen Weg gewählt. Uns kann nun kein Fallstrick, es kann keine Fußangel

gefährlich werden. Du und ich, wir stehen auf der Seite, die für uns die richtige ist. Damit ist unser gemeinsames Karma gelöscht und wir bleiben für immer in Liebe verbunden.

Es ist so ein wunderbares Gefühl zu wissen, was man „positiv" erledigt hat. Mutti, ärgere dich nicht. Deine Zeit war eine sehr schwere mit wunderbaren Erinnerungen. Dies alles steht in deiner Chronik. Das, was jetzt rund um dich geschieht, sind die Ausläufer einer anderen Zeit, die nichts, absolut nichts, mit dir zu tun hat. Deine Musik, deine Ethik, deine Sinne für die Schönheit, dein Glaube – du hast dir hier eine wunderbare Welt bereits aufgebaut. Sie wartet nur noch auf deine Ankunft, dein Kommen!
Und ich – ICH sitze in dieser wunderbaren Welt und erwarte dich mit all der Liebe, die du mir geschenkt hast. Nur ein klein wenig Geduld, dann ist es vollbracht.

Also, tu deine letzten „guten Taten", auch wenn du so manches Mal am Rande der Erschöpfung stehst. Du tust es ja doch, du bist eben MEINE MUTTI!

Also, ich erwarte dich und freue mich unbändig, bin erfüllt mit Stolz, denn
ICH BIN DEIN SOHN!

Susanna ist ebenfalls „unbändig" stolz auf ihren Sohn, ihr Kind, ihren Gerald. Sie spricht es zwar nicht aus, ich merke es aber an ihren leuchtenden Augen. So ist sie, die Mutterliebe.

Mir persönlich ist nicht so recht klar, wieso Gerald mit einem Mal eine so schnelle und gute Entwicklung aufweisen kann. Anfänglich war er doch tief in seiner Seele voller Schuldgefühle und Verzweiflung. Schuldgefühle nicht nur seiner irdischen Mutter, sondern auch der Schöpfung gegenüber. Ich erinnere mich an seine ersten Mitteilungen, in denen sein wahrer Seelenzustand deutlich zum Ausdruck gekommen ist. Das ist zwar schon längere Zeit her, doch ich weiß es noch ziemlich genau.

Nun, ich muss zugeben, dass ich selbst nie so genau weiß, was in den von mir geschriebenen „Briefen von DRÜBEN" steht, darum lese ich sie auch nach Fertigstellung laut vor. Das ist sehr wichtig, denn sie enthalten sehr oft verschlüsselte Mitteilungen, die ich dennoch erklären und deuten kann. Geralds erschütternde Worte sind mir aber noch immer sehr bewusst.

Ich teile meine eigene Unsicherheit Susanna mit. Daraufhin zeigt sie mir eine von mir geschriebene Botschaft vom 12.11.2004, die ihr Maria, ihre geliebte „Mutti Maria", über mich mitgeteilt hat.

Hier ist der Brief als Antwort auf meine Frage nach Geralds rascher geistiger Entwicklung.

Meine geliebte Freundin und Schwester!

Du hast im Wissen, welch „grausamen" Energien zur Jetztzeit im Umlauf sind. Es sind dies die Auswirkungen der beiden letzten großen Kriege, die im Prinzip nie ein Ende gefunden haben. Nicht vor ihrem neuerlichen Beginn und auch nicht in der Folge. Und es wird auch für dieses Mal kein Ende geben!
Das, was jedoch jetzt geschieht, ist die Trennung der Energien in diesen Machtverhältnissen:
Die positive Schwingung wird herausgefiltert, um die negative Schwingung klar zur Erkennung zu bringen.
Solange nämlich ein positives Energiefeld im negativen Bereich verbleibt, gibt es weder ein Ende noch einen Sieger. Und dieses „Filtern" kann nur dann geschehen, wenn die Sinnlosigkeit von Kampfhandlungen endlich erkannt wird. Dies ist erfreulicherweise in den letztlich vergangenen Erdenjahren geschehen. Es hat ein großes Umdenken bei den Erdenbürgern eingesetzt. Nicht bei allen, jedoch bereits bei sehr vielen. Deshalb sollt und

„müsst" ihr mit einer Lichtarbeit diesen Umdenkprozess auch weiterhin unterstützen. So gut, wie es euch eben gegeben ist. Du weißt, was ich meine.

Dein Gerald hilft mit, aus dem feinstofflichen Bereich – auch dort ist dieser Prozess langsam herausgereift und jeder Helfer ist uns willkommen! Er tut dies mit gründlicher Genauigkeit und ist unermüdlich am Tun. Er ist ein ebensolcher Kämpfer wie seine Erdenmutter und kann unendlich viel bewirken.

Ich habe im Wissen, dass es für dich selbstverständlich ist, ihn dabei zu belassen. Er wird sich sicherlich bald wieder bei dir melden, denn auch „geistige Glühwürmchen" benötigen Ruhepausen. Also, tue dein Werk so unermüdlich wie er, seid ihr doch immer noch eins, wenn auch geteilt!In tiefer Liebe

Maria

Mit Hilfe dieser Mitteilung von Maria, die viele Menschen als die „Gottesmutter" bezeichnen, die für mich eine der großen „geistigen Helferinnen", eine wunderbare Meisterin aus der „Großen Weißen Bruderschaft" ist, verstehe ich nun auch die so schnell wirksame geistige Entwicklungserfahrung Geralds. Sein Wille zu dieser Entwicklungsreife ist sehr stark, das erkenne ich aus seinen Botschaften.

Hallo, liebe Mutti!

Ich weiß, dass du immer noch so voll Liebe an mich denkst und ich dein Ein und Alles bin. Das ist auch in Ordnung, denn Mutterliebe ist eine Schwingung, die durch nichts verändert wird. Sie kommt aus der Ewigkeit und geht wieder in die Ewigkeit. Dazwischen liegen die meisten Erdenleben mit all ihren Verpflichtungen und Inhalten.

Weißt du, wie oft und durch wie viele solche Erdenleben wir miteinander gegangen sind? Es waren unzählige ..., und es war nicht nur dieser Planet mit seinen großteils unmenschlichen Voraussetzungen.

Jedoch waren wir beide miteinander stark und groß, mächtig und auch auf verlorenem Posten. So lange, bis wir uns geteilt haben, um all die irdischen Erfahrungen getrennt zu unternehmen. Einfach so, damit die Erderfahrung schneller erledigt wird.

Dadurch wurden die Lebenssituationen schwieriger und komplizierter, etwas langwieriger ..., aber wir haben es – jeder auf seine Art und Weise – gut erledigt.

Ich weiß, dass ich dir in diesem Leben den größten Schmerz antun musste, ich wusste aber immer in meiner Seele, dass du es überstehen würdest. Weil die Mutterliebe alles versteht und verzeiht. Und ich musste auch diese Erfahrung machen, um zu erkennen, wo meine wahre Stärke und meine größten Schwächen lagen. Es liegt auf der Hand, dass ich dir niemals das Wasser hätte reichen können in Bezug auf deinen Lebenswillen, deine Ordnung und deine Vernunft.

Aber du weißt es ja ganz genau, dass die männlichen Existenzen nicht viel „aushalten", wenn es um die echte, die wahre Problematik geht. Ich musste dies auch tun, denn du wolltest von Anfang an den Weg aus dem kirchlich-irdischen Zwang finden, du wolltest GOTT erkennen und IHN durch Liebe erfahren.

Der Weg zur Liebe GOTTES jedoch geht über den grausamen Schmerz eines Menschenkindes. Das ist so, das war immer so, und jetzt besteht die Hoffnung, dass sich dieses GOTTESBILD ändern wird. Denn wenn GOTT als Liebe erfahren wird, ist all das Vorhergegangene bedeutungslos.

Das ist auch so, war aber nie so, kann aber und wird aber für uns so bleiben – in alle Ewigkeit und in allen Universen.

Somit kann ich dir die „Versicherung" geben: Dieser Schmerz wird dich niemals mehr treffen. Es sei denn, du tust es in Liebe für jemanden.

Das ist für heute alles, was ich dir sagen wollte.

Ich liebe dich, geliebte Mutti, Schwester, Freundin, Helferin usw. Du bist alles, du warst alles und … du wirst es immer sein.

Dein Bub

In diesem Brief spricht Gerald mehrere Themen, mehrere Wissensgebiete an. Er erzählt von der Möglichkeit, sich auch „woanders" inkarnieren zu können, sagt aber nichts Genaues darüber.

Seit dieser Botschaft sind einige Jahre vergangen und die Wissenschaft hat das ihre dazu getan. Es gibt – das wurde mit Hilfe der Astrophysik errechnet – einige Millionen von Galaxien und Universen. Unsere Galaxie, unser Sonnensystem mit unserem Mutterplaneten „Erde" sind also in bester Gesellschaft und beileibe nicht die einzigen am Himmelszelt. Noch ist das „große Geheimnis um die Schöpfung" nicht gelüftet. Es kann durchaus sein, dass irgendwo noch etwas wie „materielle Wesen" existieren, möglicherweise sogar in menschlicher Form. Die Schöpfer der Science-Fiction-Filme sind augenscheinlich fest davon überzeugt. Könnte durchaus sein, dass sie recht haben.

Gerald deutet es an, sicherlich weiß er mehr davon, darf aber darüber keine Auskunft geben. Irgendwann werden auch wir auf unserem Planeten Erde die Wahrheit erfahren. Und wenn nicht, dann wird es eben nach unserem körperlichen „Tod" sein. Da bin ich mir ganz sicher.

Gerald berichtet auch, dass er einst mit seiner gegenwärtigen Erdenmutter Susanna eine Einheit gewesen ist und dass sie sich erst geteilt haben, als sie die Inkarnationslaufbahn auf der Schöpfung

Erde angetreten haben. Nach Geralds Wissen gibt es also doch viel mehr, als wir ahnen, denken, glauben, fühlen. Ich selbst spüre, dass er auch in diesen Geschehnissen recht hat, dass er dieses Wissen bereits in seinem jetzigen Bewusstsein gespeichert hat. „Ich weiß, dass ich nichts weiß" – das ist das passende Zitat für diese Situation. Aber gerade in diesem „Nichtwissen" steckt all das Wissen um die Sinnhaftigkeit des Erdendaseins. Ich weiß, dass auch ich es weiß und dass Susanna sowie viele andere auch dieses Wissen in sich haben. Woher ich das weiß? Das sagt mir mein „Unterbewusstsein". Ich weiß, dass ich es weiß!

Es gibt weder Erklärungen noch Sicherheiten im menschlichen Sinn. Es gibt lediglich das „absolute Vertrauen" in das Schicksal, in diese Schöpfung und letztendlich in GOTT. Mehr ist es nicht und mehr wird es für uns Menschen im körperlich-materiellen Zustand nie sein. So ist es und so wird es auch weiterhin sein.

Susanna hat in all den vielen vergangenen Jahren und Monaten ebenfalls die Fähigkeit entwickelt, sich mit der Seele ihres verstorbenen Sohnes Gerald in Verbindung zu setzen. Sie pflegen eifrig Kontakt miteinander. Susanna ist glücklich und zufrieden, denn mit ihr kommuniziert er in der Form, wie eine Mutter und ein Sohn es gemeinsam tun können.

Gerald bittet sie immer wieder, sie möge sich mehr Gedanken um ihren körperlichen Zustand machen.

Susanna verlässt sich auf ihre temperamentvolle Lebensweise und fühlt sich einfach „jung", obwohl es ihr durchaus nicht mehr so gut geht mit ihrer körperlichen „Fitness". Noch hört sie ungern die immer stärker werdende Ermahnung seitens ihres Sohnes. Sie beginnt darüber nachzudenken. Es ist nicht so einfach für sie zu erkennen, dass die Seele ihres Kindes ihr mit einem Mal ihre „Schwächen" aufzeigt. Bis jetzt war ja sie die Starke, die Mutige, die Selbstsichere. Susanna ist jedoch eine vernünftige Frau und begreift, dass Gerald ihr lediglich Hilfestellung geben will. Es stecken weder Zwang noch Drohung hinter seinen Worten, er macht sie lediglich „aufmerksam". Susanna befolgt seine Bitten und es stellt sich heraus, dass ihr Herz bereits Mängel und Schwachstellen aufweist. Geralds leise Mahnung war also durchaus berechtigt. Nun versteht Susanna, warum sie „leiser treten" muss, denn sie hat noch einiges zu tun in ihrem Leben. Sie hat einfach Freude am Dasein, auch wenn sich ihre Welt schon sehr verändert hat.

In Windeseile vergeht die Zeit und Weihnachten steht wieder einmal vor der Tür. Gerald verspricht seiner Mutter ein wunderschönes Fest, wenn sie, ja, wenn sie den Mut hat, den Heiligen Abend allein zu Hause zu verbringen. Wie viele Menschen hat auch Susanna große seelische Probleme mit diesem Fest. Sie ist von Kindheit her gewöhnt, es als „Familientreffen" zu organisieren, doch nun gibt es kaum noch Angehörige. Die ehemals so große Familie ist um vieles kleiner geworden, es sind nur noch Wenige am Leben, die noch dazu in alle Winde verstreut sind. Susanna müsste wieder zu Freunden gehen, um dort im Kreise einer doch fremden Familie Weihnachten zu feiern. Sie hat große Sehnsucht nach ihren Lieben, weiß aber, dass es bei der Sehnsucht bleiben wird.

Doch da ist das Versprechen von Gerald, das so große Zuversicht ausstrahlt. Susanna hat den Mut, sie bleibt allein zu Hause. Gerald will für sie das schönste Fest bereiten, ein Fest, wie sie es seit 20 Jahren nicht mehr erlebt hat. Sie soll sich einfach nur darauf vorbereiten, nichts erwarten, sich nicht zu viel vornehmen.

Susanna ist einverstanden und fügt sich. Am Heiligen Abend spürt sie zum ersten Mal die Seele ihres Sohnes. Sie fühlt seine Liebe und spricht mit ihm. Nicht in lauten Worten wie bisher, sie versteht ihn mental, sie spricht mit der Kraft der Gedanken mit ihm und sie versteht seine Antworten.

Gerald berichtet ihr über sein Treffen mit den bereits verstorbenen Familienmitgliedern – auch über den Kontakt mit seinem Vater. Mit einem Mal spürt Susanna wieder die Anwesenheit ihrer

Familie. Sie sind alle da, es ist beinahe wie früher, nur eben ganz anders. Gerald hat ihr ein wunderschönes Fest versprochen und er hat sein Versprechen einhalten können. Es ist eben immer etwas Besonderes um das Fest der „Heiligen Nacht", und so manches Mal geschehen auch „Wunder".

Für Susanna hat sich seit dem 24.12. etwas verändert. Sie „fühlt und spürt" sich selbst – anders als sonst. Sie weiß, dass irgendetwas mit und in ihr geschehen ist, was sie sich selbst nicht so recht erklären kann. Sie ist sich ganz sicher und fest davon überzeugt, dass dieses „Anderssein" mit den Geschehnissen am Heiligen Abend zu tun hat. Da sie diese Situation unbedingt erklärt haben und somit Klarheit bekommen will, ist sie wieder bereit, ihren Sohn über mich zu kontaktieren. Sie weiß, dass er ihr eine Antwort geben kann und sie hat recht, Gerald kann es tun ...

GOTT zum Gruß, geliebtes Mütterlein!

Ich habe dir versprochen, dass du zu Weihnachten „frei" sein wirst. Dieses Versprechen hat sich auch ergeben, wenn auch nicht durch meine unmittelbare Mitwirkung. Lediglich meine Worte haben dich „hellhörig" gemacht und du hast dieser Situation in froher Erwartung deine ganze Aufmerksamkeit geschenkt. Auf gut Deutsch gesagt: Du hast dein „drittes Auge", deine Seelenaugen geöffnet. Und nun ist in dir durch dich eine großartige und gewaltige Erkenntnis aus der Dunkelheit ans Licht getreten:

Du hast deinen GOTTESBEGRIFF neu gestaltet und in die rechte, weil wahrhaftige Energieschwingung transformiert. Erinnerst du dich? Du lehnst alle Gegebenheiten ab, in denen „schlechte" Erinnerungen erweckt werden können. Du bist sensibel und hast als Mensch, Frau und Mutter viele Schmerzen erlitten. Das reicht für die Gegenwart, da braucht man keine negativen Vergangenheiten mehr — das bist du.

Nun, du hast deinen eigenen Weg gefunden, um Gott in dieser, eurer Welt zu erkennen. Zur gleichen Zeit hast du deine Brücke in die universelle Allmacht gebaut. Dies ist dein zukünftiger Weg, ein Übergang von dieser Welt in die nächstfolgende.

Bitte, stelle keine Fragen, was im Prinzip geschehen ist. Es gibt keine Worte in dieser, eurer Sprache dafür. Auch keine Erklärungen. Akzeptiere einfach, dass es so ist, wie es geschehen ist. Ich kann dir nur sagen: Wenn ein Menschenkind zu GOTT gefunden hat, dann hat es GOTT gefunden. Und somit ist die endlos lange irdische Suche endgültig beendet.

In diesem Sinn, in Licht und Liebe

Dein Sohn Gerald
Dein Bub

Gerald erklärt seiner Mutter das Geschehen um den Heiligen Abend mit Susannas Suche nach dem Gott der Liebe und der Erkenntnis, dass sie ihn endlich gefunden hat. In sich, in ihrem Selbst, verbunden mit dem Wissen, dass sie als Mensch auf ihrem wahren, weil wahrhaftigen Weg ist.

Diese Erkenntnis ist für Susanna endlich die Bestätigung, dass es Gott gibt, mit welchem Begriff er auch immer bezeichnet wird. Verbunden damit ist die Bestätigung, dass ihr Schicksal in dessen Hand liegt. Susanna akzeptiert dieses Wissen ohne eine einzige Frage. Ihre ständige innere Unruhe wandelt sich in eine ruhige Selbstverständlichkeit. Sie hat den „Schatz" erkannt, der seit Anbeginn ihres Erdenlebens in ihr auf seine Entdeckung gewartet hat. Nun versteht sie auch den Sinn ihres Schicksals. Sie weiß, warum es so gelaufen ist und nicht anders hätte sein können. Mit diesem Wissen kehren endlich Zufriedenheit in Herz und Seele ein. Sie ist voll Dankbarkeit dem Schicksal gegenüber, das ihr zwar das Kind genommen, jedoch dafür den „geistigen Helfer" Gerald gegeben hat.

Susanna widmet sich in der nun folgenden Zwischenzeit dem Aufbau und der Vervollständigung ihres geistigen Wissens. Trotz all der neuen Erkenntnisse über das „Jenseits" mit seinen Meistern aus der „Großen Weißen Bruderschaft", ungeachtet der immer mehr werdenden Entdeckungen der „Wahrheit" um Jesus Christus und seine Lehre bleibt sie als Christin auch dem Ritual der Kirche treu. Sie besucht an Sonn- und Feiertagen die Messe und bespricht einige ihrer Erfahrungen mit ihrem Hochwürden. Dieser Mensch strahlt für sie eine wunderbare Energie aus, er ist in göttliche Liebe eingehüllt. Susanna war seit Jahren bei ihm in vertrauensvollen Händen. Diesen Zustand will sie unter keinen Umständen missen. Der wichtigste Umstand in ihrem Leben jedoch ist und bleibt ihre Verbindung zu ihrem Sohn.

Gott zum Gruß, liebes Mütterlein!

Wenn du tüchtig die Ohren spitzt und genau hinhörst, wirst du merken, dass ich beinahe ständig in deiner Gegenwart bin. Eine Situation, die für dich von großer Wichtigkeit ist und für mich in den Bereich der Selbstverständlichkeit fällt. In einer Erdenzeit wie dieser, in diesem jetzt stattfindenden Chaos bekommen höher entwickelte Menschenkinder, so wie du eines bist, einen zusätzlichen Helfer aus dem geistigen Bereich abgestellt, der eine Art „Schutzfunktion" übernimmt. Und wer eignet sich da besser als ich, dein dich liebender „Exsohn".

Menschenkinder von deiner Art und auf ebendieser Entwicklungsstufe stehen im besonderen Licht und dadurch gewinnt ihr materielles Erscheinungsbild an Aufmerksamkeit. Für wen? Na, drei Mal darfst du raten! Deine Aura und die deiner menschlichen Freunde sind nun massiv negativen Angriffen ausgesetzt. Diese Schwingungen versuchen auf jegliche Arten, die positiven Frequenzen zu irritieren. Davon ist kein Mensch geschützt. Da muss schon massive Hilfestellung gegeben werden.

Bei einigen dieser Menschenkinder haben sich geistige Helfer direkt in das „ICH-BIN-Chakra" eingeparkt, damit absoluter Schutz gewährleistet ist, und das ist er dann auch. Du benötigst nun Schutz von oben, das hat mit deinem Schutzmantel zu tun.

Vor einiger Zeit hast du dich wieder von deiner geliebten „Mutti Maria" einhüllen lassen, obwohl du schon sehr sicher deinen Weg auch ohne ihre Unterstützung gegangen bist. Nun aber ist es absolut in der Wahrheit, diesen Planeten im Schutz zu bewohnen. Es ist nicht nur das Chaos, es ist der große Kampf, der diese Situation hervorruft. Du hast im Wissen, was ein „Krieg" zu bedeuten hat. Du spürst es auf allen Ebenen, ohne diese Gefühle genau zuordnen zu können. Dies ist auch nicht von Wichtigkeit. Wichtig ist nun der Schutz, denn:
Alles, was jetzt auf der Erde stattfindet, sei es positiv oder von der anderen Seite, es hat nichts mehr mit dir zu tun!
Ich liebe dich in Licht und Liebe und
1000 Busserln

Dein Bub

Susanna hatte Angst, bevor Gerald seine Botschaft mitteilen konnte. Sie hatte Angst vor einem Krieg, einer neuen Art von Krieg. Sie sah überall auf der Welt neue Kampfherde aufflammen. Kriege entstanden, Revolutionen stachelten Menschen zu neuerlichen Gräueltaten auf. Das alles erinnerte Susanna an ihre Jugend während des Zweiten Weltkrieges und an die Zeit danach, die von Hunger, Bomben, Angst und Verlusten dominiert waren. Sie befürchtete eine neuerliche Szenerie des Hasses und der Gewalt. Daher bat sie um Schutz und Hilfe aus der geistigen Welt. Sie erhielt Hilfe und Schutz. Susanna meint: „Der liebe Gott hat mir die Angst genommen. Er ist wie ein Vater für mich da. Das weiß ich ganz genau!"

Susannas Liebe zu Gott ist groß, ihr Vertrauen in sein Wirken ist grenzenlos. Sie weiß, dass sie selbst lernen muss, mit den bestehenden negativen Tatsachen ihrer Umwelt umzugehen. Sie weiß aber auch, dass sie stets Hilfe und Unterstützung erhält, wenn sie darum bittet. Gerald gibt ihr in seinem Brief diese Bestätigung.

Susanna sitzt vor mir und lächelt mich mit verschmitzten Augen an: „Es tut doch immer wieder gut, eine Bestätigung seiner eigenen Erkenntnisse zu bekommen, oder …?"

Ich nicke ihr liebevoll und mit Verständnis zu. Es ist ein gutes Gefühl für mich zu wissen, dass Susanna endlich den für sie richtigen und wahrhaftigen Weg gefunden und ihr Leben an Ruhe und Frieden gewonnen hat.

„Wie schnell doch die Zeit vergeht, wenn man endlich wieder glücklich und einigermaßen zufrieden sein kann!" Diese Worte höre ich in den folgenden Monaten sehr oft aus Susannas Mund. Sie hat in dieser Zeit selbständig schreiben gelernt und ist in eifrigem Kontakt mit ihrem Schutzgeist „Theresa". Theresa zeigt ihr viele neue Erkenntnisse auf und gibt durch ihre ständige Gegenwart eine noch größere Zuversicht an Susanna weiter. Bedingt durch die Tatsache, dass sie nun selbst Kontakte aufnehmen kann, wird Susannas Leben für sie noch wertvoller. Ihr geliebter Sohn Gerald ist sehr oft in ihrer Nähe. Sie fühlt und spürt ihn und sehr oft sprechen sie miteinander. Mittlerweile versteht sie seine Worte und Sätze auch in ihren Gedanken. Es ist also nicht mehr erforderlich, dass Susanna ihn mit lauter Stimme kontaktiert. Anfangs war das alles notwendig, doch nun sprechen beide auf der mentalen Gefühlsebene miteinander.

Susanna macht große Fortschritte. Aber sie hat seit langem einen Beschluss gefasst: Sie will doch wieder, dass ihr Sohn mit mir in Verbindung tritt. Sie ist der Meinung, dass Gerald sich durch mich auf eine andere Weise mitteilt. Seine Mutter zu sein, seine Liebe und Fürsorge zu spüren, ist die eine Seite. Gerald als „Lehrer" zu haben, sein Wissen zu erfahren, ist die andere Seite. Und das funktioniert bei mir besser, sagt Susanna und sitzt mir wieder gegenüber.

Ich weiß von ihr, dass es ihr zwar gut geht, dass sie mit sich zufrieden ist. Ich weiß aber auch, dass sie sich in der heutigen Zeit nicht mehr so recht wohl fühlt. Sie hadert mit der Welt, die sich in ihrem Umfeld abspielt, ja, sie versteht die Menschen nicht mehr und ist immer öfter fassungslos und entsetzt über die Rücksichtslosigkeit und Ignoranz, die sich ihr im Verhalten der Mitmenschen beinahe täglich aufzeigen. Sie bittet Gerald, er möge ihr eine Erklärung dafür geben. Natürlich ist Gerald einverstanden. Das zeigt die folgende Botschaft.

Mein allerliebstes Mütterlein!

Es ist so wunderbar zu wissen, dass die Liebe zwischen uns beiden ein nie vergehendes Band aus Licht und Liebe bildet. Und es ist so wunderbar zu erfahren, dass du und ich, dass wir beide im Augenblick zwar getrennt, in Bälde jedoch wieder vereint sein werden. Nicht zu bald, aber in für dich absehbarer Zeit. Ich werde dich wie ein kleines Mädchen in die Arme nehmen und du wirst vor lauter Tränen des Glücks nicht wissen, was mit einem Mal mit dir geschieht.

Warum ich dir das jetzt und im Augenblick kundtue? Nun, du erlebst zurzeit auf der Erde eine unruhige, lieblose, eigenwillige Zeit, die dir absolut nicht behagt. All deine Werte sind irgendwo verloren gegangen und du hattest niemals die Gelegenheit, dich langsam auf derartige chaotische Zustände einzustellen. Ich kenne dich, weiß um deine Gedankengänge und die vielen positiven Erinnerungen, die beinahe schon in das Reich der „Märchen" gehören. Die Welt hat sich auf den Kopf gestellt!

Du aber bist du geblieben! Warst es immer und du wirst es immer sein. Ein Fels in der Brandung, ein Leuchtturm in der Not. Nur, wo sind diejenigen, die dergleichen wie dich noch in Anspruch nehmen? Wenn du nicht zu einem „Chip im Computer" mutierst, wirst du all das Geschehen um dich immer weniger verstehen! Und wer ist schon gerne ein elektronisches Faktotum? Mutti, freu dich auf mich, ich brauche meinen Felsen, meinen Leuchtturm, hier wie da und — überall! In tiefer Liebe und in Licht

Dein Bub

Ich weiß, dass Susanna sich große Mühe geben wird, in dieser für sie so neuen Zeit den chaotischen Zuständen auf der Welt und in ihrem Umfeld gerecht zu werden. Ein schwieriges, ein sehr kompliziertes Unterfangen, das schon allein durch das Verfolgen der Medien ins Wanken geraten kann. Aber, wie schon gesagt, Susanna wird sich mit allen ihr zur Verfügung stehenden Kräften bemühen. Sie will ihrem Sohn beweisen, dass sie auch in dieser Situation lernfähig ist.

Susanna denkt in letzter Zeit sehr viel über den Sterbevorgang nach. Mit Gedanken an den Tod hat sie keine Probleme, er gehört zum Leben wie die Geburt — das betont sie immer wieder. Sie spricht sehr viel über dieses Thema mit Freunden und Bekannten. Viele von ihnen fragen um ihren Rat, bitten sie um Erklärungen, denn für sie alle rückt die Tatsache, einmal „sterben" zu müssen, von Tag zu Tag näher. Susanna ist in dem Alter, wo das Wissen um den Tod zum Alltag wird. Sie selbst ist sich ziemlich unsicher, wie „ES" sein wird. Es wird ja so viel über den Tod und die Zeit „danach" gesprochen und geschrieben. Aber über das „Sterben" an sich gibt es kaum Informationen.

„Wie wird es wohl sein, wenn ich meine Augen für immer schließe?", ist die große, die wichtige Frage, die ihr Leben gegenwärtig förmlich überlagert.

Auch ich selbst habe sehr viel über das Leben „danach" erfahren. Diejenigen, die den Übergang vom „Leben in den Tod" bereits hinter sich haben – unsere Verstorbenen –, berichten auf die vielfältigste Art und Weise, wie es ihnen DRÜBEN geht, wie sie sich fühlen, was sie tun oder tun wollen. Aber über den Sterbevorgang selbst wird sehr wenig mitgeteilt. Es ist für viele „Tote" augenscheinlich so selbstverständlich – in der neuen Welt, in der neuen Heimat – anzukommen, dass keine großen Worte darüber gesprochen oder geschrieben werden. Aber wozu gibt es den Kontakt mit Gerald? Er wird doch am besten wissen, wie der Sterbevorgang abläuft.

„Gerald, wie ist es, wenn es so weit ist?" Susannas Augen sind mit fragendem Blick auf mich gerichtet.

Ich fühle mich jetzt nicht so wohl in meiner Haut, ich bin unsicher. Dieses Thema über das Sterben liegt mir auch am Herzen, doch auch ich habe noch nicht viel darüber nachgedacht. Viele Menschen haben keine Angst vor dem Tod. Jedoch ist es mit dem Sterbevorgang eine andere Sache, so höre ich es immer wieder. Susanna will es unbedingt wissen und ich muss das akzeptieren. Die Antwort auf diese Frage erwartet und erhofft sie sich durch Gerald, nicht durch mich. Nur durch meine geschriebene Botschaft, diktiert von ihrem verstorbenen Sohn.

Ich schicke ein Stoßgebet in den Himmel und bitte Gerald um unterstützende Hilfe.

Es kommt folgende Botschaft von Gerald aus meiner Feder:

Mein geliebtes Muttilein!

Stell dir vor, du gehst auf Reisen und das Ziel ist dir nicht bekannt. Du weißt lediglich, dass ein solches vorhanden ist. Dort am Ziel stehen viele Personen, die dich alle kennen, die auch du in guter Erinnerung hast. Es sind viele da: Junge, Alte, Männlein, Weiblein, Kinder – und ich. Alle strahlen vor Freude, weil du endlich dein Versprechen einlöst und gekommen bist. Auch ich strahle vor Freude wie der Kasperl, wenn er dem Krampus einen Streich gespielt hat. Manche weinen Tränen vor Freude und Begeisterung, und du wirst von allen umringt – und ich bin mitten in der Menge, aber nicht zu übersehen.

Nun stehst du da und weißt nicht, wie dir ist, was da geschieht – die vielen Arme, die Freudenrufe, die Begeisterung.
Da ist dann aber einer da, der sehr ernst und ruhig im Hintergrund steht, das Leuchten der Liebe in seinen Augen. Er wartet in Ruhe die Begeisterung ab. Du stehst da, wie angenagelt, beide Hände verschränkt. Ob hinten am Rücken oder vor der Brust, es ist gleich, wenn du sie nur bei dir behältst.
Und dann kommt der Moment, wo alle, die Freunde, die Bekannten, die Eltern, wer auch immer, in Demut zur Seite treten und der Lichtgestalt den Weg freigeben. Du stehst immer noch da, auch noch, wenn sie dir die Hände entgegenstreckt. Und dann nimmst du eine Hand, gleich welche, und ... Keine Sorge, ich bin hinter dir. Und es ist die Geduld, die dich in dieser Situation leitet – bitte, es ist nur die Geduld ..., dann ist der „Himmel" da, dann sind alle da. Wer immer da ist, es darf umarmt, geküsst, gegrüßt und gestreichelt werden. Das ist dann die Liebe, die du dir erarbeitet und geschaffen hast. Dann bist du endlich heimgekommen und ich hab es wieder – mein Mütterlein ...
In tiefer Liebe

Dein Bub

P.S.: Auswendig lernen, bitte!

Susannas Gesichtsausdruck zeigt eine leichte Verwirrung, nachdem ich ihr Geralds Brief vorgelesen habe. Ich sehe ihr an, dass sie sich das endgültige „Nachhausekommen" anders (vielmehr überhaupt noch nicht so richtig) vorgestellt hat. So einfach, so wunderbar soll der Sterbevorgang sein? Ja, so wird es wohl sein, wenn Gerald es so einfach und liebevoll beschreibt. Augenscheinlich hat das Sterben nichts mit dem Körperlichen, mit den physischen Reaktionen zu tun. Möglicherweise spürt die Seele den sogenannten „Todeskampf" nicht. Und wer sagt, dass es ein „Kampf" sein muss oder soll? Über den meisten Gesichtern der Toten liegt ein tiefer Frieden, ja, viele von ihnen strahlen sogar noch ein wunderbares Glücksgefühl aus.

Bei meiner Freundin Traude war das so, obwohl der Krebs in den vielfältigsten Arten ihren Körper befallen hatte; obwohl ihre grausamen Schmerzen mit den stärksten Medikamenten bekämpft worden sind. Traudes Gesicht leuchtete wie das eines Engels – tiefster Friede hüllte ihr Antlitz ein. Es war wie ein Geschenk des Himmels an die hinterbliebene Familie und an mich, das sehen und erleben zu dürfen.

Ich bitte Susanna um Geduld, denn noch ist sie ja am Leben. Sie soll sich nicht zu viele Gedanken um die Todesart machen, sie soll einfach Vertrauen haben. Wenn Gerald nichts über den körperlichen Tod mitteilt, dann ist der Sterbevorgang doch so, wie er ihn beschreibt. Das versteht Susanna und sie nimmt sich vor, dieses Thema wenigstens vorläufig beiseitezulassen. Sie will Geralds Bitte befolgen und den Brief so oft „studieren", bis sie seine Worte auswendig kann. „Wahrscheinlich will er, dass ich dieses Wissen bei Bedarf weitergeben soll!", ist sie sich mit einem Mal ganz sicher. Ich nicke dazu, denn genau dieser Gedanke ist auch mir durch den Kopf gegangen.

Tage nach dieser letzten Botschaft von Gerald ist Susanna auf seltsame Art und Weise zu Boden gefallen, sie ist einfach ohne Vorwarnung gestürzt. Unter normalen Umständen hätte sie sich ziemlich schmerzhaft verletzen müssen, doch es war wie ein Wunder, es ist ihr absolut nichts geschehen.

„Ich weiß, dass mich jemand aufgefangen hat, ich habe es ganz deutlich gespürt." Susannas Worte kommen aufgeregt und mit heller Stimme. Sie will unbedingt wissen, wer sie aufgefangen und damit vor schmerzhaften Verletzungen bewahrt hat. Ihre Ahnung sagt ihr, dass es ihr Sohn gewesen ist, jedoch weiß sie es nicht ganz genau. Susanna ist ein Mensch, der jeder Sache auf den Grund gehen will, sie will alles ganz genau erklärt bekommen.

Jeder, der sie kennt, weiß, dass Susanna ihren Willen durchsetzen will. Und wenn es nicht auf ganz normale Art geschieht, dann eben mit einem innigen Gebet an ihre „Mutti Maria".

Gebete haben es eben in sich, sie strahlen große Energie ab und bei Susanna zeigen sie in den meisten Fällen große Wirkung.

Mein geliebtes Mütterlein

Ich mache mir schon einige Gedanken um dich, weil du wie ein „bezaubernder Singvogel" noch immer durch dein Leben schwirrst und nicht sehr auf dich achtest. Du mutest dir schon sehr viel zu. Nichtsdestotrotz hoffe ich, dass du nicht ganz so schnell deine körperliche Lebensqualität vergisst. Aber mein Muttilein ist ja im Prinzip nie älter als 40 (?), 35 (?) Jahre geworden! Ich bin sehr, sehr oft in deiner unmittelbaren Nähe. Dass ich dich jedoch eines Tagen in meinen Armen „auffange"? Ehrlich gesagt, das habe nicht einmal ich in meinem Wissen gehabt. Nun, die Engel, an die die Menschen so fest glauben (nicht so viele, aber doch einige), sind manches Mal sehr leicht feststellbar und erklärbar:
Es sind die „Geralds" dieser Geisterwelt, die die Mütter, statt sie zu umarmen, in den Armen auffangen. Ein gutes Wissen, weil es nun umgekehrt stattfindet. Du warst mein „Kinderl", und es war ein warmes, vertrautes Gefühl, dich schützen zu dürfen.

Ja, mein Muttilein, ich werde jetzt schon sehr auf dich Acht geben, denn du „saust" durchs Leben wie ein bunter Schmetterling! Es geht mir gut bei dem Gedanken, dich fröhlich, frei und unbeschwert zu spüren, auch wenn das Schicksal seinen „Obolus" fordert.

Ich stehe sehr oft in einer wartenden „Abholmenge" und leiste Hilfestellung, wenn wieder und wieder Seelen ihre Körper für immer verlassen. Es sind bereits viele meiner ehemaligen Erdenkameraden dabei, die meisten haben jedoch keinerlei Erinnerung an mich. Oder sie „ziehen ihre Nasen kraus". Nun, jeder kommt genau so hier an, wie er im Leben gestellt war. Und vom „Paradies" keine Spur.

Alle, wir „alte Hasen", wissen das, und wir sind freundlich, objektiv und hilfsbereit. Es ist ein schwieriges Werk und es werden immer mehr „Freiwillige" gebraucht. Die Umweltgefahren und Situationen geben sich schon die Türe in die Hand, da wird jeder aufgefordert, jeder von uns natürlich, Hilfestellung zu leisten. Am nettesten ist das Wegbringen von Kindern, da sie meist neugierig und abenteuerlustig sind.

Wir bringen sie auf ihre Ebenen, noch ehe sie richtig verstanden haben, was geschehen ist. Ich bin ein sehr beliebter „Geisteronkel", und: Es macht Freude.

Am Heiligen Tag bin ich wieder bei dir und es wäre schön, wenn wir miteinander feiern und reden könnten. Du musst nicht schreiben, wir können uns in Gedanken verbinden. Liebe lässt alles geschehen, so geschehen, wie es für uns am allerschönsten ist.

Ein dickes Bussi an sein Muttilein sendet das

„Söhnlein"

Susanna hat wieder einmal eine Bestätigung erhalten. Ihr Gefühl hat sie zum richtigen Erkennen geführt. Gerald hat sie also aufgefangen und ärgere Verletzungen durch den Sturz an ihr verhindern können. Diesmal hat es ja gut funktioniert mit dem „Retter Gerald". Doch was geschieht, wenn er nicht gerade zur rechten Zeit zur Stelle ist? Gerald ist nur der verstorbene Sohn, er ist nicht Susannas Schutzgeist. Somit ist nicht gesagt, dass er seine Mutter immer auffangen kann, wenn sie wieder einmal zu hektisch unterwegs ist. Susanna muss sich eben ein wenig mehr „zurücknehmen".

Sie spürt ja selbst, dass sie keine zwanzig mehr ist. „Im Gegenteil", lacht sie, „die habe ich doch schon vier Mal geschafft." Ich bin nicht so ganz überzeugt von ihrer Fröhlichkeit. Geralds Worte enthalten eine Warnung, liebevoll, aber eindringlich. Will Susanna das nicht erkennen, oder tut sie sich einfach nur schwer mit der Realität des Alters? Sie ist ein gesunder, aktiver Mensch, eine temperamentvolle Frau. Und gerade zum gegenwärtigen Zeitpunkt geht es ihr sehr gut, fühlt sie sich wohl und lebt mit positivem Schwung.

Ich muss selbst mit ihr sprechen, muss ihr Geralds Fürsorge noch näherbringen. Als „Außenstehende" wirke ich vielleicht noch überzeugender in meiner Meinung. Gerald ist immer noch der Sohn und Mütter nehmen gewisse Ratschläge von Außenstehenden eher an als von den eigenen Kindern. Somit halte ich mir selbst die Daumen und bringe Susanna die Tatsachen des Alterns und die zu beachtenden Folgen näher. Susanna hört mir zu und – sie hört auch hin! Sie wird darüber ernsthaft nachdenken und sich mit dieser Situation auseinandersetzen. Ernsthaft, wie sie beteuert, ernsthaft und auch gewissenhaft.

Noch hat sie Freude am Leben, noch geht es ihr sehr gut. Geralds Briefe und Botschaften haben ihrem Leben den Sinn zurück gegeben.

Ich spüre ganz deutlich, dass sie es ernst meint, dass sie auch meine Worte als zusätzliche und intensive Ermahnung verstanden hat. Mehr können wir – Gerald und ich – bedauerlicherweise nicht tun. Es ist alles gesagt und liegt somit in Susannas Verantwortung.

Susanna und ich pflegen regelmäßigen Kontakt. Sie kann jetzt selbst schreiben und benötigt meine Hilfe nicht mehr so oft.

Theresa – ihr Schutzgeist – erzählt in Botschaften von Drüben aus Susannas und ihrer Vergangenheit, gibt Erklärungen ab und erweitert damit auch das Wissen ihrer Schutzbefohlenen. Susanna korrespondiert auch mit ihrer seit langem verstorbenen Mutter. Ein Umstand, der sie sehr, sehr glücklich macht. Ihrer Mutter geht es drüben sehr gut. Gerald kümmert sich auch um seine „geliebte Omi". Die beiden hatten sich schon im Leben in Liebe verbunden gefühlt. Sie leben diese Gefühle auch in der anderen Welt aus. Susanna ist darüber sehr glücklich. Sie, die seit eh und je so familiengebunden war, hat sie alle wieder um sich versammelt. Das tut ihr gut, denn nun fühlt sie sich nicht mehr so allein. Sie ist wieder geborgen und angenommen. „Auch wenn es nur Geister sind", sagt sie mit ernstem Gesicht, „auch wenn ich sie nicht so sehen kann, wie du es tust. Ich weiß, dass sie alle da sind, ich spüre ihre Gegenwart, ihre Liebe und die Freude darüber, mit mir in Kontakt zu sein."

Sogar ihr verstorbener Ehemann hat sich einmal gemeldet und sie um Verzeihung gebeten. Susanna hat ihm seine Untreue längst verziehen und hat ihm das auch erläutert. „Ich hatte eine schöne Zeit mit ihm und er hat mir meinen Sohn geschenkt. Das wiegt alles wieder auf. Außerdem war er ein Mann und Männer denken nicht nur anders, sie sind es auch. Schwamm drüber. Was war, war, und jetzt ist es gut so, wie es ist!"

Susanna ist mit allem im Reinen, ja, sie macht reinen Tisch. Sie will mit Liebe und ohne Groll, unbelastet und frei von allen irdischen Sorgen die „andere Seite des Lebens" betreten und „in den Himmel" kommen. Soweit es mir gegeben ist, werde ich ihr dabei helfen und sie, dank meiner mentalen Fähigkeiten, kräftig unterstützen. „Hilfe zur Selbsthilfe" ist mein Lebensmotto. Bei Susanna zeigt es großen Erfolg.

Susanna hat einen Entschluss gefasst und ihr Testament gemacht. Sie ist über diesen Schritt sehr zufrieden. Ob Gerald das auch so sieht? Wieder sitzt sie vor mir und sie möchte gern wissen, ob Gerald mit ihrer neuen Lebensweise zufrieden ist. Ja, sie hat ihr Temperament zurückgenommen und achtet jetzt viel mehr auf ihr körperliches Wohlbefinden. Sie hat die Warnungen verstanden und auch umgesetzt. Sie akzeptiert die Tatsache, dass ihr Körper Ermüdungserscheinungen aufweisen darf und gönnt sich endlich auch Ruhephasen. „Er hat ja recht, der Bub, es läuft mir nichts davon. Morgen ist auch noch ein Tag."

Eine anders denkende Susanna sitzt vor mir, ruhig und gelassen. Ich bin froh, dass er recht hat, der Bub, das macht auch meine Situation leichter. Also fragen wir ihn, was es Neues gibt und wie ihm seine „vernünftige Mutti" gefällt.

„Tu das bitte!", ist Susannas Reaktion auf mein Schmunzeln.

„Befehl ist Befehl", lächle ich und beginne zu schreiben.

Mein geliebtes Mütterlein

Du weißt ja, dass ich sehr, sehr oft in deiner Nähe bin und dein Leben mit leben darf. Ich höre deine Worte und verstehe deine Gedanken. Und ich bin froh darüber, dass du mit so großer und unendlicher Pflichtverantwortung deinen „Heimgang" planst. Das ist mein Muttilein, der die Ordnung so sehr am Herzen liegt. Glaube mir, es ist gut und richtig, wenn man seine irdischen Angelegenheiten in Ordnung bringt, denn sie sollen sich ja nicht zur Belastung ausweiten. Also, bring alles in deine Ordnung, damit dein „Kopf" wieder frei wird.

Für mich gibt es hier sehr viele neue Erkenntnisse, das „Leben" in den „himmlischen Gefilden" ist sehr, sehr interessant, besonders dann, wenn ein „menschliches Denkvermögen" mit der Wahrheit konfrontiert wird, mit der Klarheit in der Wahrheit. Ich bin jetzt auf der Stufe eines lehrenden Beraters für diejenigen, die von der materiellen Schwingung in die geistige Welt eintreten. Das sind diejenigen, die Interesse an einer Fortbildung haben. Im Speziellen diejenigen, die aus ihren irdischen Existenzen

„geflüchtet" sind. Auf welche Art und Weise? Nun, du weißt um derartige Umstände. Es ist wirklich eine traurige Tatsache, dass es im menschlichen Bereich so wenige solcher Berater gibt. Viele angebliche Informationen aus der „geistigen Welt" enthalten oft so viel Un-Sinn, so viele Unwahrheiten. Es entsteht schon wieder so eine Art „Weltreligion", nur dass es diesmal so viele „Heilige" gibt. Großartige Ideen kursieren um noch großartigere Phantastereien ... Statt sich den menschlichen Problemen zu öffnen, verfallen die meisten der medial veranlagten Menschen in wundersame Eröffnungen aus angeblich „himmlischen Sphären". Der diesbezügliche Schwachsinn wird immer wieder Wirkung zeigen. Ob sich die menschliche Rasse jemals dazu entschließen wird, Vernunft anzunehmen?

Du siehst, mein Muttilein, meine Arbeit ist sehr, sehr wichtig und äußerst sensibel, kämpfe ich doch gegen übermächtige Gegner an. Aber ich war immer schon einer, der seine Überzeugung durchgesetzt hat. Diesmal eben auf eine andere Art und Weise. Wenn du bei mir sein wirst, kannst du mich mit deinem bereits gelebten und erlebten Wissen unterstützen. Ich denke, dann werden große Schritte folgen. Wenn es deine Entscheidung sein wird. Aber es ist ja noch Zeit bis dahin. Vielleicht schweben wir beide dann nur auf Wolken durch die Liebe der Wiedervereinigung!

Wie auch immer, dein Bub liebt dich von ganzer Seele und mit allem, was er zur Verfügung hat.

Bussi

Mit diesem Brief spricht Gerald eine neue Unart der Belehrung durch „Seher" unter den Menschen an. Wie Pilze schießen sie aus dem Boden und bieten ihre Dienste an. Hellsehen und in die Zukunft schauen ist das große, neue und äußerst lukrative Geschäft. Bücher überfluten den Markt, ein Autor schreibt vom anderen ab. Den gläubigen Lesern werden Möglichkeiten aufgezeigt, auf welche Art und Weise das Leben „leichter" wird. Überflutungen von Anleitungen, Seminaren, Workshops – es wird geredet und geredet. Im Endeffekt wird großteils alles Wissen allerdings nur „zerredet", weil es Fremdwissen für den Einzelnen darstellt. Die Mitmachenden sind mit Begeisterung dabei, jedoch nur, um letztendlich wieder in das alte Schema ihrer Lebensführung zurückzufallen. Eines ist ihnen jedoch zur Gewissheit geworden: Ihr Konto zeigt in vielen Fällen ein größeres Minus als zuvor!

Gerald hat recht. Das Wissen zu erweitern, die eigene Wahrheit zu erkennen, bringt kein ein- oder mehrmaliges Wochenendseminar. Das erfordert eine längere Zeiteinheit und damit verbunden intensive Betreuung der Teilnehmer durch die betreffenden „Seminarleiter" als Fortsetzung. Zu einem Preis-Leistungs-Verhältnis, das sich jeder Lebenshilfesuchender auch finanziell leisten kann.

„Hilfe zur Selbsthilfe" soll ein soziales Miteinander sein und keine finanzielle Bereicherungsmöglichkeit darstellen. Aber die Versuchung, als „Retter der Menschheit" zu gelten und dabei auch noch groß zu verdienen, ist immer gegeben. Das alte Sprichwort „Der Geist ist willig, aber das Fleisch ist schwach" zeigt immer noch seine ganze Wirkung.

Susanna macht sich große Gedanken über den Zustand der Erde. Sie ist nicht allein mit ihrer Besorgnis. Viele Menschen bemerken die Zerstörungswut ihrer Mitmenschen und sie bemühen sich, ihrem Heimatplaneten respektvoll zu dienen. Schließlich und endlich ernährt und versorgt uns alle unsere „Mutter Erde" in Liebe und Zuverlässigkeit. Wir Menschen sind nur Gast auf ihr, sie funktioniert als Gastgeberin in unendlicher Geduld seit vielen Millionen von Jahren. Aber so, wie es gegenwärtig zu erkennen ist, haben die Menschen vergessen, wie groß ihre Abhängigkeit vom Heimatplaneten Erde ist. Es gibt für uns nur diesen einen! Warum tun die Erdbewohner beinahe schon alles, um ihn zu „vernichten"? Ein zentrales Thema mit großem Für und Wider.

Es kursiert schon seit längerem in den Medien und in direktem Gespräch unter den Menschen. Ob Gerald Näheres darüber weiß? Es ist sicher sinnvoll, ihn darüber zu befragen.

Mein geliebtes Mütterlein!

Ich freue mich schon jetzt, dass du mit jedem Erdentag einen Schritt in meine Welt machst. Es muss für dich ein wunderbares Empfinden sein, den Großteil der Erderfahrung bereits gemacht zu haben mit dem Wissen, dass keine Wiederholung vonnöten ist. Gut ist es gegangen, viel ist geschehen, alles war von großer Wichtigkeit. Aber im Prinzip war es lediglich eine „Momentaufnahme" im Universum. So denke ich über dein Erdenleben nach und bedaure es, dich so wenig unterstützt zu haben. All das werde ich jedoch gutmachen, wenn du erst hier eingetroffen bist. Hier, wo Friede ist, Blumen duften dürfen, Gräser ihre Blüten verstreuen, Tiere in tiefer Zutraulichkeit Wege kreuzen. Ich lebe in einem Paradies, ein Paradies, das ich auch für dich mit erschaffen habe. Töne werden lebendig, Klänge steigen auf in die „himmlischen Gefilde" – halt, nein, es soll ja kein Kitschroman werden! Aber schön ist es hier, wunderbar und friedlich, wenn auch nicht in der eben beschriebenen Art.

Aber du weißt ja, wie schwer es ist, Worte in der menschlichen Sprache zu finden, da, wo es keine gibt. Also, ich freue mich.

Es ist ein äußerst schwieriges Unterfangen, noch etwas für die Mutter Erde zu tun, denn ihr Reinigungsprozess läuft mit akribischer Sicherheit. Du weißt ja, es genügen einmal Licht und Liebe und das Einverständnis seitens der Menschen. Sie hat genügend Kraft, um diese „lästigen" Erdbewohner abzuschütteln und sie tut es mit dem Einverständnis vieler. Den Menschen allerdings, nicht den Menschenkindern, ist nicht mehr zu helfen. Sie haben einen gewaltigen Vernichtungsfeldzug in Gang gesetzt, der die Gesetze der Eigendynamik befolgt. Ihre Gesetze sind nicht aufzuhalten, da sie auf dem Willen der Entscheidungsfreiheit basieren.

So gesehen ist das nichts Besonderes. Es geschieht ständig Ähnliches in den Welten der Schöpfungsenergien. Warum? Diese Frage kann ich dir noch nicht beantworten, weil ich nur ein Teilwissen habe. Den Rest trägst du in dir, aber du bist noch nicht da.

Doch das bisschen Geduld haben wir gemeinsam.

Ich liebe dich, grüße dich in Licht und Liebe

Dein Gerald

Diese Botschaft erhielt Susanna von Gerald im März 2007. Drei Jahre sind seitdem vergangen. Wie das Weltgeschehen derzeit abläuft, ist sicherlich den meisten Menschen nur zu gut bekannt. Wir schreiben gegenwärtig Mai/Juni 2010 und beinahe auf der ganzen Erde findet ein Kriegsherd nach dem anderen statt, eine Umweltkatastrophe jagt die andere. Millionen von Menschen leben in grausamer Armut und Not. Hilfeleistungen werden ständig geleistet, sie genügen aber nur zu einem sehr geringen Teil. Sehr, sehr viele Menschen sind in gemeinnützigen Vereinen aktiv. Doch auch sie werden immer häufiger Opfer der zurzeit stattfindenden verbrecherischen Geschehnisse. Hat Gott die Menschen verlassen? Oder sind wir selbst schuld an dieser Situation, weil wir noch immer nicht begriffen haben, was es heißt, Eigenverantwortung zu übernehmen?

Ich gestehe jedem von uns zu, eine eigene Meinung zu all diesen Themen zu haben.

Gerald sagt, Menschen verursachen die derzeitige Situation auf der Erde, ohne an die Folgen zu denken. Diese Menschen sind rücksichtslos nur auf ihr eigenes Wohl bedacht.

Menschenkinder gehen den anderen Weg.

Menschenkinder ist die Bezeichnung für die Menschen, die die Schöpfung achten und ehren, die ihre ‚Mutter Erde' respektieren und auch großteils GOTT erkennen.

Hinter den Bibelworten „Seid wie die Kinder ..." steckt also mehr als das kindliche Denken. Es bedeutet, Vertrauen in die Schöpfung, in GOTT zu haben und danach und damit zu leben. Wissen zu haben, ist nicht alles, es muss auch gelebt werden. Wird es gelebt im positiv-vernünftigen Sinn, dann kommt auch die dazu nötige Unterstützung aus dem geistigen Bereich. Gerald vermittelt diese, seine Erkenntnis in einer Art von „neuer Sprache" seiner Mutter Susanna.

Für sie ist es wiederum eine Bestätigung ihres Wissens, das sie sich durch ihre Teilnahme an Meditationen und mentalen Erkenntnissen in Gemeinsamkeit mit Gleichgesinnten angeeignet hat, nämlich:

Respekt und Achtung vor allem, was uns diese Schöpfung zu bieten hat. Auch dann, wenn es nicht für uns selbst geeignet erscheint. Akzeptanz den Menschen gegenüber, die das Leben auf ihre eigene Art betrachten und empfinden. Toleranz dann, wenn die Möglichkeit zur Verbesserung und Einsicht einer Veränderung gegeben ist. Wie uns bekannt, sind diese Gedanken in allen Glaubensrichtungen vertreten und gipfeln letztendlich in der Lehre der Nächstenliebe.

Gerald hat in seiner Welt neue Erkenntnisse gesammelt und vieles dazugelernt. Dadurch entwickelt sich eine andere Art der Beziehung zwischen der noch im irdischen Leben stehenden Mutter und dem bereits seit Jahren verstorbenen Sohn. Gerald entwickelt sich vom Berichterstatter seines neuen Wissens zum Lehrer seiner Mutter. Susanna wiederum erhält dadurch die Bestätigungen ihres eigenen Wissens und erkennt immer öfter, dass sie auf dem rechten Weg ist: dem Weg ihrer Wahrheit und Klarheit.

Der Muttertag steht neuerlich vor der Tür. Susanna findet sich nur schwer mit der Tatsache ab, dass sie auch diesen Tag wieder allein verbringen soll. Gerald war ihr einziges Kind und hat sie doch so bald verlassen. Jetzt, wo er so oft gegenwärtig ist, sie seine Nähe spürt, fällt ihr das Alleinsein noch schwerer als früher. Damals war ihr bewusst, dass sie ihn nie wiedersehen, dass er niemals mehr mit ihr sprechen und ihr seine Liebe zeigen würde. Aber jetzt, wo er ja doch *da* ist, fühlt sie sich trotz allem alleingelassen und sehr einsam. Susanna weiß um ihr Fehldenken, aber sie sehnt sich eben nach ihrem Sohn – mehr denn je. Was nützt es, wenn der Verstand um die Wahrheit weiß, das Gefühl jedoch das Herz „zerreißt". Sie bittet inniglich, er möchte doch an ihrem Ehrentag sich noch spürbarer, noch bemerkbarer machen, da auch er weiß, wie wichtig dieser Tag für Susanna ist.

Susanna sitzt wieder vor mir. Der Muttertag ist vorbei. Sie will durch ihren Sohn erfahren, ob er es tatsächlich gewesen ist, den sie so intensiv gefühlt hat. Seine Nähe war ihr so vertraut und sie hat seine Liebe so deutlich gespürt. „Mache ich mir etwas vor?", ist die bange Frage, die sie an die geistigen Helfer richtet. Die Antwort kommt schnell und sicher, und sie kommt tatsächlich von Gerald:

Mein geliebtes Mütterlein!

Hast du mich an deinem Ehrentag gespürt? Ich habe dich ganz fest in meine Arme genommen. Ist halt doch nicht so ganz das Wahre, aber dennoch besser als gar nichts.

Ich habe hier in meiner Welt sehr, sehr viele Erfahrungen gemacht, die mich, je nach Situation, himmelhoch jauchzend oder sehr betroffen zurückgelassen haben. Der Entwicklungsweg hier ist ein sehr, sehr langer und teils auch sehr „beschwerlicher". Das hängt aber nicht von der Schwingungsfrequenz des mentalen Zustandes ab. Es ist auch von gleicher Gültigkeit, ob du ein wissendes oder ein mit Weisheit erfülltes Wesen bist. Jedes Wesen, das von der Erde aus einer menschlichen Lebenserfahrung wiederum heimkommt, muss eine teils schwierige Weiterentwicklung durchmachen. Auch dann, wenn es aus der Meisterregion stammt und dorthin zurückkehrt. Die vielfältigen irdischen

Erfahrungen prägen auch großteils die Seelenfrequenz, da ist eine „Großreinigung" angesagt. Besonders dann, wenn das Karma schwerwiegende Folgen hatte. So, wie es bei mir der Fall gewesen ist. Ich bin schon sehr lange in meiner jetzigen Gestalt, aber ich habe es bereits überstanden und bin geheilt. Wenn die Menschen wüssten, was für Folgen ihre negativen Eigenschaften im Seelenkörper anrichten – vielleicht würden sie sich dann doch endlich besinnen und sich zu einer vernünftigen Lebensart hinwenden.

Nun, wie auch immer, ich habe es endlich ganz genau begriffen und erkannt. Auch dank deiner Hilfe als meine irdische Mutter. Wenn du nur fühlen könntest, wie sehr ich dich liebe. Du bist in der Tat das Allerbeste, was mir widerfahren ist. Und deine Tapferkeit ist grenzenlos wie deine unerschütterliche Liebe und die Selbstverständlichkeit deines göttlichen Wissens. Ich danke dir nochmals für die Tatsache, dass du mir als Mensch die Chance geschenkt hast, dein Sohn zu sein.

In Licht und Liebe, in alle Ewigkeit

Dein Gerald

Susannas Wunsch ist erfüllt. Am Muttertag hat sie die Liebe ihres Kindes gespürt und gefühlt. An diesem Tag hat sie sich zwar allein, aber nicht mehr einsam gefühlt. Auch wenn es laut Geralds Aussage nicht unbedingt „das Wahre" gewesen ist, Susanna ist überglücklich. Langsam begreift sie, welch mentale Möglichkeiten sie zur Verfügung hat. Fähigkeiten, die sie selbst einsetzen kann. Für sie ist diese Tatsache das schönste Muttertagsgeschenk, das sie jemals bekommen hat.

In Geralds Bericht erfährt sie nun, was er in den langen Jahren seit seinem Tod in „seiner Welt" erkannt hat. Es war ein schwieriger Weg für ihn, genauso schwer war es für Susanna. Aber nun haben sie beide das erreicht, was als gegenwärtiges Ziel vor ihren Augen gestanden hat. Gemeinsam gehen sie den Weg des Wissens und der Erkenntnis. Jeder auf seine Art: Gerald DRÜBEN im mentalen Bereich, Susanna fest verhaftet in ihrer irdischen Existenz. Doch es ist von gleicher Gültigkeit, auf welcher Ebene dieser Weg gegangen wird. Die Hauptsache ist – MAN GEHT IHN!

Mein geliebtes – einziges – Mütterlein ...

Und das bist du und das wirst du auch immer bleiben. Auch dann, wenn du hier bei uns bist und die wahre Wahrheit erkennst. Es ist die Liebe, die alles verbindet. Aber diese Liebe ist in Worten der Erdensprache nicht zu beschreiben. Du als „Menschenkind" kannst sie auch nicht fühlen, obwohl ein kleinwinziger Bruchteil in deinem Herzen lebt:
die große, die allmächtige, die wunderbare „Liebe", nach der das Menschenherz lechzt, die sich in Heimweh verzehrt.
Ich habe mich als dein Erdensohn nach dieser Liebe gesehnt, habe sie gesucht – jedoch nie gefunden! Es waren das Verständnis, der Respekt und die Akzeptanz, die den Menschen fehlten. Mutterliebe ist groß und weit, aber sie ist einfach zu wenig, um das Wissen um die Liebe zu überbieten.
Muttilein, du bist das Beste, das mir je geschehen ist, und ich danke dir für all die Worte, die du immer noch für mich hast. Ich habe dir als Kind eine so tiefe Wunde zugefügt und trotz allem hast du mich der allmächtigen Liebe übergeben. Nun habe ich hier die große Aufgabe, deinen „zwei Damen" das Wissen zu offenbaren, das ihnen zu einem Großteil ihres Erdenlebens zu Füßen gelegen ist, jedoch nicht Wert genug war, es aufzuheben und zu bergen.
Ja, viel Zeit ist vergangen, jedoch sie entgehen ihrer „Schwester und Cousine" nicht, auch wenn die Weisheit jetzt vom „Sohn" kommt! Es sind die Mühlen, die auch mahlen ...Alles, alles Liebe zu deinem x-ten Erdentag!

Dein Bub

Susannas Geburtstag ist Ende August und Gerald gratuliert auf besondere Art und in bekannter Weise. Er beschreibt ihr die Liebe, nach der er sich in seinem kurzen Erdenleben so sehr gesehnt hat, sie aber nie kennen lernen und erhalten konnte. Die göttliche Liebe, die ihm so großes Heimweh beschert hat und die er letztlich in der anderen Welt zu finden hoffte. Seiner Aussage nach ist er nun mit ihr verbunden, vermag sie aber weder in Worten noch dem Gefühl nach der noch lebenden Mutter zu vermitteln. Susanna weiß um diese Liebe. Sie hat aber auch im Wissen, dass man als Mensch in seinem irdischen Dasein diese Liebe nie erleben, sondern lediglich erahnen kann. Somit erhält Susanna wieder die Bestätigung ihres eigenen Wissens.

Gerald teilt ihr – so nebenbei – auch mit, dass er in guter „Gesellschaft" ist. Susannas bereits verstorbene Cousine und auch eine ihrer Schwestern sind an seiner Seite. Er wird sein Wissen an die beiden weitergeben und sie helfend dabei unterstützen. Susanna hat einige Lieblingssprichwörter. Eines davon ist: „Gottes Mühlen mahlen langsam, aber sie mahlen gerecht."
Sie freut sich, dass ihre verstorbenen Familienangehörigen ebenfalls in ihrer Nähe sind. Es ist ein beruhigendes Gefühl für sie, sie in Geralds Begleitung zu wissen.

Der Winter ist ins Land gezogen. Das Weihnachtsfest steht vor der Tür. Es ist die Zeit der nebelig-trüben Tage, an denen auch nicht der kleinste Sonnenstrahl zu entdecken ist. Zu dieser Zeit gehen die Gedanken der Menschen gern in die Vergangenheit. Auch für Susanna ist es nicht anders. Sie erzählt viele Anekdoten aus ihrem Leben, berichtet über Scherze und lustige Kinderstreiche ihres Geralds.
Sie hält guten Kontakt mit ihm, stellt aber fest, dass er „sehr wenig Zeit" für sie erübrigen kann und stets in „Eile" ist. Das ist verwunderlich, denn er behauptet ja immer, in seiner Welt gibt es keine Zeit. Aber in unserer Welt gibt es sie, wir sind von der

irdischen Uhr abhängig. Weder Susanna noch ich können sich vorstellen, wie es ist, „zeitlos" zu existieren. Wie sinnvoll sind wohl derartige Gedanken, wenn es ja doch keine verständlichen Erklärungen gibt? Auch für Gerald ist es nicht möglich, seine „zeitlose Zeit" in für uns verständliche Worte zu integrieren. „Was nicht geht, geht eben nicht!" Susanna ist die Vernünftige und beendet unsere philosophischen Gedankengänge über eine nicht vorhandene Zeit. Sie will vielmehr endlich wissen, aus welchen Gründen es der „Bub" immer so eilig hat, warum er des Öfteren nur so kurz angebunden ist. Sie ist felsenfest davon überzeugt, dass es absolut nichts mit ihr zu tun hat. Es muss wohl an der Arbeit liegen, die er „drüben" macht. Die von Gerald angesprochenen Tätigkeiten haben Susannas Interesse geweckt. Sie will es wieder einmal genau wissen.

Susanna sitzt vor mir. Papier und Stift sind bereit. Gerald ist ebenfalls da. Er beginnt auch unverzüglich zu diktieren:

Mein allerliebstes Mütterlein!

Wenn du einmal hier ankommst, wirst du dich nur mehr wundern. Alle sind sie da, alle, die dir einmal lieb und wert waren, und alle, die dir noch immer lieb oder wert sind. Es sind sehr, sehr viele, auch fremde Wesen, die ich nicht kenne. Aber alle melden sich bei mir, wenn sie hier ankommen, und berichten von dir, deinen Worten und deinem Tun.

Ich komme mir schon bald wie ein Organisator vor, der den Seelen die wahre Richtung aufweisen kann. Die meisten wollen unbedingt auf deine Ankunft warten, wollen dabei sein, wenn du hier empfangen wirst. Nun, das ist wirklich jetzt schon eine etwas schwierige Situation, weil es einfach zu viele sind. Da gehört ein „Manager" her, der das koordinieren soll.

Ich weiß, dass die Ankommenden anfangs großteils verwirrt und verwundert sind. Sehr viele von ihnen sind durch lang anhaltende, irdisch-materiell bedingte Schwächen und Krankheiten geschwächt. Die meisten sind traurig oder verbittert, weil sie ihren Zustand als ungerecht und misslich empfinden. Es ist sagenhaft, wie wichtig das Erdenleben und die darin enthaltenen Werte sind. „Dass man nichts mitnehmen kann", ist eine Affirmation, die zwar jeder kennt, die aber augenscheinlich immer nur für den anderen gültig ist.

Wie du siehst, bin ich zurzeit ein Torwächter, der eine sinnvolle, jedoch anstrengende Tätigkeit ausübt. Was diese Wesen nicht im Wissen haben: Wissende Seelen werden mit einer Schutzhülle hierher durchgeschleust. Da werden viele sehr enttäuscht sein, wenn sie dich als Erste treffen wollen. Aber ich vermag dies alles nicht zu erklären, denn es sind derzeit allzu viele, die hier „Schlange" stehen. Es gibt so viel zu tun und viel zu wenig Helfer. Ganz wie auf der Erde. Aber so ist es eben. Es ist der Unterschied zwischen Mensch und Seele oft gar keiner.

Nun, wie du ja weißt, ist die irdische Weihnachtszeit eine extrem belastende geworden. Viele Menschen verlassen gerade in dieser Zeit ihren Körper für immer — siehe das „Gedränge". Aber ich werde wieder bei dir sein. Wenn du willst, können wir miteinander ein klein wenig „kuscheln"... Kopf hoch, ich bin bei dir, da bist du bestens aufgehoben.
In aller Liebe, in aller Freude

Dein Bub

Gerald spricht in diesem Brief eine wichtige Information für seine Mutter an. Die Menschen reden so viel über den sogenannten „Astralbereich", von seiner „Gefahrenzone" und der Tatsache, dass so viele Seelen in ihm „hängen bleiben". Einige von ihnen sind sogar der Meinung, er sei ähnlich dem ehemals aufgezeigten „Fegefeuer" der katholischen Kirche. Nun, es ist noch kein Verstorbener aus diesem Bereich zurückgekommen und hat den Lebenden genaue Mitteilungen machen können. Somit sind den Vorstellungskräften der Menschen auf der Erde Tür und Tor geöffnet, und alles, was gesagt wird, könnte so ablaufen, muss es aber nicht. Gerald gibt seiner Mutter lediglich die Sicherheit, dass sie nach dem endgültigen Verlassen ihres Körpers, ihrer Todesstunde, mit gutem Begleitschutz in der geistigen Ebene ankommen wird, die ihr „neues Zuhause" sein wird. Somit sind etwaige Ängste Susannas vor dem Sterben beseitigt, denn sie nimmt den Inhalt von Geralds Briefen als absolut wahrhaft an.

Ich weiß, dass beinahe jeder Mensch Angst vor dem Sterben hat, wenn er auch den Tod als solchen anerkennt und kaum fürchtet. Auch in Susannas Gedanken hat sich die bange Frage „Wie wird es wohl sein ..." eingenistet. Jedoch beruhigen sie Geralds Worte und werden nach und nach auch noch die kleinen Reste der vorhandenen Angst bereinigen. Susanna klammert sich förmlich an das Wissen ihres Sohnes, es ist für sie zum Lebensinhalt geworden. Immer dann, wenn sich für sie die Möglichkeit ergibt, mit anderen Menschen über ihr Wissen und ihre Erfahrungen mit der „anderen Welt, der anderen Seite des Lebens" zu sprechen, nützt sie die Gelegenheit. Sie wird Fürsprecherin in Sachen Tod, Leben nach dem Leben, göttlicher Liebe und Wahrhaftigkeit in dieser Schöpfung. Es ist für sie von gleicher Gültigkeit, ob und wie ernst sie von den Mitmenschen genommen wird. Für sie zählt allein die Tatsache, dass die Menschen ihr zuhören. Entscheidungen des Für und Wider muss ein jeder für sich selbst treffen. Hauptsache ist, dass Susanna ihr erworbenes Wissen weitergeben kann und darf.

Da Susanna aber immer noch die Veranlagung aufzeigt, zu viel des Guten tun zu wollen, zeigt sich Gerald in seinem folgenden

Schreiben doch etwas besorgt über die vielen rastlosen Tätigkeiten seiner Mutter.

Mein geliebtes Mütterlein!

Du machst mir schon ein wenig Gedanken, weil du immer voll Temperament alle deine Termine wahrnehmen musst, obwohl du so manches Mal diese als „Muss-Verpflichtung" empfindest. Sicherlich, „Stubenhocken" ist nie deine Art gewesen, aber du solltest doch ein wenig mehr zur Ruhe kommen. Mehr für dich tun. Nicht nur aus deinem Kunstgenuss heraus, mehr für deine irdischen Bedürfnisse. Ich mache mir, wie schon gesagt, meine Gedanken! Hier, bei mir, ist es wunderschön und du wirst glücklich sein, wenn wir uns wieder in die Arme nehmen können. Ich habe so vieles hier erkannt und begriffen, dass ich es nun nicht mehr nachvollziehen kann, aus welchem Grund ich mein vergangenes Erdenleben einfach nur, so mir nichts, dir nichts, abgegeben habe. Unser beider Trennung, die karmischen Bedingungen, die wären auch auf eine andere Art und Weise lösbar gewesen. Aber ich bin geflüchtet, das gestehe ich jetzt ein. Es war eine Flucht, bei der die Vernunft gefehlt hat. Wie schon gesagt: Ich habe vieles endlich wirklich begriffen, erkannt und mir einen Spiegel vor Augen gehalten. Hier in meiner Welt, ein extrem langer Entwicklungsprozess. Alles, was man im Leben als Mensch nicht versteht, nicht verstehen will und nicht erkennt, ist ein langer Schulgang nach dem Leben. Nun, du weißt, man kann es sich einfacher machen.

Meine Bitte an dich: Nütze jede irdische Sekunde für dich, nur für dich! Ich bin immer bei dir in Licht, Liebe und als

Dein Bub

So sehr sich Susanna auch bemüht, sie tut sich schwer mit der gegenwärtigen Zeit und den neuen Situationen, die in ihren letzten vergangenen Jahren entstanden sind. Das Zeitalter der „Technologie" und die daraus hervorgehenden Umstände stellen ihr bisheriges Weltbild gänzlich auf den Kopf. Computer, Mobiltelefone, Theaterstücke und Opernaufführungen mit zum Teil nackten Menschen und geradezu „ordinären" Äußerungen auf der Bühne, griesgrämige Mienen in den Gesichtern der Menschen – das alles bringt tiefe Einschnitte in Susannas Leben. Alles um sie herum wird lauter, an so manchen Tagen ist die Lärmbelästigung in der Stadt für sie beinahe unerträglich. Sie ist der Meinung, dass viele Menschen unhöflicher und respektloser den Alten gegenüber reagieren. Susannas Enttäuschung gewinnt zunehmend an Stärke.

Das Leben – ihr Leben – wird ihr zur Belastung. Zudem verspürt sie in letzter Zeit auch heftige Schmerzen im Kniegelenk. Sie weiß nun, dass ihr Körper nicht mehr so belastbar ist wie früher. Veränderungen, die die Zukunft bringen wird, versucht sie, tapfer zu negieren. Aber tief in ihrem Inneren spürt sie, dass diese geschehen werden. Ob sie nun damit einverstanden ist oder nicht. Auch Besuche beim Hausarzt werden häufiger notwendig. Die Tatsache, dass sie sich zu ihrem Alter bekennen muss, macht ihr keine Freude. Sie erkennt, dass Schimpfen in vielen Fällen sinnlos ist, und ändern kann sie die widrigen Umstände in ihrem gegenwärtigen Zustand auch nicht.

Der einzige Trost zurzeit sind für sie die Gespräche mit ihren gleichgesinnten Freunden und die Kommunikation mit ihrem Sohn. Er ist das sichere Band, an dem sie sich festhalten kann. Gerald ist immer zur Stelle, wenn Susanna Hilfe sucht, nein, wenn Susanna dringend Hilfe braucht.

Mein geliebtes Mütterlein!

Immer, wenn ich in deiner Nähe bin, spüre ich deinen Unwillen und deine Hilflosigkeit deiner gegenwärtigen Lebenssituation gegenüber. Ich weiß, dass dir die Art der Menschen, ihre

Charaktereigenschaften, ihr Tun oder Nichttun, schmerzhaft bewusst ist. Auch wenn du niemals Erwartungen diesbezüglich gehabt hast, so ist doch der Unterschied von damals zu heute gravierend. Ein Sittenverfall, Lärm, Belästigung, Intoleranz, Wertlosigkeit, und deine Aussage, „es geht ihnen zu gut", ist durchaus berechtigt. Und all diese Zustände werden von Mal zu Mal beschwerlicher für ein sensibles Menschenkind, wie du eines bist. Ich würde ja gerne helfend und heilend eingreifen, jedoch weißt du, das ist nur ein Wunsch, dem keine Tat folgen darf. Ich verstehe dich, ich verstehe dich so gut, und ich bitte dich: Schlucke deinen Frust nicht hinunter, schimpf dich aus, denn negative Energien können nur außerhalb des Körpers transformiert werden. Innerhalb deines Körpers richten sie großen gesundheitlichen Schaden an, speziell dort, wo deine Schwachstelle sitzt. Und deine Schwachstelle ist dein Herz.

Zu viel an Enttäuschungen, zu viel an Leid, zu viel an verlorener Liebe. Du hast dich so tapfer durchgekämpft, jetzt musst du nur noch durchhalten.

Aber auch dein geliebter Bruder Jesus hat die Händler aus dem Tempel vertrieben mit einer Peitsche in der Hand. Auch wenn diese Szene nur ein Symbol sein kann, sie beruht auf der Wahrheit. Wer nur duldet und still leidet, kehrt seine Aggressionen gegen sich. Und wer es vermag, alles zu erdulden und mit Sanftmut sein Leid zu ertragen, der ist nicht von dieser Welt. Auf jeden Fall ist er nicht oft unter den Menschen zu finden. Aber das weißt du ja.

Also, ich mache dir einen Vorschlag. An jedem Tag, an dem dir „die Galle hochsteigt", egal zu welcher Uhrzeit, rufst du mich und verwendest mich als deine „Klagemauer". Laut und deutlich will ich es hören! Dann bleibst du mir körperlich fit. Wohl aber wirst du nicht jünger, was ja ein Glück ist.

Also, Kopf hoch, Enttäuschungen und enttäuschende Erlebnisse werden ab sofort mit mir abgehandelt. Wenn ich dich schon *nicht mehr als Mensch unterstützen kann, so tue ich es jetzt aus meiner Welt.*

Einverstanden?

Ich hab dich so lieb!
Wie immer in Licht, Liebe und mit einem dicken Bussi
Dein „zu Stein gewordener"

Bub

Auf Gerald ist Verlass. Er wird von Mal zu Mal mehr Susannas guter Kamerad, auch wenn er seine Briefe mit „Dein Bub" unterzeichnet. Nun ist er nicht mehr der Sohn, der selbst noch die unterstützende Liebe und das selbstverständliche Verstehen seiner Mutter braucht. Er wird zum „starken Arm", auf den sich Susanna stützen kann. Er wird zu ihrem „Fels in der Brandung", wie sie selbst sagt.

Von Tag zu Tag wird ihre Sehnsucht größer, Gerald wiederzusehen und ihn in die Arme zu nehmen. Heimweh ist das, was sie fühlt und spürt. Heimweh nach der Welt, in der sie hofft, endlich den wahren Frieden finden zu können.

Geralds Briefe enthalten doch immer wieder genaue Schilderungen aus seiner Welt und Susanna will einfach diese, seine Welt so bald wie möglich kennen lernen. Sie freut sich schon jetzt auf all die bereits verstorbenen Freunde, Bekannten und auch auf die Familienangehörigen. Sie stellt es sich einfach wunderbar vor, sie alle wiederzusehen, sie zu begrüßen und mit ihnen zusammen verweilen zu können.

Wie es für sie sein wird, wenn ihr Heimweh endlich gestillt ist, teilt ihr Gerald auch tatsächlich mit. Er gibt ihr wieder einmal genaue Auskunft über die Situation in seiner Welt.

Mein über alles geliebtes Mütterlein!

Die Zeitspanne, die uns voneinander trennt, wird immer mehr verkürzt. Genaues vermag ich dir nicht zu sagen, jedoch haben wir die längste Trennung hinter uns.

Ich bin zwar noch nicht in der „Warteschleife" deiner Heimkehr, aber sehr fest in deiner Nähe verankert. Dabei ist es mir auch gegeben, „liebe Verstorbene" zu kontaktieren. Onkel, Tanten, alles ist möglich, Omas, Opas, alle kann ich besuchen, sofern sie einverstanden sind.

Und jetzt muss ich dich sehr enttäuschen, denn: Familienbande verbinden zwar auf der Erde das Leben und die Existenz der Dazugehörigen, nicht jedoch nach dem Heimgang.
Oh ja, man erkennt einander, freut sich über das Zusammen-treffen, mehr oder minder, aber das ist im Großen und Ganzen schon alles. Liebe, die wahre Liebe, sie verbindet auf ewig und in jeder Form.
Diese Liebe jedoch findet nicht immer unter den Menschen statt, auch nicht in den Seelen. Also ist man freundlich, schüttelt einander die Hände und geht seines Weges.

Auch bei mir ist es so. Ich durfte den Heimkehrenden „Guten Tag" sagen, sie ein Stück des Weges begleiten, ihnen eventuell einige Hinweise erteilen und dann ging ich meines Weges. Ich will nicht, und das ist mein fester Entschluss, über irdische Vergangenheiten und die dazugehörigen Geschehnisse sprechen. Ich will auch weder Erklärungen und Rechtfertigungen abgeben. Ich bin schon sehr lange hier und habe vieles erkannt, erfahren und gelernt. Die Erde, und meine Vergangenheit auf ihr und mit mir, sie ist bereits in Vergessenheit übergegangen. Sie ist weit, weit, sehr weit weg. Du bist ein großer Teil meiner irdischen Vergangenheit, du wirst viele Fragen an mich stellen. Und ich kann und werde sie dir aus dem gemeinsamen Blickwinkel unserer Liebe beantworten können. Nur aus dem Blickpunkt unserer mentalen Zusammengehörigkeit, weil ich mein irdisches Dasein bereits vergessen habe. Die irdischen Antworten auf all deine ungewissen Fragen – sie stecken in all den vielen Botschaften aus der geistigen Welt. Uns verbindet die Liebe, das Karma (Schicksal), die Ursache, alles, ist bereits transformiert und umgewandelt.

Ich werde alle Fragen beantworten, indem ich dich in die Arme nehmen werde: mein zweites ICH, DICH.

Ich grüße dich in Licht, Liebe, Miteinander und Füreinander

Dein Gerald

Geralds Briefe an Susanna sind ein kleines, nein, ein großes Wunder. Dieses Wunder ist an Susannas Veränderungen in ihrem Denken zu erkennen. Was Gerald sagt, meint, denkt – für Susanna wird es zur Selbstverständlichkeit. Er macht sich schon Gedanken um ihren körperlichen Zustand, oder sind es gar Sorgen, die er zu Papier bringt. Ganz gleich, denn Susanna gibt sich die allergrößte Mühe, ruhiger in ihrem Temperament zu werden und dadurch mehr Verantwortung für ihren körperlichen Zustand zu übernehmen.

Es ist für sie von allergrößter Wichtigkeit, dass es ihm in seiner Welt „gut" geht, dass er seine Erfahrungen und Erkenntnisse in Ruhe fortsetzen kann. Sie tut auch alles dazu, dass ihr Wille geschieht. Ihr Gerald soll sehen, dass sie sich ihrer Verantwortung voll bewusst ist. Das Bild, das er von ihr als seiner Mutter in sich trägt, soll so gut wie vollkommen sein. Susannas Wille ist sehr stark, ist es immer gewesen. Wenn sie sich etwas vornimmt, dann wird das auch geschehen. Jeder, der Susanna näher kennt, weiß um diese Willensstärke. Auch ihr Sohn Gerald, dem sie das nun wieder beweisen wird. Auch dann, wenn sie einige Zeit dafür in Anspruch nehmen muss.

Mein geliebtes Mütterlein!

Dass ich mich auf ein Wiedersehen mit dir unendlich freue, das
ist selbstverständlich, darüber reden wir nicht mehr. Dass jedoch
dieses Wiedersehen frei und fröhlich mit riesengroßer Freude
stattfinden wird, das weißt du vielleicht noch nicht so richtig.
Warum ich dir das alles jetzt und hier sage?
Weil du so ein wundervoller Mensch geworden bist. Auch wenn
du so manches Mal ein Temperament an den Tag legst, dass
ich mit deiner Energie nicht mehr mithalten kann. Aber du bist
ruhiger und verständnisvoller geworden, du hast dir den Sinn
deines Lebens als Mensch erarbeitet und du lebst ihn. Es war
ein schwieriger Weg, aber du bist ihn mit „beinhartem" Willen
gegangen, und du hast mich mitgenommen auf deinem Weg und
ihn zu dem meinen gemacht. Ein noch schwierigeres Unterfangen. Woher nimmst du diese Kraft, diesen Mut, diese Ausdauer?
Die einzige Antwort darauf ist: Aus der Liebe zu Jesus, aus der
Liebe in seine Göttlichkeit, aus der großen Liebe zur Barmherzigkeit. Und die, genau diese, hast du mir mit „eiserner Faust"
eingebläut.

Was, du kannst dich nicht erinnern? Nun, geht auch nicht, denn
es geschah in unseren Zusammenkünften, während dein Körper
schlief. Erinnerst du dich an deine Schlafstörungen? Aber jetzt
schläfst du wie ein Säugling – tief, fest und lang – endlich!Nun,
mehr muss ich nicht mehr sagen, es ist alles in diesen geschriebenen Worten enthalten. DANKE!In tiefer Liebe, in Licht, Liebe
und in Dankbarkeit

Dein Bub

Susanna nimmt sich jedes geschriebene Wort, jeden Satz, jeden
Gedanken ihres Sohnes zu Herzen. Sie gibt sich die allergrößte
Mühe, die neue Zeit zu akzeptieren und auch die Menschen

darin zu verstehen. Kleine Erfolge stellen sich ein, denn Susanna beginnt, ihr Umfeld mit seiner Problematik nicht mehr allzu persönlich zu nehmen. Die Unfreundlichkeit ihrer Mitmenschen versucht sie zu umgehen, indem sie für viele ein nettes Wort bereithält. Das funktioniert mit einem Mal sehr gut und Susannas Missfallen an der Umwelt wird geringer. Es ist schwierig für sie, nicht mehr mitbestimmen zu können. Ein beinahe ganzes Leben lang hat sie für andere gesorgt, ihnen ihre Hilfe angeboten und auch Ratschläge erteilt. Nun ist kaum noch jemand da, der um ihre Unterstützung bittet. Langsam, nur sehr, sehr langsam, gewöhnt sich Susanna an dieses ihr so fremd und lieblos scheinende Leben. Doch sie will alles verstehen und auch – wenn nötig – akzeptieren. Nur ihr Körper widersetzt sich ihrem Willen. Es zwickt und zwackt in den Gelenken, die Wirbelsäule macht sich auch bereits wieder öfter und stärker bemerkbar. Auch ihr Herz benötigt mit einem Mal Medikamentenunterstützung. Susanna war immer ein gesunder, robuster Mensch. Soll das alles jetzt vorbei sein? Ja, vieles ist vorbei, auch die stets bis jetzt vorhandene körperliche Kraft. Der Gedanke, alt zu sein, fällt ihr schwer. Innerlich ist sie jung und agil geblieben, doch ihr wahrer körperlicher Zustand hat nicht mehr viel mit jugendlicher Frische zu tun. Nun sollte einer der Lieblingssprüche Susannas angesagt sein: „Es ist, wie es ist, und wenn man nichts ändern kann, kann auch nichts geändert werden. So ist es! Basta!" Aber diesmal hilft auch der Spruch nichts. Susanna fühlt sich gegenwärtig absolut nicht wohl in ihrer Haut.

Mein geliebtes Mütterlein!

Du weißt ja, dass ich sehr, sehr oft in deiner Nähe bin, so gesehen immer öfter. Und es macht mich betrübt, dass du dir so viele Sorgen um deine Körperlichkeit machst. Muttilein, alles ist vergänglich, auch die „tollste Laufbahn" und der schönste Körper. Alle Materie ist einem Verfall preisgegeben, jedoch Sorgen musst du dir keine machen. Du weißt um die Macht deines Willens, um die Kraft der Worte und um die Energie der Gebete. Du sollst nicht einen einzigen irdischen Augenblick daran zweifeln, dass genau das geschehen wird, was du mit deinem Wissen zu erreichen gedenkst.

Du bist jetzt allein. Sieh, wie gut das Alleinsein ist. Du bist frei im Tun und Denken, du darfst die Tage deines letzten Lebensabschnittes nur für dich genießen. In der Art, in der du dich wohl fühlst. Du musst keine Ängste haben, nur weil das Alter derartige Gedanken auf- und annimmt. Du bist der tapferste Mensch, den ich kenne, gleich, ob hier bei mir oder bei dir im irdisch-materiellen Bereich. Und du musst wissen, dass deine Seele noch viel, viel stärker ist, als du es als Menschenkind jemals bewiesen hast.

Keine Sorgen, Muttilein, keine bangen Gefühle, denn ein Menschenkind in der Hut seiner Seele wird aus der geistigen Welt betreut. Mehr ist es nicht, und ich bin der lebende Beweis dafür, dass Ängste niemals eine Lösung bringen. Sie bringen traurige Stunden und das ist nicht dein Stil! Ich liebe dich und bin bei dir – wo bist du alleine?

Dein Bub

Susanna macht sich zunehmend Gedanken über ihr Leben, das ja zum größten Teil schon Vergangenheit für sie ist. Vor ihr liegt noch eine kurze Zeitspanne, denn sie will auf gar keinen Fall „zu alt" werden. Dazu ist die Freude auf ein Wiedersehen mit ihrem Sohn schon viel zu groß. Sie kann es – so gesehen – kaum mehr erwarten.

Nun muss sie sich auch noch in Geduld üben. Das fällt Susanna schon sehr schwer. Doch was sein muss, muss sein. Und bis es so weit ist, bis Gerald sie in die Arme nehmen wird, denkt sie viel an ihr bereits vergangenes Leben. Es ist eine große Anzahl an Fragen daraus unbeantwortet geblieben. Fragen, die sie früher in ihrer Jugend gestellt hat, sind zum Großteil beantwortet worden.

Die Fragen jedoch, die nach dem Selbstmord ihres Sohnes plötzlich da waren, die sind immer noch größtenteils unbeantwortet. Ja, sicherlich, Gerald hat sein Möglichstes getan und einige sehr wichtige Erklärungen zu Papier gebracht. Das ist auch gut so, denn nun kann Susanna viel besser mit diesem Geschehen umgehen. Begreifen jedoch wird sie es wohl nie so recht. Aber sie hat den Großteil seiner Tat verstanden.

Trotz allem sind immer noch Fragen bezüglich ihrer Lebenserfahrungen unbeantwortet. Susanna hat den Zweiten Weltkrieg in aller Härte miterlebt und weiß, dass es immer wieder auf der Welt zu Kampfhandlungen kommt. Zu Gräueltaten, zu Rachefeldzügen, zu Mord- und Totschlägen. Warum können die Menschen nicht Frieden halten, Frieden finden? Eine so wichtige Frage, die immer noch keine Antwort hat. Warum hat sie so viele Schicksalsschläge erlebt? Ihr Leben hätte doch viel leichter sein können. War es aber nicht. Auch auf diese Frage gibt es keine passende Antwort.

Kann sie noch irgendetwas tun?

Gibt es da noch etwas, das man eventuell verabsäumt hat, ohne es zu wissen?

Sollte sie noch irgendetwas wiedergutmachen?

Jemanden um Verzeihung bitten?

Wen kann bzw. könnte sie um Antworten bitten?

Wer weiß überhaupt Antworten auf die für sie so wichtigen Fragen?

Viele Gedanken geistern in Susannas Kopf herum, machen sie nervös und so manches Mal auch sehr traurig. Sie versucht,

Ordnung in ihre Vergangenheit zu bringen, indem sie die Gegenwart nach Lösungen durchforstet. Einiges erkennt sie aus sich heraus, nimmt alle Gelegenheiten wahr, diese Probleme zu lösen. Aber die richtigen Antworten auf die von ihr mit bangem Herzen gestellten Fragen erhält sie nicht.

Auch Gerald weiß um ihre Fragen, jedoch kann oder darf auch er keine Antworten geben. Sein diesbezüglicher Brief bringt aber nun doch etwas Klarheit in Susannas Wissen.

Meine geliebte Mutti!

Ich bin so froh, dass du dich jetzt ein wenig besser mit den Umständen der Erdenzeit zurechtfindest. Die Zeit vergeht für euch Menschen in einem derart raschen Tempo. Wer hat die Zeit eigentlich erfunden? Warum müssen die Menschen an sich immer das Leben leben, das sie am meisten belastet? Du siehst, ich bin immer in deiner Gegenwart und erlaube es mir, in deinen Gedanken zu „stöbern". Es sind die ganz und gar vernünftigen Gedankengänge eines wissenden Menschenkindes mit dem Enderfolg, dass auf alle diese Fragen – und es sind derer noch viel, viel mehr – keine Antworten gefunden werden. Und ob du es glaubst oder nicht, es gibt auf derartige Fragen keine Antworten, denn diese „Fragen" sind „Tatsachen", und Tatsachen sind Fixsterne im Verstand des Menschen.

Aber das wird nicht anerkannt auf der Erde und so wird die Suche nach Antworten zum großen und erfolgreichen Vernichtungsfeldzug auf der Erde. Egal, welche Fragen gestellt werden, die fanatische Suche nach Antworten widerspricht jeglicher Vernunft. Nur die allerwichtigste Frage, nämlich die, warum die Menschheit nicht mit und auf Vernunft reagiert, die wird beinahe nie gestellt.

Und somit bleibt die Antwort eine kleine Suche nach etwas, das im Prinzip nur erschreckend wenige interessiert. Und genau das ist die Antwort auf das Chaos und das Durcheinander, genannt: menschliche Evolution!

Ich hab dich lieb, aber sei so vernünftig und denk nicht zu viel nach. Das verursacht „Kopfweh" und die schaden deinem Herzen. Also, ich bin zwar kein Philosoph, aber, Gott sei gedankt, auch kein „Mensch" mehr.

Dein Bub

Hoppala, da steckt doch noch viel mehr dahinter, als Susannas eben gestellte Fragen. Da geht es doch vor allem um die Fragen nach dieser Schöpfung und der Tatsache, dass Gott nicht eingreifen wird. Auch wenn die Zerstörungswut der Menschheit noch gefährlicher wird, greift ER nicht ein. Warum wohl? Welcher Grund steckt da wohl dahinter?

Susanna glaubt fest an GOTT, sie liebt, respektiert und vertraut ihm mit jeder Faser ihres Seins. Aber warum tut er nichts? Es gibt doch so viel Positives auf der Erde. Muss das Positive unter all dem Negativen leiden, weil Gott das so will? Und, will ER das wirklich?

Das ist also der springende Punkt, auf den Gerald einfach nur sinnvoll antwortet:

„Alle Fragen werden ihre Antworten finden, wenn die Menschheit gelernt hat, in Vernunft zu existieren!"

So muss es wohl sein, anders ist die Situation in der Schöpfung „Erde" nicht zu erklären.

Susanna schaut mich an, sie ist nicht so recht zufrieden, jedoch auch nicht ganz unzufrieden: „Man soll nie die Hoffnung aufgeben. Aber es hat keinen Sinn, von Erwartungen auszugehen. Irgendwann wird und muss es eine positive Wendung geben. Ich werde auf jeden Fall darum beten!"

Wieder einmal steht das Weihnachtsfest vor der Tür. Diesmal kann es Susanna in Ruhe und Gelassenheit erwarten. Gerald wird ja wieder bei ihr, in ihrer Nähe, sein. Sie freut sich auf den Heiligen Abend. Sie wird ihn so schön und feierlich gestalten wie immer. Allein zu sein, bedeutet ja nicht, einsam zu sein. Das hat sie bereits seit langem erkannt.

Dennoch fühlt sie sich seit vielen Wochen traurig. Sie kennt den Grund nicht, dessen ist sie sich sicher. Vielleicht ist es gar keine Traurigkeit, möglicherweise ist es eine Art von Melancholie, in der sie sich befindet. Susanna ist empfindsamer geworden. Sie reagiert auf Situationen ihres täglichen Lebens immer öfter mit Tränen in den Augen. „Eine echte Heulsuse ist aus mir geworden!" Sie sagt es mit einem leichten Lächeln um die Mundwinkel, ihre Augen blicken jedoch ernst. Alles scheint sie zu Tränen zu rühren …
Ihre geliebte Musik, die sie seit vielen Jahren hört – jetzt muss sie darüber weinen. Ein gefühlvoller Film füllt ihre Augen ebenso mit Tränen wie der Anblick eines schönen Bildes. Was ist nur mit ihr geschehen in den vergangenen Wochen? Als unangenehm empfindet sie diese Zustände jedoch nicht. Nur der Verbrauch an Taschentüchern nimmt zu.

Susanna will eine Erklärung für dieses Geschehen. Sie will es verstehen, dann kann sie damit leben. Dann wird sie auch die Menge der Taschentücher akzeptieren. Also, Gerald, was ist mit deiner geliebten Mutti geschehen, was geht in ihr vor?

Meine allerliebste Mutti!

Es ist ein gutes Gefühl zu wissen, dass du in letzter Zeit immer öfter an mich denkst. Das schafft eine innige Verbindung, die wie ein Weg zwischen dir und mir läuft. Ein sicherer, fester Weg, den du (beinahe) jede Nacht gehst, um dich von mir in die Arme schließen zu lassen.

Warum glaubst du wohl, hast du in den letzten Erdenmonaten so oft Tränen in deinen Augen? Nur aus einem einzigen Grund: Du nimmst immer und immer wieder Abschied von mir, von deiner Mutti und nur, um wiederum in deinen irdischen Körper zurückzukehren. Das nennen die Menschen in ihrer Sprache: aus dem Traum erwachen und den Tag beginnen. Nur, du erinnerst dich in deinen Gefühlen an uns und dann überkommen dich Wehmut und Freude.

TRÄNEN SIND UND BLEIBEN GEWEINTE GEDANKEN! Wer will da schon die Unterschiede hervorholen. Es sind einfach nur die Erinnerungen an das, was eben zu Ende gegangen ist, und auch Erinnerungen an früher. Da sind die vielen Freunde und Bekannten, die schon hier eingelangt sind, da sind Familienangehörige. Sie alle kommen zusammen, wenn ein lieber und geliebter Mensch durch seine „Träume" geht. Und du weißt um die Wahrheit: Es gibt keine Grenze, es ist lediglich die materielle Barriere, die uns voneinander trennt. Aber wozu gibt es den Schlaf, den kleinen Bruder des „Todes"? Die Träume sind das Zuhause der Wahrheit im Wissen.

Wir alle lieben dich, wir freuen uns jede Nacht auf dich!
Dein Gerald in Licht und Liebe

Im Prinzip hat sich Susannas Leben sehr verändert. Alte Freunde und Verwandte sind gestorben, einige von ihnen sind gesundheitlich nicht mehr in der Lage, aus dem Haus zu gehen. Susanna besucht die Kranken, macht ihnen Mut und Hoffnung, erzählt ihre Lebensgeschichte und von der wunderbaren Erkenntnis um die menschliche Existenz. Obwohl sie voller Eifer versucht, den Menschen in ihrem unmittelbaren Umfeld mit Hilfe ihres eigenen Wissens positive Änderungen einzubringen, gelingt es ihr bedauerlicherweise nicht bei jedem. Diese Tatsache betrübt Susanna, denn es sind oft sehr schwierige Situationen, wie sie selbst erkennen muss. Menschen besitzen nun einmal einen eigenen freien Willen und bei so manchen ist er nicht sehr vernünftig einsetzbar. Des Öfteren richet er sich sogar gegen den Betreffenden selbst. Wie dem auch sei, Susanna versucht auch weiterhin, ihren Mitmenschen unter Zuhilfenahme ihrer eigenen Vernunft einen neuen Weg aufzuzeigen. Wie schon gesagt, es gelingt ihr nicht immer, aber sie erreicht großteils, dass die Menschen ihr wenigstens zuhören.

Sie berichtet von ihren eigenen Erfolgen und Misserfolgen und freut sich über jedes angenommene Gespräch im Bekanntenkreis. Mit Hilfe ihres eigenen Wissens kann sie da helfend mit Rat und Tat unterstützen, wo sich ähnliche Familiendramen ereignen oder sich bereits in der Vergangenheit ereignet haben. Die Menschen gehen immer mehr auf sie zu, erfahren die Geschichte einer ebenfalls leidgeprüften Frau und Mutter. Dadurch fassen sie Vertrauen. Es wird endlich über das gesprochen, was lange in den Herzen verdrängt worden ist. Bedingt durch Susannas Vertrauen in das eigene Schicksal, fassen sie selbst Mut und erhalten auch die Kraft, ihr eigenes Geschick und die dazugehörigen Umstände aus einem völlig anderen Blickwinkel neu zu sehen. Das wiederum stärkt erneut Susannas Lebensmut und sie beschließt für sich selbst, in diesem Bereich noch mehr zu tun. Einfach noch mehr zu arbeiten. Die immer wieder stattfindenden Misserfolge stimmen auch nicht mehr so traurig, im Gegenteil. Sie weiß, dass jedes gesprochene Wort, der Inhalt jedes gesagten Satzes ein kleines Saatkorn bedeutet, das in gute, fruchtbare „Erde" von ihr gelegt worden ist. Irgendwann einmal, vielleicht sogar schon bald, wird diese Saat aufgehen. Dessen ist sie sich ganz sicher!

Monate sind vergangen. Susanna steht vor einem großen medizinischen Eingriff. „Mein Knie will nicht mehr mit mir all die vielen Stufen hinaufgehen und abwärtsgehen schon gar nicht. Es entwickelt ein Eigenleben, das ich ihm nicht gestatten kann. Außerdem, es tut sehr weh!" Susannas Humor ist wieder da, er ist sensibel und liebenswürdig. Aber bei Knieschmerzen vergeht er auch ihr.

Es gibt keine andere Möglichkeit mehr, das Knie muss saniert werden. Ein neues, künstliches Knie ist angesagt. Susanna weiß ganz genau, dass sie diese Hilfe annehmen muss, um ihre Lebensqualität aufrechtzuhalten. Somit ist die Operation die beste, weil einzige Lösung dieses Problems. Anfang Mai 2009 hat sie alles gut überstanden. Bald fühlt sie sich wieder in der Lage, alles im Leben so zu tun, wie sie es gewöhnt war. Die Schmerzen werden immer seltener, die Freude am täglichen Tun ist wiedergekehrt.

Susanna ist stolz auf sich und das mit Recht. Jetzt hat sie auch wieder den Willen, mit den Mitmenschen über das Erlebnis „Knie-OP" zu sprechen, jedoch stößt sie auf großen Widerstand. Die Ängste vor Operationen beherrschen bei vielen die Vernunft und lehnen diese Art von Hilfe ab, was für Susanna unverständlich ist. Zu jammern, ist die eine Seite. Aber nur zu jammern, ohne sich helfen zu lassen? Diese Art von seelischer Belastung lehnt selbst sie ab. Wer sich nicht helfen lassen will, dem ist eben einfach nicht zu helfen! Eine uralte Erkenntnis mit ebenso langer Wirkung. Aber es ist so und daran vermag auch Susanna nichts zu ändern.

Susanna sitzt wieder vor mir. Sie hat in all den Monaten ständig mit ihrem Sohn Kontakt gehalten. Nun will sie wissen, ob Gerald durch mich von sich Neues zu berichten hat. Während ihrer Rekonvaleszenzzeit und auch während ihrer Operation war er ständig in ihrer Nähe. Seine beruhigende Ausstrahlung hat Susannas Nervosität zwar gedämpft, aber so richtig „unterhalten" haben sie sich doch nicht. Dafür war die Belastung während dieser Zeit einfach zu groß.

Gerald soll seiner Mutti wieder einige Fragen beantworten, die ihr im Herzen brennen. Sie will Antwort auf die Tatsache, dass „nicht alle Menschen" auf ihre Ratschläge hören, ihr Wissen einfach nicht zur Kenntnis nehmen wollen. Sie weiß, dass Gerald die Antworten kennt und erwartet seine Botschaft beinahe schon ungeduldig.

Hallo, mein Muttilein!

Jetzt ist es wieder besser für dich, weil du alles gut überstanden hast. Aber du bist nicht so richtig zufrieden. Muttilein, du erwartest immer noch zu viel von den Menschen, viel zu viel. Deine Wertvorstellungen passen halt so gar nicht in die Realität der gegenwärtigen Situation auf der Erde.

Weißt du, es hat sich gar nicht so viel verändert an den Menschen. Sie waren im Prinzip immer mehr oder weniger selbstbezogen und sogar verantwortungslos unterwegs. Jeder ist sich selbst der Nächste.

Nur ist die Realität jetzt doch in einer anderen Voraussetzung: Es sind viel zu viele Menschen da, es ist wie in einem Ameisenhaufen. Aber da sind Ordnung und Kontrolle, da funktioniert die Masse.

Bei den Menschen ist ein riesiges Durcheinander entstanden. Zu viele, einfach zu viele, und kaum einer unter ihnen, der diesem „Zuviel" Einhalt gebietet oder Ordnung schafft. Ein Zuviel an Freiheit und Eigeninitiative funktioniert nicht, hat nie funktioniert und, wie es sich darstellt, wird nie funktionieren. Freier Wille ist nur dann in der Ordnung, wenn das Wissen ebenfalls vorhanden ist und demzufolge auch gelebt wird. Und genau das, dieses Wissen um die Ordnung, sie zu leben und umzusetzen, war auch mein irdisches Problem. Von dir und durch dich habe ich die Theorie erkannt, aber die Praxis — nun, du erlebst die ja jetzt jeden Tag.

Mutti, es hat sich nicht viel geändert im menschlichen System, du bist nur viel zu optimistisch. Jetzt lernst du wieder den Ablauf der Schöpfung an sich kennen, mit deinen Worten: „Schöne Aussichten!"

Nun ist alles überstanden, alle waren da, alle deine geistigen Freunde, und sie sind es noch immer. Auch wenn du sie zurzeit nicht spüren und sehen kannst. Du bist (ganz ehrlich) müde und schwach, sehr, sehr müde und ein wenig (noch mehr als ehrlich!) verzweifelt.

Du magst keine „Durststrecken" und bist doch mittendrin. Es ist kein Trost, wenn ich dir sage: „Alles geht vorüber", aber es klingt doch tröstlich. Glaube mir, es geht vorüber, so wie alles einmal ein Ende hat, ein gutes, ein positives und wunderbares Ende!
Du bist stark in deiner Seele, stark und unverwüstlich. Da darf das „menschliche Gebein" auch einmal schwach sein.

Muttilein, Muttilein, alles, alles Liebe, tausend Umarmungen und ein dickes Bussi zu deinem Ehrentag. Ich bin stolz auf deine Tapferkeit und deine Bereitschaft, unter Tränen doch wieder zu lachen.

ICH HAB DICH LIEB!

Dein Bub

In Susannas Herzen geht die Sonne auf. Ihre bange Frage an Gerald war: „Wie geht es mir wirklich?" Seine Antwort bestätigt Susannas wahres Wissen über ihre gegenwärtige Lebenssituation. Nun ist es für sie gewiss, dass es wirklich bergauf geht mit ihrer Gesundung und dass sie nicht mehr „schauspielern" muss. Gerald ist für sie zum tatsächlichen „Rettungsanker" geworden und das ist gut. Gut für Susanna, gut für ihre Mitmenschen und ebenfalls gut für Gerald. Ein ewiges Geben und Nehmen, auch wenn die Welten getrennt sind. Dem Himmel sei Dank!Susannas Rehabilitation macht gute Fortschritte. Der Aufenthalt in einem Rehazentrum ist sehr anstrengend, aber auch interessant. Sie lernt dort „Leidensgenossen" kennen und führt ernsthafte Gespräche. Sie lässt mit Freude die Menschen an ihrem Wissen teilhaben. Sie tut es aber nur, wenn sie wirkliches Interesse bei den anderen erkennt. Es soll absolut freiwillig sein, das ist ihre Voraussetzung. Alles geht gut, alles geschieht in Ruhe und Geborgenheit in den Händen von Fachpersonal. Von Gerald „hört" sie nichts und sie spürt ihn auch nicht. Das ist aber in diesem Fall kein Problem für sie, da sie mit ihrem Heilungsverlauf vollauf beschäftigt ist. Sie weiß, dass ihr Sohn auf jeden Fall in ihrer Nähe sein wird, wenn sie ihn tatsächlich braucht.

Susanna ist wieder bei mir und sie bekommt folgende Botschaft von Gerald:

Mein geliebtes Mütterlein!

Ja, ich war sehr beschäftigt und konnte mich nicht so sehr um dich bemühen, wie ich es sicherlich getan hätte, wenn ... Aber du warst ja in den besten Händen, besser konnte es nicht sein. Es war ein förmliches „G'riss" um dich und deine Genesung, das Management war in vollem Gang. Wenn du dir dessen wirklich sicher gewesen wärst, hättest du viel besser geschlafen.

Aber, na ja, das Menschsein ist ein riesiges Problem an sich. Du weißt das, ich weiß das, alle wissen das, und aus diesem Grund ist die Freude am „Wiedergeborenwerden" eher gering, um nicht zu sagen: äußerst gering. Deshalb warten auch so viele Lieben auf dich. Du wirst diejenige sein, die berichten wird, wie es zurzeit ist, Mensch zu sein und im irdischen Gewand auf Erden „lustzuwandeln".

Ich nehme an, dass nach diesen Berichten die „Lust am Wandeln" in eine Art „Frust" ausarten wird. Viele bzw. einige deiner Lieben haben schon vieles vergessen, aber doch nicht so ganz vergessen. Die Spannung steigt mit jeder Zeiteinheit. Du aber lässt dir noch Zeit, ja! Denn dein neues Ersatzteil, dein

Knie, muss noch die Welt, deine Welt, kennen lernen. Und da das Zeitalter der Roboter wirksam und aus den Kinderschuhen längst „entwachsen" ist, hat auch dein Knie seine „volle Existenz" zu entfalten.

Mutti, bitte, ruhe dich jetzt aus. Du bist erschöpfter, als du weißt. Und wir beide wollen doch „unseren Urlaub" genießen!

Ein dickes Bussi, eine Umarmung in und aus Liebe

Dein Bub

Susanna ist fest davon überzeugt, dass es eine „Wiedergeburt" gibt. Wenn auch nicht so unbedingt, wie es als „Wissen" unter den Menschen kursiert. Aber dass beinahe jede Seele Erfahrungen als Mensch auf dem Planeten Erde machen will, aber nicht unbedingt „muss", das ist ein fixer Bestandteil ihres eigenen Wissens. Wie genau dieses Geschehen vor sich geht, wird sie erst erkennen, wenn auch sie den irdisch-materiellen Körper verlassen hat. Nach ihrem Tod also.

Zum jetzigen Zeitpunkt darüber nachzudenken, hält sie nicht für sinnvoll. Ihr ist ja bekannt, dass es für viele Situationen auf der Erde keinerlei Erklärungen geben kann, auch nicht aus dem geistig-mentalen Bereich. Es genügt ihr zu wissen, dass es diese Erkenntnisse gibt und sie die dazugehörigen Umstände in der „anderen Welt" erfahren wird.

Im irdisch-menschlichen Leben steht so viel an Wissenswertem und Wichtigem an, wozu sich also mit hier unerklärbaren Phänomenen unnötig belasten. Susanna ist eine absolut vernünftige Frau mit einer bereits sehr wissenden Seele. Sie weiß um die unüberbrückbare Wissensgrenze zwischen den Welten, sie respektiert und akzeptiert diese Tatsache.

Und im Anschluss an dieses Wissen erhält sie die Bestätigung dieser Erkenntnisse aus der anderen Welt.

Gerald teilt ihr folgendes mit:

Mein geliebtes Muttilein!

Ich bin so froh, dass es dem Menschen „Mutti" wieder gut geht, dass alles gut ausgegangen ist, dass ..., aber im Prinzip war genau das zu erwarten. Rückblickend auf dein Erdenleben, bis zum heutigen Tag, gibt es nichts an Erfahrungen, mit denen du nicht umgehen konntest. Du hast immer alles „erreicht" und „bewältigt", auch wenn so manches Mal und gar nicht selten, dein Temperament mit dir durchgegangen ist. Aber vielleicht ist das genau die Energie, die ein Menschenkind braucht, um den Sinn des Lebens zu entdecken.

DER SINN DES LEBENS IST SO EINFACH:
DAS LEBEN ANZUNEHMEN, WIE ES KOMMT, UND DAS
BESTE, DAS SINNVOLLSTE DARAUS ZU MACHEN. DIE
WERTIGKEITEN ZU ERKENNEN, DIE DAHINTERSTE-
CKEN, UND DEN MUT ZU HABEN, SO MANCHES MAL
UMWEGE EINZUSCHLAGEN UND RÜCKSCHLÄGE
ZU VERKRAFTEN!

Also all das, was ich nie im Stande war, für mich zu tun. Irgendwann, zu einem irdischen Zeitpunkt nach meinem Heim-gang, habe ich mich für meine Feigheit geschämt. Es ist lange her. Und wenn ich dich jetzt durchs Leben begleite: Du bist eine so starke, überzeugte Kämpferin. Ich hätte es an deiner Seite im Leben sicherlich geschafft, wenn ich ..., ja, wenn ich ... Aber diesen Mut hatte ich nicht, dafür hast und hattest du ihn für uns beide.

Ich freue mich schon so sehr auf unser Wiedersehen, auch wenn der Zeitfaktor noch zwischen uns wirksam ist. Aber du weißt ja: Jeder Erdentag bringt einen Gutpunkt und du liebst es, sie zu sammeln! Ich grüße dich in Licht und Liebe und mit zehntausenden Umarmungen

Dein Bub

Susannas Geburtstag nähert sich mit Riesenschritten. Dieses Mal will sie wieder feiern und nimmt Einladungen an. Sie freut sich und fühlt sich nicht mehr so alleingelassen. Sie hat neue Bekanntschaften geschlossen und beschlossen, alle wehmütigen Erinnerungen endlich der Vergangenheit zu überlassen. Das hat sie sich ganz fest vorgenommen und hofft, auch dieses Problem einer guten Lösung zuzuführen.

Einfach wird es nicht werden, dessen ist sie sich bewusst, aber es ist ein vernünftiger Vorsatz für das neue Lebensjahr. All die vielen Erinnerungen sind doch eine große Belastung für einen alten Menschen. Sie will einfach nur mehr die guten, die schönen, die wunderbaren Momente ihres Lebens im Gedächtnis behalten. Das ist ihr fester Vorsatz, das soll und muss für ihre Zukunft Gültigkeit haben.

Mein geliebtes Mütterlein!

Ein dickes Bussi vorneweg zu deinem Festtag von mir an dich. Es tut so gut zu wissen, dass du in guter Gesellschaft sein durftest und somit allfällige Wehmutsgedanken nicht stattfinden konnten. Ich weiß nämlich, dass du an so manchen Erdentagen sehr traurig bist.

Die Tatsache, dass so viele Menschen aus deinem Freundeskreis nicht mehr da sind, belastet dich so manches Mal schon sehr. Da nützen auch die positiven Einstellungen nicht viel. Verluste tun weh und das sogenannte „Loslassen" ist ein oftmals schwieriger Abnabelungsprozess. Aber ich weiß auch, welch tapferes Herz du hast und mit welchem Mut du stets dem Leben gegenübergestanden bist. Du bist stark in deiner Persönlichkeit, aber „streichelweich" in deiner Liebe.

Und ich bin wohl hier der glücklichste „Geist", denn mir ist es gelungen, Verbindungen zwischen zwei Welten herzustellen.

Auf den unteren Ebenen stößt dies vielfach auf Unverständnis und Ungläubigkeit, auf den oberen Ebenen gehört es zur Selbstverständlichkeit. Dabei könnte so vieles mehr geschehen, denn gegenwärtig haben sehr viele Menschen(-kinder) diese Fähigkeiten, jedoch, ohne sie sinnvoll einzusetzen. Die Angst, für „ver-rückt" gehalten zu werden, steckt ihnen noch viel zu sehr in ihrem Bewusstsein. Viel größer ist jedoch der Mangel in das eigene Vertrauen. Es ist so viel geschehen auf dieser Erde, in jeder Hinsicht sind gegenwärtig alle Tore geöffnet. Der Missbrauch am eigenen Willen in der irdischen Vergangenheit (Kirche!) hat jedoch bereits wieder sehr viele Tore geschlossen, noch bevor sie benutzt werden konnten. Unser Tor jedoch – es steht weit offen und ich sorge dafür, dass dies so bleibt.

Noch einmal, siehe oben, ein dickes Bussi in Licht und Liebe

Dein Bub

Susanna hat in den letzten Jahren viele Verluste hinnehmen müssen. Eine ihrer beiden Schwestern ist in Kanada verstorben. Es ist schmerzlich, sich nicht verabschieden zu können. Das war die bittere Erkenntnis, als sie die Todesnachricht erhielt. Auch an dem Begräbnis konnte sie nicht teilnehmen. Die Reise wäre einfach zu beschwerlich gewesen, da Susannas Herz nicht mehr so kräftig schlägt.

Pünktlich im Frühling jedes Jahres ist die andere Schwester in Begleitung ihres Ehemannes von Kanada nach Wien gereist, um hier den Sommer zu verbringen. Aber auch das ist nicht mehr möglich, denn dieser Schwester geht es ebenfalls gesundheitlich nicht mehr gut. Der Schwager ist bereits verstorben. Obwohl die jährliche Anwesenheit der beiden für Susanna doch immer eine große Belastung dargestellt hat, ist diese Veränderung ihrer Lebensumstände ebenfalls schmerzhaft.

Einige der guten Freunde weilen ebenfalls nicht mehr unter den Lebenden. Eine sehr gute Freundin ist zum Pflegefall geworden. Ein Schlaganfall hat sie für immer ans Bett gefesselt. Susanna besucht sie regelmäßig. Jedoch vermisst sie dabei die Gespräche, die in der Vergangenheit so wichtig für beide waren.

„So ist das Leben. Was soll man tun, wenn man nichts tun kann." Susannas Worte klingen ruhig und vernünftig. Wie es wirklich in ihrem Herzen aussieht, weißt wohl nur ihr Sohn.

Trotz all der Schicksalsschläge, es sind noch einige mehr geschehen, gibt Susanna ihre Arbeit mit Menschen nicht auf. Gerade zum gegenwärtigen Zeitpunkt kommen immer wieder Hilfe suchende Mitmenschen auf sie zu. Es ist, als ob sie darauf gewartet haben, dass Susanna jetzt „Zeit" hat. Zeit für diejenigen, die sie früher eher selten kontaktiert hat.

Sie lernt auch Alkoholiker kennen. Menschen, denen sie auf ihre Art jedoch nicht helfen kann. Es ist schwer, das zu verstehen, wenn man im Leben noch nie mit dieser Krankheit zu tun hatte. Und da Susanna sich ihre eigene Hilflosigkeit in dieser Bereicherung nicht eingestehen will, teilt ihr Gerald Folgendes mit:

Mein geliebtes Mütterlein!

Lieb von dir, dass du dich um jeden Menschen sorgst, der nicht fähig ist, sein eigenes Leben zu leben. Aber genau das ist es, was nicht geschehen soll. Du weißt ja, dass alleine der Wille zählt und dass jeder Mensch das Recht hat, seinen eigenen Willen einzusetzen. Gleich, von welcher Energie her. Menschen, die dem Alkohol verfallen sind, haben das Recht, dem Alkohol zu „huldigen". Er ist ihr „Gott" und sie beten ihn so an, wie es ihnen zumute ist. Das nennt man „Sucht", wie du ja weißt. Und in diesem Wort ist die „Suche" versteckt. Sie sind also auf der Suche nach einer Art von „Mach mir bitte das Problem weg, damit ich meinen Willen bekomme ..." So in etwa läuft das. Nur, diese „Gottheit" ist ein Sektenführer und führt sie direkt in die Abhängigkeit. Und Sektenmitglieder haben keinen eigenen Willen (siehst du, wie sich die Katze in den Schwanz beißt!).

Du jedoch würdest — willst sie in ihrem eigenen Willen in ihre eigene Verantwortung führen. Was aber nicht vorhanden ist, kann nicht aktiviert werden. Alkoholabhängige Menschen sind „Klammeraffen", man wird sie nicht mehr so leicht los. Sie müssen lernen, das ist ihr Karma, dass sie niemandem hörig sein müssen, niemandem außer sich selbst. Da hat jeder Mensch sein eigenes Schicksal zu ertragen und Hilfe tritt nur dann ein, wenn die Selbsthilfe „selbst" aktiviert wird.

Du, meine Mutti, gehst nicht freiwillig in die „Hölle der Abhängigen", denn diese Energie bleibt sogar in deiner Seele haften. Du weißt ja, Hilfe wird nur dann gegeben, wenn um Hilfe gebeten wird. Ja, wenn sie sogar verlangt wird. Aber denk nicht nach, die Erde ist ein Tollhaus, das nicht bereinigt werden kann. Das ist so, und, wie es jetzt geschieht, gibt es keine wie auch immer geartete Umpolung.

Du hast ein sehr großes Herz, da sitzen so viele wunderbare „Seelenteilchen" schon fest verankert. Die sind bei dir so sicher verankert. Das ist das, wofür du den mühevollen Erdenweg gegangen bist. Für all die anderen wird so gesorgt, wie es in ihrem Schicksal vorgegeben ist. Lass die Wichtigtuer ruhig reden und tun, was sie tun mögen. Du weißt ja: Gut meinen ist genau das Gegenteil von GUT (SEIN).

Ich gebe dir viele Busserln auf dein liebevolles Haupt, denn ich liebe dich mit allem, was geht.
In Licht, in Liebe, in Freude und Friede, und: in meinem Willen!

Dein Bub

Ich will dieses Kapitel in meinem Buch, die Geschichte von „Susanna und Gerald" nicht beenden, ohne Folgendes zu sagen:

Mit Susanna zu arbeiten, ist eine wunderbare Tätigkeit für mich. Ich habe großen Respekt vor der Art, wie sie ihr Leben bis zum heutigen Tag gemeistert hat. Nämlich, ohne zu jammern und ohne zu klagen. Einfach „nur" im Vertrauen auf ihr Schicksal und ihre große Liebe zu Gott, den sie wie einen Vater sieht, und zu Jesus, dem sie als ihren geliebten Bruder spürt. An der Hand ihrer „Mutti Maria" ist sie durchs Leben gegangen, geht sie auch heute noch und wird es auch weiterhin tun.

Jede Botschaft von Gerald, ihrem verstorbenen Sohn, hat sie in ihr Herz aufgenommen und in ihr Leben integriert. Ihr Leben ist damit jedoch nicht viel leichter geworden. Sie hat, bedingt durch Geralds Wissen, gelernt und erfahren, ihr Schicksal zu verstehen und eine Ahnung bekommen, warum es so ist auf der Erde unter den Menschen. Was sie ändern kann, welche Möglichkeiten ihr und den Menschen offen stehen.

Es ist für mich von großer Wichtigkeit, dass Susanna mir absolutes Vertrauen in meine Fähigkeiten entgegenbringt. Denn alle Botschaften, jeder einzelne Brief in dieser Geschichte, laufen zuerst über meine Hand. Danke Susanna, dass ich all das für dich tun durfte, dass ich es auch weiterhin tun werde.
Ein noch liebevolleres „Danke" an dich, weil du es ermöglicht hast, dass viele Menschen durch deinen Kontakt mit Gerald einen neuen Blickwinkel für ihr Leben entdecken werden können.

Zum Abschluss möchte ich noch zwei Briefe Geralds, seine vorläufig letzten Botschaften an seine Mutter, zu Papier bringen. Sie enthalten wundervolle Hinweise auf das, was wohl ein jeder von uns wissen will.
Gerald gibt seiner Mutter die größte Hoffnung für die Zukunft in der „anderen Welt" in diesem, ihrem Leben mit:

Mein geliebtes Mütterlein!

Es lebe dein Temperament! Das ist das Einzige an dir, das immer noch so jung und so aktiv ist, wie du es in deinem Herzen bist. Meine Mutti war mein bester Kamerad und „Kumpel", sie ist es immer noch. Ja sicherlich, so manches Mal bist du müde, sehr, sehr oft enttäuscht und immer wieder einmal verdrossen. Aber immer dann, wenn dir das alles „auf die Nerven" geht, entsteht ein Blitzen in deinen Augen. Sie beginnen zu funkeln, über deine Lippen läuft so ein leichtes „Schmunzeln" und wie mit einem Wisch ist das Temperament wieder da und aktiv.

Nichts ist so schlimm, nichts ist so dramatisch, dass man nicht etwas daraus machen kann. Natürlich lachen, auch wenn es für dich gerade eben noch vergangen war. Du bist ein „Stehauf-männchen", und das tut gut.

Wenn du nämlich hier bei mir sein wirst, dann werden wir zuerst einmal vor Rührung weinen, sehr, sehr heftig. Und dann vor Freude lachen. Lachen über all das, was uns beide als Menschen so „geärgert" oder belastet hat.

Du wirst sehen, ein Körper, den man nicht mehr hat, ist auch nicht mehr wichtig. Er fehlt nicht, man benötigt ihn nicht. Aber das Temperament ist der Beginn der endlosen Energie und die ist das absolute „MUSS" in der anderen Welt. Also, reg dich nicht auf und vergiss den Ärger mit deinen „Innereien und Gebeinen". Du bist ein „junges Ding", und das Leben ist kein Honiglecken. Es ist eben eine paradieslose Erde ...Muttilein, Kopf hoch, auch wenn die „Wirbeln krachen"!
Bussi

Dein Bub

Mein geliebtes Mütterlein!

Ich bin so froh, dass du endlich vernünftig bist und auf meine
Worte achtest. Es ist traurig, dass du mit dir alleine den Weg des
„Alterns" gehst, aber du gehst ihn in guter, weil vernünftiger
Weise. Ruhig, und jetzt ohne großes Kopfschütteln.

Die Erkenntnis, dass der Körper langsam in sich zusammen-
fällt, ist nur dann bitter, wenn man sich um die Realität des
menschlichen Daseins „drückt". Der Geist bleibt ja vorhanden,
das Wissen existiert weiter. Aber auf eine Art muss sich auch
das reduzieren, denn sonst würde kein Mensch den Übergang
in das wahre Leben akzeptieren.

Das wahre Leben ist hier, da, wo auch ich bin. Gleich, welche Ebene, gleich, welche Sphäre, weil es doch ohnehin für das menschliche
Gehirn nicht zu verstehen ist, zu beschreiben ebenfalls unendlich
schwierig. Es ist eben das „wahre Leben" und die irdische Realität
erscheint mir jetzt wie ein eigenartig entrückter Traum. An-
gereichert mit Sorgen, Nöten, Kummer und riesigen Mengen an
Ängsten. Übergeordnet steht da lediglich die Unwissenheit Hand
in Hand mit Fehlwissen und Fehlinterpretationen.

So gesehen: Wie herrlich, wie wundervoll, dass das Erdenleben
lediglich ein bewegter, teils verrückter Traum, einfach nur eine
Art von „Illusion" ist.

Verstehen kannst du es jetzt schon, begreifen erst dann, wenn
du mich in die Arme nehmen wirst. Mit Liebe, ohne Ängste,
ohne Not, ohne Kummer. Dann beginnt die Wirklichkeit. Das
Leben ist doch nur ein Traum, dessen bester Freund der „Tod" ist.
Na, ist dein Bub nicht zum Philosophen geworden?
Ein dickes Bussi in Liebe von

MIR

CORA – MEINE LEHRMEISTERIN

Am 25. Jänner 2010 gegen 11.30 Uhr brach meine Welt endgültig auseinander. Alles, was für mich bis zu diesem Augenblick wichtig und lebenswert war, fand ein unglaublich schmerzhaftes Ende.

Cora, meine 14-jährige, vierbeinige Lebensbegleiterin – meine alte Hündin –, wurde eingeschläfert!
Es war der letzte Liebesdienst, den ich ihr erweisen konnte und sie war damit einverstanden.
Wir beide hatten alles, in der Tat alles „Menschenmögliche" noch versucht, doch ihr alter kranker Körper konnte mit diesen Hilfeleistungen nicht mehr umgehen – absolut nichts mehr anfangen:

Ein letzter Blick, ein kleines „Ist schon in Ordnung, Frauchen" – und das müde gewordene Hundeherz hörte auf zu schlagen.
Ich hielt sie irgendwie im Arm, streichelte ihren Kopf und versuchte mit krampfhafter Anstrengung, meine Tränen zu unterdrücken. Sinnlos, denn sie „rannen" mir förmlich über das Gesicht – heiß und unerbittlich.

Nun war es also geschehen, wieder einmal. Das, was ich schon seit längerer Zeit habe kommen sehen, nahm eine kleine, kurze Zeitspanne in Anspruch und vierzehn Jahre meines Lebens mit Cora waren vorbei, beendet für immer.
Und wie das weh tat, wie lange hält ein Menschenherz das aus?

„Genau so, wie du es bereits einige Male im Laufe deines Lebens ausgehalten hast, ganz gleich zu welchem Zeitpunkt. Ob beim Tod deiner Mutter oder in der gleichen Situation mit deiner Schäferhündin und den beiden Kätzchen.
Der Schmerz im Herzen ist derselbe, nur die Intensität ist unterschiedlich. Also, lass ihn zu – wieder einmal – und akzeptiere ihn."

Oh Gott, da ist sie wieder ... Da ist diese Stimme in dir, die immer *da* ist, wenn du nicht mehr weiterweißt, wenn du hilflos dastehst, weil deine Lebenssituation förmlich auseinanderbricht. Diese Stimme, die dir so viel an Kraft und Hilfe bringt, wenn du nicht weißt, wie es in deinem Leben weitergehen soll.

Sinnlos, denn diesmal wollte ich mich nicht mit der Stimme in mir auseinandersetzen. Wir sind die besten Freunde, diese Stimme und ich. Es gelingt mir fast immer, ihre Worte und Sätze in mein Leben zu integrieren. Nur diesmal nicht. Alles, was für mich in den letzten Jahren „Familie" bedeutet hatte, lag nun tot vor mir: mein Hund, meine Kameradin, meine beste Freundin, mein Lebensmotor!

Wir sind beide miteinander „alt" geworden. Wenn ich im Laufe dieser vergangenen Jahre Probleme hatte, sind wir gemeinsam in den Wald gegangen – „Komm Cora, ich brauche Hilfe, gehen wir Hilfe suchen ..." –, und über Wiesen, an Feldern entlang, haben wir kleine Bächlein überquert, haben bei dem Baum angehalten, der mir stets neue Kraft und Energie gespendet hat.

Ich habe sie immer und immer wieder gefunden, Cora war meine unauffällige, in sich zufriedene Begleiterin. Wir haben nie viel miteinander geredet, es genügte oft nur ein Gedanke, ein Blick in ihre sanften Augen. Sie war immer für mich da, immer bereit, sich meinem Leben anzuschließen. Sie für mich – ich für sie!

Vierzehn lange Jahre hindurch! Jahre, die nun plötzlich so kurz wie nie erschienen ...„Reiß dich zusammen, hör auf zu heulen, es ist doch nur der Körper, der leblose Körper, der da vor dir liegt. Was soll das Theater, gerade DU weißt genau um die Wahrheit dieser Situation. Die Seele ist doch existent, sie ist nicht tot! Wie führst du dich denn auf? Was soll das?"

In meinem Kopf rasten die Gedanken und fuhren Achterbahn.

Mein Tierarzt, Philipp AMON, aus Klosterneuburg, stand respektvoll und mit traurigem Gesicht im Hintergrund seines

Ordinationsraumes. Er gab mir Zeit, lange Minuten, um mich vom leblosen Körper meiner geliebten Hündin verabschieden zu können. Es fiel auch ihm sehr schwer, das Geschehene zu verarbeiten. Ein Leben „auszulöschen", ist eine riesengroße Verantwortung. Aber wenn „nichts mehr geht", ist es eine Erlösung für das betroffene Tier. Bei Cora „ging nichts mehr"! Die Hoffnungslosigkeit der Situation war in seinen Augen zu sehen. Ich war ihm unendlich dankbar dafür, dass er schwieg, dass er alle Tröstungsversuche für mich in diesem Augenblick unterließ. In den nächsten Tagen würden sie mich förmlich „überfluten", das wusste ich bereits jetzt. Doch in diesen Minuten zählte dieses Wissen jedoch absolut nichts! DANKE PHILIPP!

Irgendwie bin ich nach Hause gekommen. Irgendwie ist der Tag, sind die folgenden Tage vergangen. Überall „sah ich Cora": Sie lag auf ihrem Lieblingsplatz mitten im Zimmer, sie saß auf der Rückbank meines Autos, sie ging in meiner Begleitung durch die Hundeauslaufzone im Wiener Prater und ich forderte sie unwillkürlich auf, mit mir den Müll wegzubringen. Sie war einfach *da*, sie war in meiner Nähe, aber sie war nicht anwesend. Ich spürte die Leere, die Leere meiner Umgebung, die Leere in meinem Herzen, verbunden mit dem grausamen Schmerz des Verlustes. Coras Seele ging es gut, sie strahlte zufriedene Gelassenheit aus. Ich spürte es ganz deutlich. Ihre Augen baten mich, mit der Situation endlich richtig umzugehen. Umsonst, es ist mir nicht gelungen, auch wenn ich mir meine Vernunft zu Hilfe holen konnte und mir damit die Erinnerungen an „das Früher mit Cora" energisch verbat. Der Schmerz wurde mit jedem Tag, an dem ich meine Hundekameradin vermisste, heftiger.

Einige Tage hindurch war ich hin- und hergerissen zwischen meiner Vernunft und meinen Gefühlen. Mein Verstand funktionierte zwar wie immer, meine Gefühle jedoch spielten verrückt. Ich war ja mit einem Mal allein, mein Tagesablauf stimmte nicht mehr. Ich tat mich schwer mit der neuen Situation, ja, ich lehnte sie vehement ab. Ein Gedanke blitzte in meinem Verstand auf: „Ein neuer Hund?" Nein! Auf keinen Fall! Da war ich mir absolut sicher. Jetzt und sofort ein neuer Hund –NEIN! Ich wollte auf keinen Fall einen „nächsten Hund". Da ich mir ganz sicher war, musste ich mein Alleinsein einfach nur als fixen Bestandteil in mein Leben aufnehmen.

Das Leben mit Cora war Teil 1 – das Leben ohne Cora Teil 2 mit Fortsetzung.

Langsam setzte mein Denkvermögen wieder ein. Es stellte sich eine neue Art von Lebensart ein. Aber wie sollte ich mit den entsetzlichen Schmerzen in meinem Herzen umgehen? Ich fühlte mich ihnen zutiefst und hilflos ausgesetzt, ja förmlich „ausgeliefert".

Hilfe! Ich brauchte Hilfe – rasche, Ziel führende Hilfe, damit auch ich meine Arbeit weiterhin fortführen konnte. In Verantwortung, so wie eh und je, und nicht in der Zerrissenheit der augenblicklichen Situation.

Eine Bitte an das Universum! Eine Bitte an Gott und all die geistigen Helfer und Schützer! An all jene, die immer helfend unterstützen, wenn sie gebraucht und verlangt werden. Diese Bitte an das Universum – warum hatte ich nicht schon früher daran gedacht? Der Schock! Es war der Schock mit Langzeitwirkung, der mein klares Denken in dieser Situation völlig „vernebelt" hatte. Na also! *Das* war es! Aber jetzt an die geistige Welt: „Bitte, ICH WILL HILFE!"

Und es kam sehr schnell Hilfe. Erika BERTHOLD, Kollegin, Freundin und ein ganz besonders liebevolles Menschenkind, brachte mir ein kleines Tropfenfläschchen als Trostspender.

Erika arbeitet mit Unterstützung und in Begleitung von Naturwesen. Sie ist Expertin für Faune, Gnome, Elfen, Sylphen

(Luftgeist) und auch für Kobolde. Denn wie es uns seit Kindertagen aus Märchen und Sagen bekannt ist, spielen diese Wesen in Wald und Flur eine ganz wesentliche Rolle. Nein, sie spielen nicht nur, sie sorgen in Liebe und Freude dafür, dass die Natur das bieten kann, was wir Menschen von ihr wie selbstverständlich erwarten: Ein Blühen und Gedeihen, wie es schöner nicht sein kann!

Den „Tröstenden Baumgeist" hat sie für mich in Tropfenform ausgewählt. Ich bin ihr unendlich dankbar dafür, denn schon in kürzester Zeit hat er mir geholfen. Ein paar Stunden nach Einnahme dieser Tropfen beruhigte sich der Schmerz in meinem Herzen. In Ruhe und Gelassenheit war es mir nun möglich, meine Arbeit zu tun. Die Gedanken, die Erinnerungen an Cora waren gemildert. Auf irgendeine Art hatte ich das Gefühl, sie sind weit weg von mir, außerhalb meiner Gefühlsebene. Immer dann, wenn sich der Schmerz um den Verlust meines geliebten Hundes wieder mit aller Macht zurückmeldete, half mir der „Tröstende Baumgeist".

Während der ersten Tage nach Coras Tod fühlte ich mich wie neben mich gestellt. Meine Bitte um Hilfe an die „geistige Welt" erfolgte aber nicht nur in Form der „Naturwesen-Essenzen" von Erika Berthold. Es gab noch eine große Hilfsaktion von DRÜBEN.

Ich erhielt eine Botschaft von Coras Seele. Allerdings nicht über den direkten Kontakt mit mir, sondern über den einer ebenfalls lieben Bekannten. Ihr ist es gegeben, mit Tierseelen zu kommunizieren. Cora hat sich bei ihr gemeldet, da sie augenscheinlich meine Trauer als allzu großes Hindernis empfand. Eine derartig tiefe Trauer, wie ich sie gegenwärtig durchmachen musste, verhindert jegliche Kommunikation oder jeglichen Kontakt mit der geistigen Welt. So erging es auch Cora, als sie die mentalen

Fähigkeiten eines anderen Menschen benutzen musste, um sich bei mir zu melden.

Die nun folgenden Worte sind für meine liebe Bekannte gedacht, die unbedingt wissen wollte, wie und auf welche Art die Kontaktaufnahme mit der Seele eines verstorbenen Tieres stattfindet. Cora beschreibt ihr daraufhin das Geschehen. Sie erklärt ihr in einfachen Sätzen, wie eine derartige Kontaktaufnahme zustande kommt.

Du musst es dir so vorstellen:
Wenn der Gedanke und der Wunsch da sind, mit mir oder mit anderen „Lichtseelen" zu kommunizieren, öffnet sich bereits eine Buchseite, oder man könnte auch sagen, der Hörer wird von der Gabel abgehoben. So besteht die Verbindung von der Sekunde an, wo der Wunsch da ist.
Du musst jetzt nicht denken, dass ich dadurch wie „angezapft" bin. So ist es nicht. Im Gegenteil. Es ist ein unglaublich schönes Gefühl zu wissen, dass da jemand ist, der die Schwingungen aufnehmen und übersetzen kann. Weißt du, es gibt mir ein gutes Gefühl, ihr (= Frauchen/Herrchen, Besitzer) nahe zu sein.

Die nun folgenden Sätze sind an mich gerichtet. Auf die Frage „Liebe Cora, was möchtest du deinem Frauchen Sissy sagen?" kommt diese Antwort:

„Ich weiß, dass es nicht einfach ist, den Prozess des Abschiedes zu verstehen. Ich weiß, dass dies ein großer Schmerz ist, denn ich habe ihn auch gefühlt. Aber ich wusste, dass diese Verbindung zwischen uns bestehen bleiben würde, da wir wie Zwillinge verbunden sind. Denn du wusstest, was ich dir sagen wollte und du wusstest, was ich liebte. Auch ich habe dich verstanden, ob du in Worten gesprochen hast oder ob du es nur gedacht hast. Und diese Verbindung besteht auch jetzt. Doch ich weiß, dass es schwer ist, für dich zu sehen, dass das, was jetzt ist, so unbeschreiblich ist.

Ich weiß, dass alles, was mit dem Sterben zu tun hat, schwierig ist für euch Menschen, da die meisten von euch eben nur auf einer Ebene leben. Doch immer mehr von euch Menschen öffnen sich nun für die anderen Ebenen und erhalten so ein ganz anderes Verhältnis zum Sterben und zum Tod.

Aber weißt du, wenn die Menschen wüssten, wie schön der Prozess des Überganges ist, wie leicht es ist, wenn man einfach nur noch ist, wenn da kein Gestern und kein Morgen, sondern nur noch das Heute ist, wenn da kein Hunger ist, kein Durst und keine Schmerzen. Wenn da einfach das ist, was ist, dann würdet ihr Menschen euch auf einmal alle auf den Weg machen. Doch das soll ja nicht so sein, denn ihr Menschen werdet gebraucht dort unten auf der Erde!"

„Liebe Cora, möchtest du ihr sonst noch etwas sagen?"

„Ja, weißt du, es ist wichtig, dass sie sich mehr Zeit für sich selbst nimmt und mit Pinsel und Farbe spazieren geht, das heißt nämlich mit offenen Augen, denn Pinsel und Farbe sind wie eine Offenbarung. Denn dadurch können sich die Sinne frei entfalten. Manchmal ist diese Offenbarung wie ein Blatt Papier, das man mehrfach gefaltet hat."

Ich habe Coras Botschaft genau verstanden! Jetzt weiß ich, dass es der kleinen Seele mit dem großen Wissen gut geht, dass ihr Tod für sie eine große Erleichterung war. Eine Erleichterung auch für mich, denn ich habe lange, sehr lange in den vergangenen Jahren, beinahe nur für meinen Hund gelebt.

Gemeinsam sind wir die letzten schweren Monate durch ihren körperlichen Verfall gegangen, für jeden „guten Tag" ein Danke an die geistigen Freunde. Coras Worte lösen eine riesengroße Last von meinem Herzen. Meine Entscheidung, dies alles zu ertragen, war die richtige. Ich habe meine alte Hündin genau verstanden.

Mit einem Mal erinnere ich mich an die letzte Autofahrt, diese entsetzlichen Minuten der Entscheidung, dass es nun „so weit" ist. Verzweifelt habe ich während der Fahrt noch meine verstorbene Freundin gerufen. Aber Traude war schon da, sie ist mit uns bereits im Auto mitgefahren. Cora und Traude waren, nein, sie sind ein Herz und eine Seele. Nicht nur wegen der zahllosen „Leckerlis" zu Traudes Lebzeiten. Die beiden haben sich prächtig verstanden und sich innig gern gehabt.

All die vielen Jahre hindurch, in denen Traude uns mit ihrem herzhaften Lachen und mit ihrer Freude am Leben viele schöne Stunden geschenkt hat. Cora war in Traudes Gegenwart stets begeistert. Wegen der Leckereien? Ich will es gar nicht so genau wissen!

Cora hat Traude sehr vermisst, mir fehlt meine Freundin bis heute. Aber es ist so, wie es ist, und was nicht zu ändern ist, kann eben nicht geändert werden.

„Traude – bitte – es ist so weit! Komm mit uns mit und hol Cora ab – bitte!"

Verzweiflung in meiner Stimme. Cora und ich wollten eine Freundin besuchen, die außerhalb Wiens wohnt. Doch mit einem Mal hat sich plötzlich diese Situation ergeben. Mit Cora stimmte etwas nicht, sie stand plötzlich im Auto. Das war sehr ungewöhnlich und völlig neu für uns beide. Cora hatte Schmerzen – ich spürte und sah das. Die Fahrt zurück zum Tierarzt war qualvoll und erschien endlos.

Cora, die bis jetzt in meinem Auto vor Schmerzen gestanden ist, legte sich ganz beruhigt auf die Rückbank nieder. Mit einem Mal ist sie ruhig geworden, ihre geliebte Traude ist ja da. Mein Hund, mein todkranker Liebling, hat sie erkannt und spürt ihre Gegenwart.

Die beiden wissen, was sein wird. Von Cora geht eine wunderbar selbstverständliche Ruhe aus. Ihre Traude ist ja da, da kann nun kommen, was da kommen muss.

Cora steigt ohne Probleme aus dem Auto und folgt mir ohne die sonst übliche Angst – Traude ist an ihrer Seite.

Philipp tut das, was er tun muss. Ich schließe meine Augen, während er Coras Betäubung vornimmt.

Coras altes, müdes und krankes Herz hört sofort auf zu schlagen, bleibt stehen und – Traude nimmt die kleine Seele liebevoll und zärtlich in ihre Arme. Sie nickt mir noch zu und dann gehen beide, nein, sie schweben weg.

Da ist sie wieder, die lang verdrängte Erinnerung. Wieder laufen mir die Tränen über das Gesicht. Aber diesmal sind sie sanfter, milder; der Schmerz in meinem Herzen ist einer ruhigen Traurigkeit gewichen.

Vergessen werde ich sie nie, meine vierbeinige Kameradin mit der ach so widerspenstigen Seele. Sie hat sich in mein Herz gebrannt, meine kleine Cora. Dort ist der Großteil zur Ruhe gegangen. Ihr Seelchen aber verweilt mit der Seele meiner besten Freundin, meiner lustigen, stets fröhlich aufgelegten Traude. Das ist gut so, denn dieses Wissen bedeutet für mich:
Cora ist in den besten Händen, in den Händen ihrer geliebten, nein, unserer geliebten Freundin. Wo das genau ist? Wo das sein kann?
Nun, vielleicht auf der Wolke der Glückseligkeit!

Einige Monate seit Coras Tod sind schon vergangen. Sie fehlt mir wirklich sehr. Mein Leben ohne ihre Gegenwart hat einen anderen Ablauf angenommen. Coras Seele besucht mich sehr oft, sie fährt auch immer wieder mit mir im Auto mit. An manchen Tagen spüre und fühle ich sie ganz intensiv. Der Schmerz des Verlustes in meinem Herzen ist immer noch da, er wird sogar stärker, wenn Coras Seele mich wieder allein zurücklässt. Doch in diesen Monaten habe ich gelernt, dieses Gefühl zu akzeptieren und mit ihm zu leben.

Vielleicht werde ich sehr bald Coras Seele bitten, in ihrer jetzigen Welt, in ihrem „neuen Zuhause" zu bleiben und dort auf meine Ankunft zu warten (ich freue mich jetzt schon auf beide – auf Traude und auf Cora).

Das bedeutet, ich will Cora „loslassen", damit auch sie ihre Verantwortung für mich „loslassen" kann. Aber nur, wenn sie auch wirklich will. Unsere Liebe füreinander wird auch weiterhin bestehen bleiben, ganz genau so, wie sie es in ihrer Botschaft an mich mitgeteilt hat. Diese Liebe kommt aus dem Universum, der GÖTTLICHKEIT oder aus der Ewigkeit. Daher, wohin wir alle einmal zurückkehren werden. Da es dort keinen Zeitbegriff gibt, werden alle meine Tiere, die mich in Abschnitten meines Erdenlebens begleitet haben, auf mich warten … Das ist mein Wissen und ich lebe in dieser Zuversicht!

PAULI UND SEINE ZAUBERFEE

Das ist die Geschichte von Pauli – dem „wichtigsten" Kater auf der Welt!

„Er ist der liebenswerteste, gescheiteste, frechste, charmanteste ‚Katzenbub', den es je gegeben hat", sagt mir sein Frauchen, mit Tränen in den Augen.

„Er ist da für mich, wenn ich traurig bin, er ist da für mich, wenn es mit gut geht. Er ist einfach immer da für mich, ganz gleich, was wann geschieht, ganz gleich, wo wir im Augenblick zu Hause sind. Pauli ist eben das Wichtigste in meinem Leben."
Wieder laufen die Tränen über Petras Gesicht.

Wenn Pauli so unsagbar wichtig für sein Frauchen Petra ist, warum sitzt sie dann vor mir mit dieser großen Verzweiflung im Herzen? Ich kann mir schon denken, was geschehen ist und bitte Petra um ein Foto von Pauli, denn ich will dieses geliebte „Fellbündel" auch kennen lernen. Petra kramt endlos lang in ihrer Handtasche, seufzt mehrmals kummervoll auf und schüttelt hilflos den Kopf. „Ich hab vergessen, es einzustecken!" Kleinlaut klingt die Stimme, ihre Augen füllen sich mit noch mehr Tränen.

Ich ahne, ja, ich weiß, wie ihr zumute ist und fühle ihren Schmerz. Sie musste vor ein paar Tagen ihren geliebten Pauli einschläfern lassen, weil eben „nichts mehr zu machen" war. Die Tierärztin hat ihr das klargemacht und Petra wollte den geliebten Kater nicht mehr länger leiden lassen. Er hatte große körperliche Probleme, selbst seine leuchtenden Augen waren von Schmerzen gekennzeichnet.

Pauli war so viele Jahre lang ihr treuester Begleiter gewesen, aber nun „musste" sie ihn freigeben, auch wenn es für sie so unendlich schwer und schmerzhaft war.

Ich bitte Petra, mir einiges über Pauli zu erzählen. Sie schaut mich hoffnungsvoll an, während ich ihr verständnisvoll zunicke. Diese Situation ist mir bestens bekannt: Sie hörten auf „Schnupfi" und „Bienchen" und waren meine beiden Katzenkinder. Es ist viele Jahre her, seitdem sie mich verlassen haben. Mein Schmerz ist einer ruhigen, liebevollen Erinnerung gewichen. Vergessen werde ich sie jedoch nie, meine beiden „Stubentiger!"

Petra braucht dringend Hilfe, das spüre ich ganz deutlich. Ich lasse sie von Pauli erzählen. Sie beginnt zu strahlen, Freude mischt sich mit den zahllosen Tränen und bringt einen winzigen Schimmer an Glanz in ihr Gesicht.

Das ist also die Geschichte von Pauli:

Als winziges „Katzen-Baby-Bündel" hat sie ihn von der Straße aufgelesen und an ihr Herz genommen. Sein Name stand in seinen großen, grünen Augen. Laut schnurrend nannte er sich sozusagen selbst „Pauli".

In den folgenden Wochen und Monaten wurde aus dem braunen Fellbündel ein liebenswerter, anschmiegsamer, getigerter Kater. Aristokratisch-edle Schönheit hatte er nicht zu bieten, sein charmantes Wesen aber übertraf alles, was er zu geben hatte.

Wenn Petra traurig war, weil in ihrem Leben einiges nicht so geschah, wie es sein sollte, lag er auf ihrem Kopfpolster und schnurrte ihr seine „Liebesmelodie" ins Ohr. Erst wenn sie wieder ein wenig Fröhlichkeit zeigte, hörte er damit auf und widmete sich wiederum seinem eigenen Katzenleben. Wenn Petra lustig war, spielte er ihr großartige Kunststücke mit der Fellmaus vor, oder er tobte mit dem Papierknäuel herum, das sie an einem langen Gummiband an der Türschnalle befestigt hatte. Ganz gleich, mit welchen Gefühlen Petra von der Arbeit nach Hause kam, Pauli wusste ganz genau, wie es um sie stand. Er war ihr „Superheld" und sie seine „Zauberfee"!

Aber das war die Vergangenheit – in der Gegenwart gibt es keinen Pauli mehr!

Die Zukunft erscheint Petra leer und unendlich einsam. Wie automatisch beginnt sie wieder in ihrer Handtasche zu kramen und – ja, da ist ja der Umschlag mit Paulis Fotos. Ich atme erleichtert auf, die Situation zeigt eine positive Wende. Während sie mit begeisternden Worten über das Leben mit ihrem Katzenliebling erzählt, habe ich in Gedanken meine bereits vor vielen Jahre verstorbene Mutter gerufen und sie gleichzeitig gebeten, mir hilfreich zur Seite zu stehen, auch wenn es keine Fotos von Pauli geben sollte. Seit einigen Minuten steht die Seele meiner irdischen Mutter schon hinter Petra und hüllt sie in tiefer Liebe ein. Wer konnte das besser als diese Frau, durch deren Hände während ihres Erdenlebens unzählige Katzen betreut wurden, betreut in hingebungsvoller Liebe und Zuversicht.

Petra beginnt wieder zu schluchzen, sie will einfach nur wissen, wo ihr Pauli jetzt ist …, ob es ihn noch gibt und wenn ja, wie es ihm geht. Ich setze mich an meinen Tisch und beginne, das aufzuschreiben, was mir meine Mutter, nein, was mir die Seele Lieselo diktiert:

Mein liebes Kind,
weißt du, was der Katzenhimmel ist? Der Katzenhimmel ist der Ort, wo die Seelchen dieser Tiere nach ihrem körperlichen Tod Liebe, Fürsorge und Freiheit haben. Sie haben ihre Aufgabe erfüllt und sind nun wieder eigenständig.

Im Katzenhimmel gibt es zwei Abteilungen:
Die erste ist die der geschundenen, gequälten und für immer geschädigten kleinen Kerlchen (von der Erde aus gesehen)! In dieser Abteilung werden die Seelen der Tiere gesund gepflegt und sie lernen, alle irdische Qual zu vergessen. Wenn das geschehen

ist, werden die Seelchen alle zusammengefasst und in reine Liebesenergie umgewandelt.

Sie sind aus der GÖTTLICHKEIT entstanden und sie gehen in diese zurück. Eine karmische Aufgabe, die sie aus reiner Liebe auf sich nehmen.

Warum sie das tun?

Es gibt im mental-geistigen Bereich viele Geschehnisse, die auch ein Geheimnis für die Menschen bleiben müssen. Denn ein jeder Mensch MUSS in seinem Erdenleben selbst entscheiden, wie er mit der Liebe, der GÖTTLICHEN LIEBE, umgehen wird. JEDER MENSCH – auch du!

Die zweite Abteilung ist diejenige, wo die Katzenseelchen auf das Erscheinen der Menschen warten, von denen sie mit reiner Liebe geliebt, gehegt, gepflegt und verwöhnt wurden. Diese Seelchen spielen so lange „Katze" im Katzenhimmel, bis der geliebte Mensch in seiner Seelenform zu ihnen gelangt. Ist das endlich so weit, geschieht ein kleines Wunder und Menschen- und Tierseele werden wieder eins, wie es schon vor Antritt des Erdenlebens gewesen ist. Mensch und geliebtes Tier sind eine Energieform.

Warum sich der Mensch ein Tier aus sich heraus formt?

Tiere lieben dich als Mensch so, wie du bist. Sie hinterfragen nichts, sie erzwingen nichts, sie wollen dich nicht verändern. Sie vertreten das GÖTTLICHE GESETZ der Akzeptanz und der Toleranz. Und diese Tiere sind das Spiegelbild eines Menschen, dem sie „gehören".

Wenn du es so sehen willst:

Sie sind der liebevolle Ausdruck der Ordnung, Vernunft und der Gesetzmäßigkeit der GÖTTLICHKEIT.

Verstanden?

Und sie sind dem Leben auf der Erde angepasst, um überleben zu können!

Mehr kann und darf ich nicht dazu sagen!
Und nun rate einmal, wo dein Pauli ist.

In tiefer Liebe

Lieselo

Pauli, der „wichtigste" Kater der Welt, verstarb am 9.1.2004. Seine Petra, die menschliche „Zauberfee" seines irdischen Lebens, sein Frauchen, erhielt diese Botschaft durch meine verstorbene Mutter am 18.1.2004.

Sechs lange Jahre hatte ich keinen Kontakt zu den beiden. Eines Tages stand Petra wieder vor meiner Tür, ziemlich genau zu Paulis 6. Todestag. Mit Paulis Foto in der Hand und der Frage: „Wie geht es ihm, ist er immer noch im Katzenhimmel – Abteilung 2?"

Ich habe nachgesehen, Paulis Foto in meiner Hand. Er ist glücklich im Katzenhimmel – Abteilung 2 – und hat auch schon Freunde getroffen.

Da ist z. B. Boris, der vor ihm zu Petra gekommen ist und in der Folge einige Jahre gemeinsam mit Pauli Petras Liebe geteilt hat. Boris hatte seine „Reise in die Ewigkeit" früher als Pauli antreten müssen. Aber nun erwarten beide Katerle gemeinsam ebenfalls Petras Ankunft. Das wird nach Erdenzeit – aller Wahrscheinlichkeit nach – noch viele Erdenjahre dauern, denn Petra ist eine Frau in den besten Jahren.

Für Pauli und Boris ist die Dauer des Erwartens völlig unwichtig. Sie haben auch im Katzenhimmel keinen irdischen Zeitbegriff. Wichtig ist nur, dass ihre geliebte Petra, ihr Frauchen und Paulis „Zauberfee", eintreffen wird.

Genau das hat sie diesen beiden Seelchen ganz fest versprochen.

Und wir alle wissen: Was „Frauchen" und „Herrli" versprechen, das wird auch ganz fest eingehalten.

J. W. Dorsch

Seelensuche

Dieser zweite Band der Trilogie „Jenseitsgedanken"
handelt von der Suche nach der eigenen Seele und
dem Weg ins Jenseits.
Während der Autor in Band I seine lebenslange Suche
nach dem Wesen, das wir Gott nennen, beschrieben
hatte, sucht er hier nach der Möglichkeit, seine Seele
von sich zu trennen, mit ihr auf Reisen zu gehen und wieder zurückzukehren, ohne den Körper dazu sterben lassen zu müssen. Das gelingt ihm erst nach jahrelangem
Suchen in der Einsamkeit einer Klosterzelle in Tibet.
Band III ist eine postmortale Autobiographie. Die Erzählung beginnt im Augenblick des Todes und beschreibt
den Weg seiner Seele bis zum Ende der Ewigkeit.

ISBN 978-3-86237-518-9   Paperback
Preis: 9,90 Euro   63 Seiten, 19,6 x 13,8 cm

J. W. Dorsch

Bis zum Ende der Ewigkeit

Es gibt Fragen und es gibt Kardinalfragen. Die meisten Fragen in unserem Leben drehen sich um unsere Befindlichkeiten und finden meist schnell, manche erst später eine Antwort.

Es gibt aber auch Fragen, die unsere Existenz betreffen, an die aber kaum jemand denkt. Wo kommen wir her – wo gehen wir hin?

Gibt es einen Gott?

Was geschieht mit uns, wenn wir gestorben sind?

Ist das, was dann im Sarg verschwindet, alles, was von uns übrig bleibt?

Und wenn es wirklich eine Seele gibt – wohin verschwindet sie?

Kommt sie wieder zurück, um in einem anderen Körper einen neuen Kreislauf zu beginnen, oder kauert sie als Engelchen zu Füßen des lieben Gottes auf dessen Wolke?

Der Autor hat sein Leben lang über diese Fragen gegrübelt und hat das Ergebnis in einer Trilogie zu Papier gebracht.

Nun sind Sie gefordert, sich darüber Gedanken zu machen, ob sie dies als Spinnerei oder sogar Häresie abtun wollen, oder ob Sie nicht auch Ihre Seele später einmal in ein solches Jenseits schicken würden ...

ISBN 978-3-86237-270-6   Paperback
Preis: 9,90 Euro   93 Seiten, 19,6 x 13,8 cm